PHILOSOPHY

人民日报学术文库

守望
走进文化名家

林 琳 ｜ 著

人民日报出版社
北京

图书在版编目（CIP）数据

守望：走进文化名家 / 林琳著 . —北京：人民日
报出版社，2023.7
ISBN 978 - 7 - 5115 - 7838 - 9

Ⅰ . ①守… Ⅱ . ①林… Ⅲ . ①文化—名人—访问记—
中国—现代 Ⅳ . ①K825.4

中国国家版本馆 CIP 数据核字（2023）第 086730 号

书　　名：守望：走进文化名家
　　　　　SHOUWANG：ZOUJIN WENHUA MINGJIA
作　　者：林　琳

出 版 人：刘华新
责任编辑：程文静　杨晨叶

出版发行：人民日报出版社

社　　址：北京金台西路 2 号
邮政编码：100733
发行热线：（010）65369509　65369527　65369846　65369512
邮购热线：（010）65369530　65363527
编辑热线：（010）65363530
网　　址：www. peopledailypress. com
经　　销：新华书店
印　　刷：三河市华东印刷有限公司
法律顾问：北京科宇律师事务所　010-83622312

开　　本：710mm×1000mm　1/16
字　　数：287 千字
印　　张：16
版次印次：2024 年 4 月第 1 版　　2024 年 4 月第 1 次印刷

书　　号：ISBN 978 - 7 - 5115 - 7838 - 9
定　　价：95.00 元

序　言

范贻光

　　壬寅春，小林来访，赶巧那天是我 80 岁阳历生日。我长她三轮，同属马，是忘年交，聊起十几年间带她做采访并结下友谊的往事，幸作《守望：走进文化名家》书序。

2022 年 3 月 4 日，林琳与范贻光先生合影

　　我这代人，命运刻着时代风云的烙印。1966 年，我从中央工艺美术学院毕业，参加三年运动后被分到北京啤酒厂当工人，直至 1978 年"业务归队"，调到商务印书馆美编室，从事各类图书封面的装帧设计工作，1988 年调入文化艺术出版社任美术编辑室主任，负责文化艺术类图书的装帧设计，并组织各种艺术类画册的编辑出版。1993 年底，中国艺术研究院李希凡、白鹰等老专家、老领导共同创办了《中华文化画报》，从第 2 期开始聘我兼职做美术编辑。次年，我被聘为《中华文化画报》编委，1996年起担任副社长兼副主编、执行主编，全面负责画报的编辑出版工作，至2004年正式退休。小林是2007年到院里工作被分在画报，这样，我算是她的前辈，也才有机缘遇见。

2010年夏，著名历史学家何兹全度过百岁寿诞，我为何老画了一幅黄山松云图，裱好后专程送去。那几年何老家连遭不幸，唯一的儿子何芳川（著名世界史研究学者、北京大学副校长）突然病逝，老伴也患癌症去世。这对何老的打击太大，他的身体状态急剧下降。我那次去看望他，他很高兴，谢谢我送他的画，他躺靠在床上和我聊天，精神远不及从前，我心里很难过。那时，我曾为画报聘请的老顾问中，季羡林和任继愈相继去世，侯仁之病重已住院几年……我想请画报抓紧时间为何老做专访，于是联系了主编，社里安排了小林来。

采访当天，我和小林约在北师大东门会合。第一印象里，她有朝气、亲切也可爱，虽然素未谋面，却不感到陌生。我们走到北师大小红楼的何老家，何老早就坐在轮椅上等着了。何老的思路还算清晰，但反应迟钝了很多，小林要一句一句慢慢说他才能听清楚。小林做了充分的前期准备，所以近一个小时的采访很顺利。不久，画报的"大家"栏目刊登了《百岁何兹全讲百年中国文化》。何老看到画报很高兴，可没过多久就病逝了。在何老遗体告别会上，何老儿媳对我说："感谢你们，父亲健在时看到你们的画报，这是父亲看到的最后一篇关于他的文章。"

这次经历我很有感触：一来觉得要尽早多做一些抢救性的采访工作；二来觉得小林做事情用心、踏实，写东西手快有灵气，在年轻人里很难得，是可以继续合作的小伙伴。于是，我和小林商定，还要采访几位老先生。

2012年夏天，我突然接到学生邵学成告知罗哲文先生去世的电话，真不敢相信。不久前，冯其庸先生联系我，说听闻罗先生病重住院，很不放心，嘱咐我打电话问候罗老。我立即与罗老通电话，他说："我现在出院了，身体状况很好，你们放心，你也打电话谢谢冯其庸先生。"数月后罗老就去世了，实在可惜。在与罗老遗体告别时看到罗老的老友，著名文物

2010 年 11 月 1 日，林琳采访何兹全先生

专家谢辰生和两院院士周干峙，我希望他们多保重身体（周干峙已逝）。与罗老告别的第二天，我便去拜访了郑孝燮。郑老夫人两年前去世，郑老也因血管堵塞做了支架，坐上轮椅。被誉为"三驾马车"的文物保护神，单士元和罗哲文先后作古，只剩下郑老一人了。看到郑老时，我的心情很沉重，和他的女儿说了些安慰的话后就告别了郑老。事后我和小林约定，赶快去采访 97 岁高寿的郑老。

采访那天，发现小林已身怀六甲，此前并未听她提过。郑老的思路一如既往地清晰，回答问题条理清晰。采访后我告诉小林，郑老非常认真，稿子付印之前一定请他审过。小林每次做采访也都如此，老先生们只能看纸版，逐句手改，她就不厌其烦地一遍一遍改，改好再送给先生们看。画报没有经费，做这些访谈不但路费要自己出，她每次还不忘给先生们带礼物，说空手去难心安。2013 年画报第 7 期刊登了《留住建筑文化的记忆——郑孝燮访谈》，之后的第二个月小林喜得贵子。后来她又写了篇《郑孝燮的诗性人生》刊在 2015 年第 2 期。

从 2010 年到 2017 年，我带着小林采访了共事过的王克芬、刘恩伯，如今他们都已仙逝；采访了我在任时的几位作者、文物专家，如吴梦麟、齐心，还有她们引荐的谢辰生、冯永谦等。小林怕我累，告诉我她一个人去就成，我则想多知道些老朋友们领域内的故事，所以尽量带她一起，这

3

2015 年 7 月 25 日，郑孝燮在家中看《郑孝燮的诗性人生》

样人家也更重视。以前跟王克芬、刘恩伯合作设计《中国舞蹈大辞典》时，为掌握书的内容一聊就是几个小时，设计《中国戏剧通史》时，到葛一虹先生家，一聊就是一下午，可除了关于书顾不上说别的。所以，趁着带小林采访的机会，我也深入了解了朋友们，向他们学习。我始终认为，要做好文章、好设计，非得下功夫走访、调研，认真做功课才行，投机取巧、用二手材料没有价值，这点，小林跟我一致，所以我们一拍即合。

2015 年 11 月 6 日，林琳、王克芬、范贻光合影

我带小林与冯永谦的一次会面颇有戏剧性。冯永谦是长期身在一线的东北地区的考古学家，我们从未见过，是朋友齐心引荐的。冯先生要来京考察金中都遗址，我们就约在那里见。哪知，金中都遗址北京有三处，一处在高楼庄，一处在菜户营村中国戏曲学院南门对面，一处是金中都遗址公园，冯先生去了遗址公园，我则默认在菜户营，因为离我家很近，所以约小林先来我这，一起走去。我带着小林往印象里的遗址走，可越走感觉越不对，竟陷入一大片正在施工的、乌烟瘴气的工地（现在的北京丽泽商务区），好不容易走出来，发现鞋子已惨不忍睹，小林脚上那双漂亮的绣花布鞋从此就退役了。折腾了半晌，我们终于在遗址公园与冯永谦会合，但肚子已饥肠辘辘，于是打道回府，在我家吃了饭才开始访谈。

2015 年 7 月 25 日，范贻光、冯永谦、林琳合影

我常唤小林为我的小朋友，她还给我写过两篇文章《艺海拾贝》《为卢沟桥思良策》。她有心将曾经撰写的人物文章结集出版，我由衷为她高兴。书中的大量文图具有史料价值、很珍贵，这些学者的见解和心路历程印着中国各学科领域近百年的发展步履，含着老一辈学人的毕生心血，我希望更多人通过《守望：走进文化名家》读到他们，鉴往知来。

2022 年 3 月 7 日

目 录
CONTENTS

上 篇

守望文化

人类社会总是一步步走向一体化，一步步走向和平，一步步走向世界大同，而这些正是中国文化精髓所在。

——何兹全

　　百岁学人何兹全被誉为"史学泰斗"，而每每有人提及这个称谓，何先生总会摇摇头说自己只是"爱国一书生"，一生爱国，一辈子读书、做学问。何先生生于1911年，早年就读于北平大学（北京大学）史学系，师从傅斯年、陈寅恪，后留学日本、美国，曾放弃哥伦比亚大学优厚的待遇，毅然回国，几十年如一日在北师大教书育人。何先生亲历了20世纪中国社会的沧桑巨变，对于百年来中国如何在西方文化的影响下求自强、求发展感同身受，也对中国文化的未来有着美丽的期许……

百岁何兹全讲百年中国文化

　　2010年金秋，在北师大小红楼的住所里，刚过了百岁生日的何兹全先生坐在电视机旁，观看世博节目，知道有人来采访，便转过头，微微笑了。

　　林琳（以下简称林）：您曾说"中国文化能继续存在和发展下去，本来是不成问题的，只是近代中国遇到了麻烦，近代中国文化遇到了西方文化，比输了，就出现前途的问题"。您怎么看待近代以来中西方文化的博弈？

　　何兹全（著名历史学家、北京师范大学教授，以下简称何）：明末清初，特别是鸦片战争以后，西方文化进入中国。中国文化和西方文化发生撞击，撞击的结果，中国败，西方胜。东西方文化撞击的过程，也就是中国人民逐渐觉醒的过程；是中国仁人志士抛头颅、洒热血，求索自救的道路。

　　那时候中国的先知先觉人士、爱国知识分子，面对的是这种形势：一方面是顽固反动的统治者，保护封建、抗拒西方先进生产和先进文化；另一方面是与先进生产、先进文化俱来的炮舰轰击。中国的先进人士要在这种环境中摸索爱国救国的道路。对外来的大炮要抗击，对外来的西方文化，又要吸收、接受。这条路走起来很难。他们先后摸着走了几条路，每条道路都形成一种思潮，也都激起中西方文化的冲突和斗争。

几千年来，人类文化都是不断发展、不断演变的，没有任何一个文化系统是自古以来就是现在这个形象的。发展演变，一般是两条腿走路，一是自身的演进，二是从外界吸收、接受。任何一种文化，在它的发展过程中都是不断受外来文化影响，不断吸收外来文化的。吸收外来文化，这是任何文化发展过程中的自然现象。文化发展好像一条河流，自源头一路往下流，沿途条条小水流前来汇合，然后成为滔滔滚滚的大江。文化的发展演变亦是如此。

文化没有一成不变的，时代变了，文化要随着变；两种文化发生接触就会相互吸收。丰富了自己，也改变了自己。这也是自然规律。

在文化的接触和相互吸收中，表层文化，如日常生活用品，体育、文化娱乐产品，容易接受；触及风俗习惯、政治体制、人伦道德、社会形态等文化深层的事物，就不容易接受。

一般来说，在一个民族历史的向上发展阶段，开明智慧的人物在位（政治上在位，社会上也在位），对外界文化就易接受；如果外来文化到来的时候，正是这一民族社会历史走下坡路，昏庸腐败的人在位的时期，外来文化就会被排斥拒绝。越是触及传统文化的根基，越会被强烈反对、排斥、拒绝。

西方文化来到中国的时候，中国社会正在走下坡路。而且西方文化是跟着坚船利炮打进来的。西方文化的传播急先锋是传教士。舰船大炮进沿海，也冲到内陆。传教士也跟着走到沿海，走到内陆。他们比炮船走得还远，他们走进城市，也走到穷乡僻壤。这就引起西方文化和中国文化的碰撞。

西方文化和中国文化的碰撞，先后激起两次大冲突，一次是太平天国运动，一次是义和团运动。以太平天国来看，在洪秀全的思想里，中国传统文化的影响和西方资本主义世界的以及原始基督教的影响都有。中国传统文化特别是儒学的影响很深，比较起来西学倒是有点皮毛的味道。而这些皮毛味道的东西，除了上帝以外，也没有给洪秀全和太平天国起主导作用的新东西。太平天国初期，平等平均思想鼓舞人心，起了团结内部的作用。太平天国诸王和太平军中的将领，也没有过多的特权。但进入南京后，革命尚未成功就腐化起来。大造王府，搞封建特权。历史的经验教训是值得注意的。

曾国藩是以中国文化对抗西方文化。传教士所到之处，欺压中国人民。天主教教义与中国名教纲常对立多和谐少。两种文化碰撞，激起中国人反对洋教。

义和团比较复杂，它原本是复明灭清的，后来为清政府所用，成为扶清灭洋的组织。它是旧文化伦理纲常的支持者，也是一次中国文化对抗西方文化的运动。

后来是"中学为体，西学为用"，学习西方炮舰技术来富国强民。洋务派希望在"中学为体，西学为用"大格局下学习西方，以官办或官商合办形式创设军工企业、厂矿、邮局、铁路等。只是到了末期，官办、官民合办、官督民办都出了问题。最主要的问题，一是贪污腐败，二是产品质量低劣。以致中日甲午战争，中国战败。洋务运动给了我们一条极重要的经验教训：官僚政治从来都是要坏事的。它的结果必然是贪污腐败，使事业失败。官办、官民合办、官督民办，都难逃失败的命运。

接着是戊戌变法。康有为对中国历史和中国传统文化都很有修养。他懂得历史是不断发展、不断变化的，认为社会政治进步要分两步走。第一步先从乱世进入升平，小康社会；第二步再由升平世进入太平世，即大同世界。但在康有为的思想里，没有从他的升平君主立宪国家走进太平世、大同世的桥梁。他架不起来这座桥梁。

六君子惨遭杀害，戊戌变法失败是近代中国改良思潮转向革命思潮的转折点。顽固派连改良都不能接受，只有迎接革命了。于是，爱国知识分子找到了推翻清朝统治、接受西方思想，建立三民主义民主共和国的革命道路。

林：您当年正置身于革命的时代洪流中。

何：是的。我就成长在那个年代，正是国民革命如火如荼开展的年代，我非常关注国内形势和北伐军的进展，每天都迫不及待地在报纸上寻找有关北伐军的消息，对国民革命军的将领、编制乃至北伐军的进军路线都做了详细的记录。1935年，我从北京大学史学系毕业后，在何思源大哥的帮助下去日本留学。原本准备在那里好好学习，但此时的日本，已是处于侵华战争的前夕，大战一触即发，而在我国，蒋介石正在大打内战。我内心极度苦闷，以致神经衰弱，不能看书，深感"此处不是读书地，此时不是读书时"，便痛下决心毅然回到祖国。

1936年我回国后，参加了《教育短波》的编辑工作。1938年到武汉、重庆后，除继续编写《教育短波》外，又编辑出版了《政论》。我在这两个刊物上写的文章，多半是时事性的，有关于国民党前途的，有关于抗日战争的，有关于国际形势的。我当时二十六七岁，已是成年人，思想也逐渐成形了。在《教育短波》和《政论》上写的文章，一方面是我青壮年时代思想的代表，另一方面也深刻影响了我以后的思想。比如，刚从日本回国后，我就写了一篇《纪念五月说几句话》刊登在《教育短波》上。当时我讲：中华民族求解放、求生存，应继续向帝国主义斗争，打倒帝国主义；中华民族求解放、求生存，应继续唤起民众，恢复民众运动、民众组织，以工农大众的力量为民族斗争的武力；中华民族求解放、求生存，应再唤出过去所走的路。我们应走非资本主义的路子，建设民生主义社会主义国家。我们要从此结束人与人的残杀，建设起新的和平的人类皆相爱的社会。这篇文章就反映了我当时的思想和对一些问题的看法。

林：听说您很早就开始读马克思、恩格斯的著作了，这些思想的产生是否源于那个时候？

何：是的。在中学和北大时期，我很爱读书、喜欢买书，读了很多马克思主义的书。我就是在这个时期接受并服膺马克思唯物史观的。在史学思想上，对我以后研究影响较大的是恩格斯的《家庭、私有制和国家的起源》《德国农民战争》和考茨基的《基督教之基础》。读书的人，大多有一部或几部是他的看家本领书，好比武术家都各有自己的绝招、看家本领。《基督教之基础》就是我的一部看家本领书。我读这本书时在北大一年级，它对我影响很大。我忘掉了辩证法、唯物史观的条条词句，但它的精神、观点都化成我自己的观点了。

做学问的人，书要认真读。人们常说："读书百遍，其义自见。"意思是说，书读一遍会有一遍的体会。越读体会越多，越能得书的真意。为找材料而翻书，是很难理解材料的真意的，甚至会曲解原意。有些人，读书只是为了找材料，甚至自己连书也不读，专用别人找好的材料，那就更成问题了。我不是说别人找的材料不能用，但自己要有能用别人材料的本钱、基础。这本钱，这基础，就是要自己读书，精读书。这本钱、基础越厚，找材料的能力越强。读书，熟读书，读得出学问；找材料，翻书，翻不出学问，翻不出真学问、大学问。我读书的体会有三点：一是读书要博与精结合。博是基础，精是高度、深度。有精有专，才能有博。没有精专，就不能有博。二是读书、研究问题，要从发展和全面两方面着手。任何一个问题都有其来龙去脉，必须从发展中，从其来龙去脉中理解，才能发现它的本质。任何一个问题都是和它的周围有联系的。它是它所居的全面体中的一部分，必须了解全部才能理解它的本质。三是读书要和思考相结合。边读书，边思考书中的道理。学、思不可偏废。孔夫子所讲的"学而不思则罔，思而不学则殆"是非常有道理的。这三条我看读书人是要重视的。

（停顿了好一会儿）要有坚强的毅力，要钻研，这是说治学。

林：20世纪80年代，您曾办过一份杂志，刊名是《东西方文化研究》，作为社会史学的研究者，您开办这份杂志是出于怎样的考虑？

何：五四时期，中国的传统文化曾经遭受过一次厄运，当时举着"打倒孔家店"的旗帜，对中国传统文化持全面否定的态度，主张全盘西化。但中国传统文化并没有被打倒，任何有生命力的东西都是不能被轻易打倒的。

就我本人来讲，对博大精深的中国文化是有深厚的感情和极高的兴趣的。20 世纪 80 年代中期，我办《东西方文化研究》，当时的信念就是"社会主义文化不是从天上掉下来的，它需要继承自己前代的文化遗产，也需要吸取外国的进步文化，并在此基础上创新"。我对此投入了很大的热情，不仅邀请著名民俗学家钟敬文教授出任主编，还约请了北京各高校文史哲学科著名的学者做编委，动员了北师大大部分有才华的中年教师参加编辑工作。1986 年 10 月创刊号出版时，我还亲自写了《发刊词》。遗憾的是，因为经费的问题，《东西方文化研究》刊物出了 5 期就停刊了，但我对中国文化的思考和关注并没有就此停止。历史是文化中的一部分，而且是极重要的一部分。有时候是旁观者清，我从历史的角度谈文化，或许能谈出点看法和新意来。

中国文化有中国文化的特点，有中国文化的素质，而使中国文化具有这些特点和素质的，我认为主要有两个根源：一个是农耕生活，另一个是家族本位。西方社会属于地中海的商业文化，其人文精神偏重进取、冒险、征服等，这种商业文化最终孕育了古希腊、罗马文化，再逐渐发展出近代欧洲文明。而受自然环境、地理环境影响的古代中国是农耕社会，在传统农耕生活的基础上滋长了中国传统文化中天命、和平、中庸、融合等因素。农耕生活是决定中国传统文化特点和素质的外在力量，内在的因素就是家族本位，而西方文化和中国文化不同之处的根源正在于此。西方文化可以说是个人文化，国家、政治、社会一切都建筑在独立人格的、自立的个人基础之上。个人直接对国家，家族没有居间作用。而中国文化则是家族文化，个人组成家，家再组成社会、组成国家。所以古人一直讲"修身、齐家、治国、平天下"，家是一个基础，居于"中坚"地位。国从家来，家是小国，国是大家，有国才有家。中国的传统文化——忠孝、礼教、三纲五常等都和家族有关，都是由家族产生的。

中国传统文化内容是非常多样的，天命思想、伦理思想、大一统思想以及中庸之道，都是中国传统文化的主流。中庸之道是中国传统文化的核心。我觉得中国文化异于西方文化之处，就在于中国文化中处处贯注着中庸之道的思想和精神。中国文化讲忠孝仁爱、信义和平，讲恕、讲礼、讲仁政，讲修身、治国、平天下，都贯注着一种中庸之道的精神。一切不要"过激"，又不要"不及"，适可而止，和为贵。儒家是讲"礼"的，但孔子说："事君尽礼，人以为谄也。"礼是好的，礼过了就是"谄"了。儒家是讲"爱"的，但讲得宽了，就会是"无父"，是"禽兽"。《孟子·滕公天下》："杨氏为我，是无君也；墨氏兼爱，是无父也。无父无君，是禽兽也。"礼、爱，都不能过，过了就出毛病。孔子说："道之不行也，我知之矣，贤者过之，不肖者不及也。"道之"行"与"明"，都靠中庸，过了，不行；不及，也不行。把中庸之道看作中国传统文化的核心来观察中、西文化的差异，是会对中国文化有更深入的认识和体会的。

林：也是在20世纪80年代，您与冯友兰、季羡林、张岱年、费孝通等学者一起讨论过传统文化与现代化的问题。当时梁漱溟先生说"传统的中国文化是人类未来文化的早熟"，而您也提到"中国文化会是未来人类社会所需的，合乎人类未来时代需要的"。那么对于中国文化的未来您有哪些期许？

何：对中国文化的未来，要分两个阶段来看。近期，中国还要继续以吸收西方文化为主。中国的出路，在现代化。现在中国正走在现代化道路上。中国文化在吸收融汇西方文化后，又会发扬光大。

我对中国文化在未来世界能够存在并且发扬光大，是有信心的。信心来自中国文化的精神符合人类未来社会的需要。未来世界有几个大的走向：一是世界经济、政治最终走向一体化；二是和平，杀人武器的发展会令战争失去解决问题的价值；三是世界大同，人类社会总是一步步走向一体化，一步步走向和平，一步步走向世界大同，而这些正是中国文化精髓所在。和平、友爱是中庸之道，是四海之内皆兄弟也，是天下为公，这种文化是和未来世界的趋势合拍的，在未来世界会占有重要的地位。

中国传统文化中就有世界大同、天下为公的思想。《礼记·礼运篇》有："大道之行也，天下为公。选贤与能，讲信修睦。故人不独亲其亲，不独子其子，使老有所终，壮有所用，幼有所长，矜寡孤独废疾者皆有所养；男有分，女有归。货恶其弃于地也，不必藏于己；力恶其不出于身也，不必为己。是故谋闭而不兴，盗窃乱贼而不作，故外户而不闭。是谓大同。"

康有为有《大同书》，他是为《礼运篇》做阐释的。他发挥了天下为公的"公"字。他认为人是受各种"界"（即各种界限、各种网）所束缚的，各种界都为人带来痛苦。人要破除"诸苦界"，破除国界、族界、家界、财产私有界。这些界，是苦根。破除这些界，人才能达到极乐境地，即大同世。康有为的思想，是极深刻、极高明、极有远见的，在未来世，他会受到公正对待。

孙中山先生就常书写"天下为公"四字送人。"天下为公"的思想是中国传统文化中的精髓。中国文化是有生命力的，有光荣前途的。（说这句话的时候，何先生的眼神透出一种坚定，他转过头朝向窗边的一缕阳光，笑了。）

2010年11月

文化遗产是一个民族前进中的化石，是沧桑岁月馈赠后人的文明精粹，不可以遗失文化的代价去追求经济效果。

——郑孝燮

人称郑孝燮是古建筑保护的斗士，是中国文物界当之无愧的泰斗级人物之一，他与单士元、罗哲文一同被誉为古建筑保护界的"三驾马车"。中国能够有诸多举世瞩目的世界文化遗产和自然遗产，正与这三位长辈的功德密不可分。2013年，"三驾马车"只97岁高寿的郑孝燮先生健在。尽管郑先生不能像以前那样奔波于全国各地考察文物古迹，但他依然心系为之奋斗了一生的文化遗产保护事业和城市建设事业，更有那些亟待解决的问题……

郑孝燮：留住建筑文化的记忆

2013年初夏，一个晴朗的上午，我踏着晨光走进郁郁葱葱的建设部大院，来到郑孝燮先生的家。郑先生已经端坐在客厅南面整排的书架前等候了，他面容庄严，招呼我坐在旁边的一把小椅上，挨着小椅的桌边放有一杯备好的热茶和一个计时的钟表，上面显示十点一刻。

林琳（以下简称林）：从20世纪50年代起，您孜孜不倦地从事历史文化名城和世界遗产的保护工作及学术探索，早在改革开放之初便提出"破坏性建设的情况是主要问题，从整体上保护古建筑的认识不够"。如今，经过您这代建筑文化工作者的努力，越来越多的古城和自然景观被列入了世界遗产，人们对文化遗产的保护意识普遍提升，"破坏性建设"有所缓解，那么当下在具体的文化遗产，尤其是历史文化名城的保护工作上，需要注意哪些问题？

郑孝燮（著名城市规划与文物保护专家，以下简称郑）：中国是文明古国，有五千年文明史，正因如此，保护历史遗存才更为重要。文明的记忆留在鲜活直观的文物古迹里，尤其是建筑，我国的文物（物质的不可移动的）绝大部分都是历史建筑。"建筑是人类一切造型艺术创造中最大、最复杂、最耐久的一类。所以它能代表的民族思想和艺术更显著，更多方面，也更重要。"（梁思成语）它们埋藏了很深的文化之"根"，越是古老的国家，越需要保护和抢救它们，防止它们被破坏或消失。保护它们，同时不忘先贤，是沉甸甸的历史责任，要坚持不懈做下去。历史是根，文化是魂，中华儿女的文化认同等于最坚固的国防。

新中国成立初期，政治运动频繁，很多文物古迹被损毁，那是不争的事实。而历史是不能割断的，毁了的无法恢复，只能汲取教训，保护、抢救现存世界文化和自然遗产，承担这项全人类共同的义务。这一点我们国家的态度是很明确的。1972年11月，联合国教科文组织在巴黎举行会议并通过了《保护世界文化和自然遗产公约》；1985年11月，全国人大常委会批准了我国参加联合国教科文组织《保护世界文化和自然遗产公约》；1991年10月，我国当选为世界遗产委员会成员。保护我国的世界遗产必须遵守上述国际公约和体现上述公约的国际宪章原则，同时必须执行国家规定的有关法律法规，如《中华人民共和国文物保护法》《中华人民共和国文物保护法实施细则》《中华人民共和国城市规划法》《风景名胜区管理暂行条例》《中华人民共和国环境保护法》，另外还有国家土地管理以及防火规范等有关的法律法规。事实上从国际公约到国法，已经基本上形成了一个"法网"，应该紧紧依靠这个"法网"，加强对我国世界遗产的保护。当前，我们不仅需要有识之士，还需要"有识之官"，正确对待世界遗产。这也正是加强"依法行政"工作急需改进的关键问题。

"建设性破坏"之所以长期不能根治，在经济上、文化上造成难以挽回的后果，我认为主要原因在于：第一，城市规划无用论，也就是"规划不如计划，计划不如领导一句话"。第二，城市规划和设计本身不重视文物保护，不贯彻文物保护政策法令，有的甚至毫无所知。第三，各自为政，自以为是，习以为常；违章乱选、乱占、乱建，不顾整体及长远利益。解决这些问题需要各级有关掌握拍板权力的领导知法、守法，把好名城保护、文物保护的关，以法律、法令为准绳，以调查研究为基础，以专家、群众的建议为参考，不要轻易点头、批条子。

不保护就是一种建设性破坏。文物古迹的保护与抢救，应加强同城市规划的密切结合，讲究环境关系，讲究整体结合。文物工作需要加强环境观念，不可满足于"独善其身"的保护。城市规划工作需要加强历史观念、文物意识，而不可只注重空间上的横向联系，不顾时间上的纵向联系。要做好文物环境或历史保护区的周围环境整体风貌的协调，进行风貌分区规划，进行文物保护范围及建设控制地带的规划。要确定风貌的基调是什么，要强调环境整体协调，强调文物保护与城市规划的有机结合。

关于历史文化名城的保护，需要遵守以下基本原则：第一，突出重要历史意义和艺术价值是保护历史名城的核心。全国历史名城都保存着这样那样的重要文物古迹，包括重大历史时代和事迹的实物见证，以及显示我国古代建筑、文化、艺术等的精华。物存意在，形神兼备，要把它们放在保护的核心位置。第二，保护历史文化名城的文物，要存其形，贵其神，得其益。名城的文物古迹是一部历史实物及现场见证的史册。由于文物古迹不能再生，所以这种史册非常珍贵，保护它们，存其景物形体及其内在环境，应当是第一位的。只有它们的历史形体和环境存在，我们才能够身临其境，或欣赏，或研究，或受教育，从而"触景生情""化景物为情思"。第三，名城的文物保护要内外结合，与环境协调。我国的传统艺术，一般讲究境界气氛。所谓境界气氛并不是空阔无物、不可捉摸的幻觉，而是艺术品自身与外界有机联系的一种气质或风貌。也可以说是某一情景主题与它所产生的余韵的结合。境界气氛势必影响名城保护效果的好与不好、美与丑。第四，保护名城要讲全局景系——大观、小观。名城景系是城市环境艺术的综合体现。它是综合昨天的、今天的以及明天设想的城市建设与环境风貌，是实用与审美统一的空间艺术。"景系"是整体的，所以"大观""小观"是共存的，一起为名城历史文化生辉的。名城的环境艺术，包括保护文物、风景，都要从全局出发，注重整体关系，既有"大观"，甚至还能溢于城郊以远寄豪情遐想；同时又有"小观"，即一区、一块、一街、一系，乃至宫、院、坛、寺、园、宅、塔、桥……

任何古代建筑和文化遗产都不可能脱离环境而独立存在，它必然要同周围的环境发生这样那样的联系，也必然会受到周围环境的影响。尤其历史名城的保护，首先应立足于古城区整体的历史文化价值，完整或整体才是第一位的，整体主要是由大量个体建筑有机结合而成的。个体建筑的历史、艺术、科学价值当然重要，但切记不可孤立地、独善其身地剖析它的价值。这个问题犹如一出戏，主角固然重要，但离开与配角乃至龙套、乐队等的默契配合是不行的。又比如一篇文章，佳句、关键词、点睛之笔也均非可孤立成文，一定同时包括其他字句、段落，才能使之气韵连贯成章。历史文化名城的古城风貌也好比凝固的交响乐，关键在于变化与统一的整体和谐。

林：可是，某些地方由于过度开发文化遗产，导致了重申报、轻维护，重开发、轻保护，重旅游建设、轻文化研究等现象，对此该如何看待？今年4月，国家文物局宣布本年度6月文化遗产日的主题为"文化遗产与全面小康"，那么在保护与利用文化遗产推进建设之间又将如何平衡发展？

郑：文化遗产是一个民族前进中的化石，是沧桑岁月馈赠后人的文明精粹，不可以遗失文化的代价去追求经济效果。我国有些世界遗产在保护与开发利用之间存在不少矛盾，为此 2002 年的时候，国务院九个部委曾联合发布了《关于加强和改善世界遗产保护管理工作的意见》（以下简称《联合意见》）。《联合意见》特别着重提出：一切开发、利用和管理工作，首先必须把遗产的保护和保存放在第一位，都应以遗产的保护和保存为前提，都要以有利于遗产的保护和保存为根本。决不能把世界遗产当作财源滚滚来的"摇钱树"。如果热衷于单一的经济目的，势必会出现开发利用过度或错位利用，忽视保护，因而不断出现建设性破坏、旅游破坏等问题。更莫名其妙的是，有的世界遗产竟然搞出股票上市，或者转包、出售经营权等非常错误的想法或做法。建设部 2000 年《关于加强风景名胜区规划管理工作的通知》明确规定，在风景名胜区内，一是不准规划建设宾馆、招待所、各类培训中心及休、疗养院（所）；二是各地区、各部门不得以任何名义和方式出让或变相出让风景名胜资源及景区土地；三是不准设立各类开发区、度假区等，擅自进行开发建设的，要坚决予以纠正。究其原因，这些问题往往直接来自有些地方的管理者不遵守"依法行政"。

开发旅游业为国家带来了巨大的经济效益，做出了重大贡献。然而，不要忘记历史是根、文化是魂，在中华大地上的世界遗产蕴藏的和生发出来的历史、艺术、文化价值才真正是永恒的和无法衡量的。寓教于游的文化效益，更是旅游发展的首要目的。本来"旅游资源"这个概念，如果不被扭曲为"商品""产品""品牌"之类的话，也是无可非议的。然而，一旦抛弃"旅游资源"本质属性的文化价值和品位，形成"金钱挂帅"，只顾追求商品化的利益，追求打"品牌"或做"包装"的价值，甚至贪婪地挤进股市，谋求股票价值，那就不可避免地导致急功近利。这样又怎能不出问题呢？

文化和自然遗产的最大价值只能依靠它们本身的存在。托物寄史、托物寄美、托物寄意等，必须有文化和自然遗产的实体、有物境的存在才能被依托。重点遗产的历史价值、艺术价值、科学价值无一不是通过保护文化和自然的遗存实体而体现的。特别是这些文化和自然的遗产都是不可能再生的或再造的，只有保护可以使它们延年益寿。历史文化建筑与环境的遗存不能伪造，也不宜搬家，要原汁原味，防止出现所谓"易地保护"文物建筑和假冒伪劣的"历史"建筑。

因此，保护文化遗产和名城的历史文化风貌，要积极发现、评价和保护有历史、艺术、科学价值的历史遗物，特别是古建筑，要加强详细规划；对文物古迹、风景名胜要定性分级；并且严格限制建筑高度；清理名城环境。文化遗产保护、历史古城区的整体保护是广义的，包括保护、保留、整治等多层次的有机结合。其间不应是无序的或支离破碎的，而是应当明确体现出其本身的传统风格基调。要明晰哪些属于文物保护单位，哪些是建筑文化保留单位，哪些是需要整治和整顿的单位。保护级的文物古迹相当于国家级、省市区级、县级的重点文物保护单位。对古建筑、古建筑群，或地上地下遗址等要保护历史原状，修旧如旧，对其周围的保护范围必须严加控制，保证协调，不许乱占乱建。保留级的环境史迹指具有某种历史文化意义，需要保留其环境完整风貌特色，但不属于重点保护单位的建筑、建筑群及环境。允许在保持原有风貌、特色的前提下，进行适当修改、重建使之现代化，比如室内或市政设施等方面的现代化。重整级的传统环境指对某一重要传统环境的综合改善，其中有的要保护，有的要保留，有的要进行改建。重整是代替旧城、旧区全部推倒重建和全面改建的一个重要手法，目的在于保护城市的历史文化风貌、特色不被破坏。

拿旧城改建来说，任何"旧城改建"都不像"白纸画画"那样可以大刀阔斧。旧城改建绝不是无条件的改建。最重要的问题是既合理改建，又不割断历史，不去破坏反映历史、连接历史的有价值的文物古迹、风景名胜及相连的环境——保护范围和建设控制地带，乃至历史文化名城的历史保护区等。作为旧城，一般总有这种或那种文化古迹和风景名胜。极少数旧城即使没有值得保护或保留的文物古迹和风景名胜，也不能盲目屈从于资本，或放任自流乱选乱建。因为，这样的旧城总还应当塑造成一个良好的城市空间布局的环境整体，体现在环境保护、环境风貌艺术和环境功能的统一规划上。

另外，保护文物古迹不但要首先保存其外形，更贵在存其内神，形存神在，使人"见景生情"，从中受到教育启迪和精神感染，才能确保其精髓和个性化发展。对于古城而言，历史文化的内容是很广泛的，像民族传统戏曲、音乐、舞蹈、书画、雕塑、出版、手工艺、民俗，乃至中医中药、名菜名吃，以及革命传统的文学艺术及技艺等都是，都要融合进保护工作，这些历史文化内容也都有个整体性继承与发扬和保护的问题。文化遗产保护是综合的，不能脱离环境而独立存在，是整体性的，不能一味追求经济利益，要看到经济利益是靠文化魅力和环境氛围而生发的。

林：正因如此，20 世纪 90 年代您先见性地提出了"城市文态环境"保护问题，20 年过去了，随着经济建设步伐的加快，您曾担心的城市文态环境失衡的现象已日显突出——建筑风格杂乱、乌烟瘴气、水体污染、噪声扰民、缺林少绿等。而关于什么是城市文态环境仍很少有人知道。

郑：城市文态环境，简言之，就是以建筑整体布局形象为主导，以某种建筑风格为基调，进而综合体现"美的秩序"的城市环境文明。文态环境保护的主旨在于维护与发展这种文明。城市的建筑与环境不仅有提供人们居住、工作、游憩、交通等的功能，而且是人类文明发展的重要标志与记录。像历史文化名城，之所以具有无字史书的价值，就在于其把过去的政治、经济、文化发展变化，把历史上治乱兴衰的影子、国耻的记忆、爱国主义的教育……真实地铭记下来，托物寄史。例如，北京以紫禁城为核心的皇城和东交民巷以外国使馆及外国兵营为特区的"国中之国"，上海以外滩为轴心的十里洋场风貌的半殖民地租界，拉萨以布达拉宫为焦点和以大昭寺、八廓街为中心的藏族文化古城区，它们的文态环境的不同，即历史建筑与环境风貌的不同，正是分别记录它们各自不同的无字史书。托物寄史所依托的文态环境的风貌，无一不是从历史建筑与环境的保护中得来。

在现代化进程中，城市不免存在畸形发展的现象。日照、空气、通风、绿地、空地状况糟糕。人们误认为高密度就代表现代化，殊不知它的拥挤程度、恶化程度恰恰是落后的说明。良好的城市文态环境，首先必须以良好的生态环境与城市功能为基础。不能设想在乌烟瘴气、水体污染、垃圾和废渣如山、噪声扰民和缺林少绿、土地裸露、水土流失的城市还有什么文明整体而言。其次，文态环境与城市的建筑风格密不可分。城市的文态环境风貌，不论是反映历史文化的，还是表现现代特色的，归根结底都取决于建筑的风格。这是因为构成城市环境布局系统的物质要素虽然很多，穿插交错，可是其中唯独建筑的风格最富于表现文化个性、文化特色。环境的美与丑，民族特色、地方特色、时代特色的显示有秩序或者杂乱无章，一目了然，无不取决于建筑形象及其整体布置的样子。最后是城市的外在形象与内在气质。文态环境的风貌不仅要重视美好的外在物质形象，同时还要深入体现内在精神的文化气质，达到形神兼备，外象与内涵并重。所谓文化气质，其实就是城市自身的历史与地理背景、环境构成性质、空间布局方式和民族特色、地方特色、时代特色等因素的有机结合。文化气质特别浓厚的文态环境，往往会升华为一种境界，能够从中产生景以情合的精神感染活力。

保护城市的文态环境要依靠法律和城市规划，其中保护历史文化名城的文态环境还要按照风貌分区规划，分区规划应重视借景、对景、遮景，善于、巧于扩展景观视域，使内外景物尽善尽美地结合起来，进而提高整体风貌的文态艺术效果。

林：然而，现实中，缺乏对城市文态环境的重视直接导致了城市建设的趋同化，城市的个性、建筑文化的民族性日渐减弱。如何在现代化进程中保持和发展城市建设的民族性和文化个性？

郑：城市的民族性和个性是发展的，不是一成不变的。城市总是人类物质文明与精神文明有机结合的环境载体。这种载体，一方面由于新陈代谢，不能没有更新改造；另一方面按照遗传规律又必须保留一定的文化物种，即文化遗产的保护。昨天、今天不可分割，就要有联系和对话。

可什么是城市的现代化？高层建筑绝不等于城市现代化的标志。很多人认为建筑的国际风格是在建筑功能基础上讲绝对创新，不讲文化传统，不讲民族区别；讲容积，不讲体积；讲造型均衡，不讲对称；讲简洁，不讲装饰。说到底这是一种没有任何民族区别、任何地方区别、无风土特色及个性情调、通用四海的建筑文化。在这种情况下，"方盒子"成了对新建设的国际风格建筑的形象称呼。不少设计水平较高的国际风格建筑，在解决功能、空间变化，以及新材料、新结构、新设备的选用等方面确有许多独到的成就；在室内的敞亮、舒适、方便和提高效能等方面也更受人欢迎。不过这些优点并不能弥补它在理论上的短缺和风貌上的不足。即使在欧美国家对其也争议纷纷。这种国际风格主张，现代建筑的主流只有与传统和历史决裂才能创新；一切附加的建筑装饰纯属多余。很多城市的风貌正在这种超历史、超民族、超地区、超装饰的国际建筑风格的影响中迅速变化。

甚至有人认为，北京变成纽约有什么不好！但是，如果从天安门东望，一连串的高、大的洋盒子建筑形象迎面而来，成了首都市中心最夺目的借景，看上去那么迫近，这究竟是锦上添花，还是北京特色正在消失？他山之石，可为借鉴。华盛顿、伦敦、巴黎、莫斯科等国际名城并没有因为现代化的发展而摒弃其传统基础及风貌个性。全世界的城市风貌毕竟不能都变成无国籍的一种模式。相反，艺术只有民族的，才能绚丽多彩，才是世界的。创新与传统不可分割！建筑风貌的多样化，首先取决于建筑创作必须走中国式现代化的道路，并提高水平。城市风貌属于综合艺术，其中建筑虽非唯一因素，然而却是头等因素。在不同风貌规划分区（包括小分区）的基础上，我主张建筑创作的"中而新"。所谓"中而新"包括两个基本特征：一是城市建筑现代化对传统要有所继承和发扬，同时把外来营养化为自己的血液；二是创新应促进城市建设风貌的多样化，形成比较丰富的、完美的、有机的整体特色。传统充满于世界而且是发展的，对人类文明起着承先启后的巨大作用。谁都不能完全脱离传统而在真空世界生存。如果昨天毫无价值，必须和传统决裂，那就等于今天的一切得从"零"开始。这怎么可能呢。"中而新"应容许对传统的继承和发扬，应具有不同的风格层次：

第一，古语新用——精选一部分古典建筑艺术"词汇"，用于所谓的现代化建筑创作。新古默契，有机结合，如民族文化宫、美术馆、北京站那样，只要设计得好，就能给首都环境增色。第二，推陈出新——这是发扬传统的一种创造。回龙观饭店就是一例，新材料、新风格而又表现中国新味。建筑创作的"神似"何在？我认为一是来自消化传统文化精髓，二是来自环境风貌和文化基调。离开时间、空间的因素去找"神似"是难以想象的。北京香山饭店、曲阜阙里宾舍、深圳东湖宾馆，这几处新建筑推陈而不泥于陈，创新而不失传统，用洋而不忘我，基本上是"形神俱见"，具有"神似"味道之作。第二，无装饰与有装饰。江苏常熟、太仓农舍，多为粉墙青瓦二层小楼，淡朴无装饰；京郊农房，砖墙水泥瓦加脊，也很朴实。前者突出了江南民居新色，后者反映了京郊民居的变化，它们都有"中而新"的色彩。同属进口的铁皮二层汽车旅馆，南京丁山宾馆按原样装建，苏州姑苏饭店的装建则添加了一道铁皮屋脊，结果一洋一中，味道不同。因此，适当运用建筑装饰，点染中国特色，实属必要。装饰的题材很重要，要多样化，也要考虑"古语新用"、推陈出新等手法。一些重要建筑如人民大会堂、历史博物馆是西洋古典列柱式的轮廓，香山饭店是方盒子的原形，但是由于善用或创化中国传统的装饰，因而点染成为"中而新"的建筑风貌。装饰是建筑的一种文化符号，那种无装饰就是有装饰，材料、结构本身就是装饰的说法是不完善的。

另有一点不可忽略，即城市的高空建筑控制权。高层建筑如何分布直接决定历史文化名城关于文物古迹和历史保护区文态环境的保护。许多国家为此严格地掌握城市高空建筑控制权，执法如山。在法国首都巴黎，政府规定：历史中心区（18世纪前形成的）不允许建设现代风格的建筑；旧城区（19世纪形成的，靠近历史中心区的一些区）不允许建高层建筑，虽允许建设一定的新建筑，但提前必须与历史文态环境基调和谐。美国首都华盛顿，为了保护象征美国独立历史纪念和突出全国政治文化中心的首都风貌，政府规定：任何建筑的高度，一概不许超过国会大厦的高度，即135英尺（约41.15米）。加拿大首都渥太华，政府规定不准建筑高层建筑，原因只有一个，就是因为它是国家的首都，和美国华盛顿一样。英国首都伦敦，旧市区占地600平方英里（约1554平方公里），有1万多条大小街道，绝大多数的建筑是三四层高。可见，尊重历史、保持特色是历史文化名城"守土有责"的大事。

历史是根，城市是历史大舞台；文化是魂，建筑是文化的依托。在人类持续走向现代化的今天，属于民族的根与魂，是不能割断的，要留住建筑文化的记忆。

（郑先生是位严谨认真的学人，采访结束时，他对我说，应该去采访那些奔走在第一线上的文物保护工作者，自己已年近百岁，不能再去做调查研究了，对很多问题，没有发言权，保护文化遗产是世世代代的事，责任是沉甸甸的……）

2013 年 6 月

附文

郑孝燮的诗性人生

> 三驾马车马不停，
> 而今一去一难行。
> 唯君八七犹伏枥，
> 历史旧根民族情。

2010 年郑孝燮为好友罗哲文贺寿题诗。认识"三驾马车"（单士元、罗哲文和郑孝燮）的人都知道，三位古建筑保护的斗士中，郑孝燮是性子最急的一个，屡次为保护工作"拍案而起"，可鲜为人知的是，这位仗义执言、刚正不阿的急性子，庄严肃穆的面孔下还藏着另一个身份，就是诗人。

> 六月京都花似锦，
> 华堂又聚老中青；
> 除妖惩霸山河笑，
> 建国安邦日月明。
> 调整三年歌序曲，
> 跋涉万里谱长征；
> 神州大地经风雨，
> 更喜人间新里程。

1979 年 6 月，郑孝燮出席全国政协五届二次会议时，酣畅淋漓地写下这首诗。几番社会动荡与磨难过后，花甲之年的他重返城市规划工作岗位，又一次将满腔热血投入崭新的工作中，并开始用诗词言说心声，至今创作已达 450 余首。阅读篇篇激扬的文字，他数十年马不停蹄致力于文物保护和世界文化遗产保护工作的足迹宛在眼前。

> 近水远山什刹海，
> 莲荷香溢上城台。
> 今夕同此团圆月，
> 一统归根早日来。

（《在什刹海欢度 2003 年中秋佳节·赏月德胜门箭楼》）

如今德胜门箭楼游人如织，不但是北京的重点文物，更是一大标志性景点。然而，如果没有郑孝燮当年写给陈云同志的一封信，它恐怕早已灰飞烟灭。

1979 年初，北京市为了修建立交桥，准备拆除德胜门箭楼，建筑工人已经进驻。郑孝燮深知其文物价值，听闻这一消息后立刻写信给陈云同志说："箭楼不能拆。交通问题不能成为拆除理由。巴黎街道有那么多路口集中在凯旋门，可凯旋门并没有拆掉。德胜门箭楼也可以采取这个办法，把它做一个环岛，而且它没有像凯旋门那么多路，就是一个十字路口，为什么非拆不可？"很快这一建议被采纳，并由国家拨款修缮了德胜门箭楼，才总算是刀下留"门"。

之后 15 年郑孝燮连续担任政协委员期间，踏遍祖国各地了解文物破坏情况，夜以继日为古建筑保护奔走呼吁。

> 识途犹壮志，
> 岁岁邀山川；
> 文物经风雨，
> 名城悦管弦。
> 飞花十亿国，
> 流水五千年；
> 寄语诸公仆，
> 文明不卖钱。

1982 年郑孝燮调研考察后，回京写下此诗。诗中表达出他对扬州等名城文物保护的欣喜，也表达出他对五台山等地毁庙宇、卖木材之行径的愤慨。其实，考察过程中的每一个动情之处，郑孝燮都会留下诗篇，而在相关历史名城的创作中，写得最多的当数平遥。

山西平遥古城是在 1997 年被列入世界文化遗产名录的，也是迄今为止发现保存最完整的明代古城，完整保存率达到 90% 以上。但当初在审核申报世界遗产名单的时候，平遥一度未被列入名单，郑孝燮为此曾在会上拍案而起，表示

"申报平遥古城是专家们事先商量好的，却在申遗预备会上一下子去掉了不公平"。他的举动和严正的态度震惊了在场的所有人，而若不是他拍了桌子，平遥肯定要被抹掉了。虽然觉得拍桌子不礼貌，但情急之下郑孝燮义无反顾，也为这得罪了很多人。事后他给相关领导写了信，信中说明平遥古城体现的是儒家思想体系的汉族文化，贯穿礼制规范，形成了讲究方正、对称、中轴、主次等级关系的城市布局形制，并完整突出晋中的地方民居建筑特色，建议平遥和丽江同时申报世界遗产。这一建议受到高度重视，平遥古城被列入申遗的预备名单，并与丽江古城双双入选世界文化遗产。

> 爱我平遥刀下城，
> 辟新保古最高明；
> 龟城门阙分郊坰，
> 里巷商街列纵横。
> 金井市楼惊望远，
> 民居署庙喜风情；
> 汇通天下堪为首，
> 历史根深世界荣。

（2002年为《幸存的平遥》一文而作）

类似平遥的情况，还有上海。1986年，在酝酿第二批历史文化名城名单时，郑孝燮推荐上海。最初讨论的时候没有人反对，都是赞成的。但是突然报纸报道说，上报国务院的预报名单中不见上海。消息传来，正在合肥出差的单士元、罗哲文和郑孝燮三人听说几天之内国务院就要正式批示，就赶紧联名写信请省委转给万里副总理，信中说明上海必须列入历史文化名城，主要原因在于，上海反映的是近代历史，是半封建半殖民地城市最典型的代表，是中国共产党的诞生地、新文化运动的发源地，有很重要的历史意义。最终上海被列进了国家历史文化名城的名单。

> 大雨滂沱伏暑天，
> 又拾笔纸问平安。
> 老来厚望千金女，
> 铁杵成针靠志坚。

（1995年《家书》）

为了中国历史文化名城、名镇、名村保护事业的发展与扩大，郑孝燮与单士元、罗哲文一道足迹遍及大江南北、岭南港澳，与祖国的历史文化遗产存亡忧乐与共，谱写出了一曲文物保护一代风流的赞歌。

如今，经过老一代建筑文化工作者的努力，越来越多的古城和自然景观列入了世界遗产，人们对文化遗产的保护意识普遍提升了，但也出现了过度开发文化遗产，重开发、轻保护，重旅游建设、轻文化研究等现象。对此郑孝燮多次呼吁，历史名城不可以遗失文化的代价去追求经济效果，文物古迹的保护与抢救应加强同城市规划的密切结合，讲究环境关系，讲究整体结合。城市的民族性和个性固然是发展的，不能一成不变，但高楼林立绝不等同于城市现代化。1984年，郑孝燮到港澳考察时有感而发：

> 立锥无地比天楼，
> 坐井居空人若囚。
> 休把畸形说现代，
> 我城我市甚随流。

这首诗中的担忧，而今已经显现。早在20世纪90年代，郑孝燮就先见性地提出了"城市文态环境"保护的问题，指出城市的建筑与环境，不仅有提供人们居住、工作、游憩、交通等的功能，而且是人类文明发展的重要标志与记录。华盛顿、伦敦、巴黎、莫斯科等国际名城并没有因为现代化的发展而摒弃其传统基础及风貌个性。全世界的城市风貌毕竟不能都变成无国籍的一种模式。相反，艺术只有是民族的，才是世界的。创新与传统不可分割！

郑孝燮主张建筑创作要"中而新"：一则城市建筑现代化对传统要有所继承和发扬，把外来营养融入自己的血液；二则创新应促进城市建设风貌的多样化，形成比较丰富的、完美的、有机的整体特色。2005年在参加苏州平江街区保护规划会议时，他看到新建起来的城外新园，欣喜地称赞它是"中而新"的杰作：

> 塔影山光咫尺间，
> 虎丘岩下访寅园。
> 新编历史南昆曲，
> 素裹淡妆带梦还。

那年郑孝燮89岁，也是他与妻子马毓荃携手走过的第60个年头，结婚纪念日上，老翁咏怀：

> 西行回首忆青年，
> 巴蜀金城千里缘；
> 还我山河降敌日，

复兴解放醒人寰。

天长地久生有限,

高山流水时不闲;

白发钻婚九月九,

当知启后亦承前。

孙儿们常常问起:"学建筑的爷爷怎么会对写诗有浓厚的兴趣?"郑孝燮就会回答:"读诗写诗的爱好得益于爷爷的爷爷。"

郑孝燮,字揆甫,祖籍山东,1916 年农历二月初二出生在奉天(今沈阳市)。他的祖父有三个儿子,他的父亲是长子,所以他一生下来就顺理成章地成了郑家的长孙。二月二,龙抬头,祖父得知有了长孙,喜出望外。因为郑孝燮是龙年龙月龙日这天出生的,祖父就给他起了小名龙顺,希望他一辈子顺顺当当的。在祖父的心目中,长孙是特别受到重视的家庭成员,所以从小郑孝燮就跟祖父母生活在一起,得到了祖父的特别宠爱和教诲。

大约从 5 岁起,祖父(郑世珍的第二个儿子郑英澜,清朝举人)就把唐诗还有他自己写的诗一首一首教郑孝燮读。虽然还不能理解诗的意思,但每次祖父教过的诗,他都能背得滚瓜烂熟。祖父看他学得很起劲,高兴之余又开始教他写诗,如一些平仄、押韵、对仗的作诗规则。这对一个小孩子来说是很枯燥乏味的事情,但郑孝燮常常听得津津有味。没过多久,郑孝燮就可以把"平平仄仄平,仄仄仄平平;仄仄平平仄,平平仄仄平"这样的平仄押韵格式朗朗上口地背出来了,并且渐渐能够写一些简单的诗。后来经过反复练习,他写的诗常得到祖父的夸奖,就此培养起来的诗性伴随了郑孝燮的一生。

除了诗词,对京剧艺术的爱好也是祖父留给他的精神遗产。祖父是戏迷,常和祖母一起带着他看京戏,京戏里有诗、有故事,祖父便给他讲戏里的唱词,听得多了,他也成了小戏迷,有时候看得如痴如醉。与祖父母在一起的童年生活给了郑孝燮传统文化的熏习浸染。

然而,世事难料,1931 年九一八事变日本人占领了东三省,那年郑孝燮 15 岁。不愿做亡国奴的郑孝燮毅然离开了家乡,跟随南下请愿抗日、收复失地的爱国学生一起来到了南京和上海,开始了求学以报效国家的艰难路程。

在外求学期间,郑孝燮与家里断了联系,靠六叔的资助才得以顺利完成学业。1935 年,他以优异的成绩毕业于上海中学,并考取交通大学唐山工学院土木系。1937 年,抗日战争全面爆发,郑孝燮南下武汉,次年到重庆,考取中央大学建筑系。报考大学时,家里人主张他学工矿,搞实业救国,但郑孝燮执意要搞建筑，在他眼里建筑是民族精神的象征，也是华夏文明的具体展现。大学期间他成绩优异，先后获得中国营造学社桂莘奖学金和基泰工程司奖学金。

1945 年抗战胜利后，南京国民政府准备实施战后恢复规划。时任中央大学建筑系主任、与梁思成共享"北梁南鲍"美誉的鲍鼎被湖北省政府请去协助武汉区域规划委员会，郑孝燮随鲍鼎到委员会任职，参加"大武汉"规划的资料整理和城市布局研究，从事建筑设计、城市规划工作。1949 年夏，新中国成立前夕，郑孝燮受梁思成先生之邀到清华大学建筑系任教，同时给梁思成当助手。1952 年调离清华，先后在重工业部基本建设局、城市建设部城市规划局担任建筑师，专门从事城市规划工作。1965 年任《建筑学报》主编，"文革"期间下放河南焦作"五七"干校。"文革"结束后，开启了文化遗产保护的新征程。

1950 年，郑孝燮在清华大学工字厅与林徽因等人合影

> 沈沪唐渝兰汉京，
> 人生旅途共此生。
> 同天隔海美加远，
> 后来居上喜蓝青。

（2014 年春节九十八岁老翁自说自语）

2015 年，已届 99 岁高寿的郑孝燮先生虽然不能像以前那样奔波于第一线，但他依然心系为之奋斗了一生的文化遗产保护事业和城市建设事业。他说，"匹夫有责，当仁不让，虽蝼蚁之微，也当识途"。这位率性、睿智、正气的文物界泰斗，在一个世纪的岁月里，抒写了激扬的诗性人生。

2015 年 2 月

人生不是一条线段，有起点、有终点；而是一个圆，圆周上任意一点，都既是起点，也是终点。

——杨辛

杨辛是美学界一位德高望重的耄耋长者，他一向艰苦朴素、省吃俭用，过着极为普通的生活，却把省下来的钱、义卖书法作品的钱，多次无偿捐赠给教育事业。多年前，他向北京大学哲学系捐赠了100万元，将其中的60万元设立"汤用彤奖学金"，40万元设立"杨辛助学金"，用于奖励哲学系学业突出的学生和帮助哲学系家庭贫困的学生完成学业。杨辛说："在我的人生道路上有几次重要转折点，都得到汤用彤先生的帮助和关爱，出资设立'汤用彤奖学金'是为了感恩、纪念汤先生，设立'杨辛助学金'也是这个目的。在汤先生身上，学术境界与人生境界高度统一，'关爱人'已成为一种精神境界，体现了仁者的风范，里面凝聚着中国传统文化的精髓。我要把这种人格精神传递给后人。"

杨辛：花开花落都是歌

杨辛一生经历了几个时代，大风大浪中从未因苦难放弃理想，他用生命的过程坚定地实现着对真善美的人生价值的追求，身体力行地传承了汤用彤等老一代学者的风范。

一

杨辛，1922年出生在重庆，原名傅全荣，10岁时父亲去世，12岁时母亲去世。六年级时他成绩优异，却因父母离世无法升学，甚至连住的地方也没着落。最困难的时候他变卖家里的东西维持生计。为了尽早就业，他在亲友的帮助下上了一个职业学校，学会计、簿记之类，还没毕业的时候就到民生轮船公司的油料科做练习生（相当于学徒），办公地点就在现在重庆朝天门码头的一个仓库里。

抗日战争全面爆发后，日本人对重庆搞"疲劳轰炸"，数千人因缺氧闷死在较场口防空洞里，杨辛亲眼看见死难者的尸体像小山一样被堆在码头上，从朝天门运到远郊掩埋，感受到切肤之痛，也就此立志为民族解放事业而奋斗。

几年后，公司里的一个上级赏识杨辛的勤奋，便好心资助他到重庆南开中学，念高中一年级。由于这一机缘他结识了汤一介。

1943年，杨辛来到南开中学读书，与小他5岁的汤一介是同班同学。汤一介那个时候就开始出墙报、写哲学文章了，杨辛则因画漫画在全校出了名，还一个人办了一个漫画墙报，名叫《偶尔》。

一年后，抗日战争白热化，汤一介回到在昆明的父亲汤用彤身边。杨辛等20来个南开高中学生则怀着一片抗日救国的热忱，报名参加了中国远征军，军衔是下士。他们经印度到了缅甸，接受单调枯燥的步兵训练。这期间，杨辛了解到国民党军队的种种腐败和黑暗，心中暗自升起对延安的向往。

1945年4月，日寇已是强弩之末，中国远征军准备回国，可以自愿乘飞机或步行。南开中学的同学大多数选择步行，一个人牵一匹骡马，从缅甸到曲靖2000里地，走了两个多月。这次行军经过云南西部最贫困的地区，每天都会接触到老百姓，杨辛每天写日记，记下行军的感受以及老百姓的疾苦，有时边写边落泪。

到了曲靖，听说国民党打算把这支队伍调到东北对付共产党，而学生们最初参军为的是抗日，冒着生命危险到印度、缅甸是为了打日本。知道了国民党另有企图，加上目睹国民党军队的腐败以及对继续求学的向往，杨辛等三个要好的同学商量，逃往昆明。于是，趁当晚兵荒马乱的时候，三个人留下枪，坐上了开往昆明的火车。在途中，他们幸运地遇到一个从昆明来的同学，见到追赶他们的军人已赶到前一站等着抓他们。生死一线之际，杨辛等人匆忙下车后，躲在老百姓家里，后来搭乘一辆货车，逃到昆明。

到了昆明后，杨辛与汤一介取得了联系，汤一介跟父亲讲了杨辛的情况，也讲了军队腐败的事实，汤用彤先生答应让杨辛住在他家里。尽管当时汤用彤是西南联大哲学系的系主任，但生活十分清苦。就在杨辛到汤家之前，汤一介的哥哥生病去世了，汤一介的妹妹、汤用彤先生最心爱的女儿，也因误诊去世，但汤用彤先生从未流露出失去儿女的伤痛。杨辛对此毫不知情，他和汤一介同住在一间破旧的一米多宽，三四米长的木板楼房里。

在汤一介家里，得到汤用彤夫妇关爱的还有一个人是邓稼先。邓稼先的父亲邓以蛰与汤用彤私交很好，原本两家都在北平。汤用彤到昆明后，汤一介的母亲还在北平沦陷区。当时年轻人上学经过日本人站岗的地方都要敬礼，邓稼先宁可绕路走也不去敬礼。他非常想到内地来，于是在汤一介的母亲去昆明的时候，邓稼先化名汤一雄（汤一介哥哥的名字），随汤一介母亲一起到了昆明。

汤一介、邓稼先和杨辛，三个人年岁差不多，常在一起聊天。邓稼先喜欢文学，英文也好，有时讲些英文小说里面的故事给大家听，还讲到他很想北平的冰糖葫芦。杨辛从未去过北方，不知道冰糖葫芦是什么样子，却从此有了念想。

那段时期非常困难，杨辛住在汤家，靠卖报纸和做家庭教师赚些伙食费，也帮汤用彤先生抄写些文稿。几年前一位北大博士后整理汤用彤文稿时，发现杨辛当年用小楷抄写的一部分，正是汤用彤先生的代表作《魏晋玄学流别略论》，工工整整一万多字。杨辛在西南联大听过课，还认识了闻一多的儿子闻立鹤，在他的书架上第一次看见了《新民主主义论》，接触了一些进步思想。闻立鹤带杨辛见过闻一多，想请他帮忙推荐杨辛进"先修班"。

1945年圣诞，生活困窘之际，汤一介家里非常狭窄的小楼上，竟举办了一台别开生面的小晚会。两张床单拼挂起来做幕布，杨辛和汤一介做演员。杨辛戴了顶红色帽子，贴上用棉花做的胡子化妆成圣诞老人，把头和手露在幕布缝外，汤一介两只手从幕布缝伸出来，假扮圣诞老人的手，杨辛的双手套上鞋变成圣诞老人的脚，演了一出逗笑的双簧。观众就是两条板凳上的五六个人，有汤一介的父母亲，汤一介的弟弟，还有同院子住的数学系的一对教授夫妇和闻立鹤。在最困难的民族危难时期，杨辛在汤一介家中感受到家庭生活的无限真情与温暖，乐观积极地投身抗日救亡运动。他卖过《学生报》和费孝通教授办的《自由论坛》报，"一二·一"运动期间，还画漫画，与汤一介联名写诗，揭露国民党政府的丑恶嘴脸，挂在西南联大学生为四烈士设的灵堂里。

二

1946年下半年，西南联大解散，北大、清华和南开在平津复校，杨辛很想继续到北方上学，就来到北平。但是因为举目无亲，没地方可去，就又住在汤用彤先生家里。那时汤用彤先生是北大文学院院长，可是生活仍很艰难。

时逢北平艺专第一年招生，徐悲鸿任校长，杨辛就去报了名，并以第一名的成绩入了学。杨辛所在的班，班主任是董希文，钱绍武也在班里，后来他们成了挚友。到了北平艺专，他继续参加学生运动，1947年"反饥饿、反内战、反迫害"运动的时候，还曾作为学生代表三次到徐悲鸿先生家里商量罢课的事。

平时徐悲鸿校长很关心学生们的学业，曾请齐白石为学生们现场作画，创造学生们向大师学习的机会。学生们围站在四周，有的站在桌子上，有的站在凳子上，徐悲鸿亲自给齐白石递笔，正面画完，还反过来在纸的背面加上几笔，以展示不同的效果。第一年艺专新年晚会上，徐悲鸿先生别出心裁地发明了一个游戏。他在讲台上摆了一张纸，画前不预定画什么题材，自己上去画头一笔，然后让各位老师依次上去一笔一笔即兴往下画，最后出现了"刘海戏金蟾"的画面，有意思极了。当时徐悲鸿已是有名的大画家，但是对学生却非常亲切，有一次还带着一年级新同学看俄国19世纪油画展，边看边讲解。

在艺专学习的两个学期杨辛的成绩都是第一名，课余时间他还演戏，演《雷雨》，他演周朴园。后来成为中国香港著名导演的李翰祥，那时与杨辛同年级不同班，在剧里演鲁大海。在这次演出台上，杨辛摸胡子的时候不小心把胡子拽掉了，还好急中生智，趁转身的时候及时粘上了胡子。那段日子是杨辛人生中最活跃的阶段。

后来杨辛等六七个在艺专牵头搞学生运动的人，被国民党政府列入了黑名单。这种情况下，中共地下党组织帮他们转移到解放区。到解放区要通过国民党的封锁线，听说如果被查出是去解放区的学生，会被活埋的。所以杨辛一行策划好，去的时候带了画架和油画颜料。过封锁线的时候，国民党岗哨要是盘问，他们就说出去写生。

到了解放区后，根据工作需要，杨辛先是参加土改工作，后被调到中共冀察热辽地区分局城市工作部工作。1948年辽沈战役临近之时，杨辛转到辽西，准备解放军一打下锦州就马上进城接管城市。锦州解放后，杨辛在中共锦州市委研究组搞工商业调查，做工商业者的工作。有时候几个晚上不休息，被评为市委直属机关的一等模范干部。那段时期由于工作联系，杨辛认识了团市委的一位锦州姑娘，两人1951年步入了婚姻殿堂。后来杨辛被调到沈阳，在东北局工作，东北大区撤销后，又调到吉林省委党校教哲学。不管时代浪潮如何汹涌，杨辛始终心存理想，脚踏实地追求进步，面向现实、面向人民积极工作。

三

1956年，时值中央提出向科学进军，汤用彤先生任北京大学副校长，为了完成科研规划，他亲点了两个人到北大做助手，一个是在北京市委党校工作的儿子汤一介，另一个就是杨辛。这次调动是杨辛一生中最重要的一次转折，此后他在北大度过了一个甲子有余，直至现在。

1956 年，杨辛与汤一介听汤用彤先生讲哲学

在汤用彤先生的关怀下，1959 年前后，北大哲学系美学组成立的时候，杨辛因学过艺术而转到美学专业。1960 年系里正式成立美学教研室，也是国内大学里设立的第一个美学教研室，任命杨辛为室主任。当时教研室有美学前辈朱光潜、宗白华和邓以蛰先生，以及中青年教师甘霖、于民、闫国忠、李醒尘。杨辛说，中国的美学事业是在老一代美学家带领下发展起来的，给他留下印象最深刻的就是朱光潜先生，他们亦师亦友，朱先生信任杨辛，"文革"期间曾将自己的译稿存放在他家里。

朱光潜先生晚年与杨辛交往很多，杨辛也深切了解先生晚年思想转变的艰苦过程，以及视学术为生命、鞠躬尽瘁死而后已的精神。一次朱先生生病住院后，家人将他的书房搬到楼上，目的是让他休息不要再工作了。然而一天晚上，朱先生因为觉得维科《新科学》译稿中的一条注释有问题，就偷偷一级一级爬上楼梯去修改。曾有人认为"朱先生晚年思想转变是在一种强制的情况下不得不表态"，这种看法是很不准确的。朱光潜曾经跟杨辛聊起过，在接触马列主义并经过严谨认真的思考后，他打开了更加开阔的学术视野，过去是仅从心理学层面静止的观念出发去思考美学问题，后来是运用马克思主义的实践观，从人类文化发展史的高度出发去思考，整个思维发生了翻天覆地的变化。

1960 年，国家教委组织编写全国高校教材，美学方面准备编写《美学概论》《西方美学史》《中国美学史》三本教材。《西方美学史》由朱光潜负责，《中国美学史》由宗白华负责，《美学概论》由王朝闻负责。杨辛参加了《美学概论》编写组的工作，和马奇一起担任副组长。后来，马奇因中国人民大学工作需要离开了编写组，便由杨辛承担起大部分组织工作。这个时期，他经常写信与王朝闻交流，这些珍贵的书信有的现在还保存着。除了组织工作，杨辛集中精力踏实地做了很多学术研究，后来他与甘霖合著的《美学原理》（重印46次，印数近90万册）就是在此基础上结合教学实践完成的。

杨辛到哲学系工作一段时间后，汤用彤先生就因病仙逝了。杨辛下决心，以后不管做什么工作，都不能辜负汤先生对自己的培养。十多年前杨辛在北大图书馆举办个人书法展览的时候，曾含泪写下："春风化雨，绿草如茵，燕南庭院，有我双亲。"在杨辛心里，汤先生的和蔼、慈祥中蕴藏着一种更为深刻的人格精神——对人的关爱，这种人格精神融入了儒家"仁者爱人"、佛教"慈悲为怀"和道家"上善若水，水善利万物而不争"的思想，可以说是汤先生学术境界的一种"化境"。杨辛说汤先生和汤师母从未对自己讲什么做人的大道理，而是通过言行，像春风化雨滋润万物一样，让年轻人的心灵受到熏陶。

四

做学问与做人高度统一，人生境界和学术境界高度统一，对杨辛而言就是汤先生留下的最宝贵的精神财富，也是最需要感恩的。晚年，杨辛更加偏重精神的追求与对社会的奉献和回馈，将作为专业的美学融入生活和艺术实践，又在生活和艺术实践中，不断丰富对真善美的认知，过得充实而愉快。

对他精神生活产生重要影响的一件事，就是学习泰山文化。早在离休前，即1979年在济南参加美学研讨会后，他便与友人结伴登临泰山。杨辛在童年就听过"重如泰山""稳如泰山""有眼不识泰山"等，但泰山究竟是个什么样子，脑子里却很朦胧。当真的泰山呈现在眼前，他完全沉浸在敬仰和兴奋的心情中。

真正和泰山结缘是在1986年，他参加了北大组织的泰山风景区资源综合考察。那时参加这项工作的北大教授有20多人，杨辛分担美学方面课题，写成"泰山美学考察"，这次考察为泰山申请联合国的世界文化遗产提供了学术论证。1987年泰山申遗成功，这份申遗报告被联合国专家认为是第三世界国家中写得最好的一份。杨辛在这段考察期间走遍泰山的各个主要景点，全方位地审视和休会泰山，将泰山雄伟的自然特征和深厚的历史文化内涵相结合，深切地体会到泰山是中华民族精神的象征。在这次泰山美学考察中还激发了杨辛在诗歌和书法上的创作热情，1986年他写成了《泰山颂》："高而可登，雄而可亲。松石为骨，清泉为心。呼吸宇宙，吐纳风云。海天之怀，华夏之魂。"1987年这首诗由钱绍武书写成大幅草书悬挂在中共中央政治局会议厅，1999 年、2000 年由杨辛先生自书，刻在南天门景区和山下天外村。2008 年，杨辛以大幅草书复写此诗，被人民大会堂收藏。

从 1979 年首次登泰山到现在已数十载，杨辛深深感到登泰山犹如上了一次人生大学，泰山给了他晚年新的生命。他感到泰山对他的精神影响是多方面的，但对他影响最深刻的，还是哲学上的，如果用一个字来表达，就是"生"字。泰山文化的精华就是以生命为中心的天人之学，其最大魅力就是能激发人的生命力。对个人和国家皆是如此。儒家经典《周易·系辞传》云："天地之大德曰生。"天地的最大德行，就是使万物生生不息，人要向天地学习，就要自强不息，厚德载物。

泰山不但给了杨辛精神上的陶冶，更成为他艺术创作的灵感来源。离休后他专事书法艺术创作活动，逐渐形成了自己独特的艺术风格，他的作品入选了《当代中国书法艺术大成》《中国美术书法界名人名作选》等，享誉海内外。从 1995 年起，他先后在法国、美国、日本等地办过多次书法个展，并赴美国夏威夷大学、斯坦福大学、日本岩手大学、中国香港艺术学院等地做中国建筑或书法艺术讲演。

杨辛说自己书法上的成就得益于泰山的精神与灵气，他把自己的书房取名为"师岱堂"，还曾以《师岱堂集墨》的名字出版了书法集。他认为中国书法古代称为"心画""心迹"，也就是心灵的艺术，是人的精神美的表现，而且长于直抒人的性灵，成为"情感的心电图"。他认为书法本身的基本训练是"字内功"、是基础，可以体现书写者的人格和文化素质，也是"字外功"、是灵魂，二者结合才能产生佳作。他的书法作品，不仅是用手写的，更重要的是用心写成的，像大幅的《泰山颂》书法，是灌注了他全部生命在进行创作。前人曾说"书以载道"，在杨辛的独字书法中融入了中国传统文化中有关人生的哲理，用最凝练的艺术语言体现对人生境界的追求。每一个字都是他对人生、对自然的感悟。在漫长岁月中，书法成了他生活中的精神支柱，像"春""乐""荷""健""道"等的书龄都在十年甚至二十年以上。在艺术上，杨辛力求把现代艺术品位与中国传统书法相融合，虽带有画意，但并不与绘画争功，即便融入色彩，也从属于意境的需要。

在书法实践中他还有一个特别的体会，就是书法使人"忘老"，而忘老则是养生最高明的办法。这些年，他忘情于书法之中，从未去想自己是否老了，反而使得他的身体经受住一次次疾病的考验，使得他的精神一直屹立，永远不倒。李商隐有诗云："夕阳无限好，只是近黄昏。"他改动了两个字变成："夕阳无限好，妙在近黄昏。"一种乐观豁达、豪迈自信之美消散了原诗中的悲观和凄凉。

除了书法，杨辛还特别喜好收藏各类荷花艺术品，包括石雕、玉雕、木雕、青铜雕、根雕、牙雕、瓷器、紫砂、刺绣、剪纸、摄影、书法、绘画等十多个艺术门类，几乎无一不是精品、珍品。然而，收藏荷花艺术品并非仅仅作为消遣与赏玩。事实上，他是想通过对荷花的收藏与展出，弘扬荷花所代表的民族精神，唤醒人们热爱、尊重和亲近自然的情感，在全社会倡导一种洁身自好的高尚人格，同时发掘荷花艺术的文化意义。也许，泰山之刚健雄浑、巍峨挺立正是杨辛先生人格和艺术的风骨，而荷花之清纯不染、幽然独立则是先生心灵和艺术的韵致。泰山与荷花，成为杨辛心灵中一刚一柔、相互补充和衬托的两翼。

如今，无论是理论研究还是艺术实践，杨辛先生都堪称大家，但他始终冲淡平和，恬静谦退，鲐背之年仍奔走在公益事业上，不辞辛劳地募集资金，无偿奉献给教育事业。一次，照顾杨辛十几年的黄阿姨问："我在这里工作这么长时间，从未见过您生气，您是怎样做到的？"杨先生答，这主要源于保持乐观开朗的心态，经常关心别人和关心社会。生活中不顺心的事总会有，但它起不了负面影响，这好比一小杯凉水倒进一锅开水里，水还会照样开。杨辛说人生中第一位的事情是做人，做人要品德好，品德好才是真正幸福的源泉，如果人自私自利，就会常常矛盾苦恼。

黄阿姨还得到杨辛一项特别的帮助，就是学习书法，她用篆书书写杨辛先生的《泰山颂》等作品多次为人收藏。杨辛有一个观点，"自己生活得好，也要让周围的人生活好一些"。杨辛很感激病重时黄阿姨的日夜守护，有意教她书法，也是一种回报，让她以后多一项谋生手段。

回首一个世纪的风雨历程，杨辛无怨无悔。艰苦岁月的磨难历练了他坚强的意志，愈挫愈奋的精神培养了他乐观豪迈、昂扬向上的生活态度，恩师朋友于危难之际伸出的援手造就了他时刻感恩的心灵和崇奉献而知"乐"的情怀。他说，真善美是人生价值的所在，也是他一生无悔的追求，"真"代表自然和社会的客观规律，求真是人生的前提，人的生活要符合规律；"善"是核心，崇善是做人的根本，立德树人，以善为本；"美"是真、善的升华，是以情感为特征的浑整的人生境界，是大爱。许多杰出人物的人生都体现了在实践中真善美的统一。正是怀揣这种对真善美的体悟，杨辛努力追求生活的艺术化、审美化和艺术的生活化。他不再把人生看作一段直线，有起点有终点；而把人生看作一个圆，圆周上任意一点，都既是起点也是终点，个体生命结束以后，就融入宇宙的大生命，与日月同光，与天地同寿。

"人生七十已寻常，八十逢秋叶未黄，九十枫林红如染，期颐迎春雪飘扬。"对于杨辛先生，生命没有局限，每天都有真善美的向往，"朝霞晚霞皆成锦，花开花落都是歌"。在杨辛先生的捐赠帮助下，北京大学 2014 年建成了首个以荷花为主题的艺术展馆，并以此作为"立德树人教育基地"。在落成典礼上，杨先生说："荷花文化，一个是高洁，'出淤泥而不染'；一个是奉献，荷花从根到茎、到叶、到花、到果，全部奉献给人类。我在北大工作近 60 年，北大是我成长的摇篮，没有学校的关怀，没有恩师的培养，没有同事挚友的扶持就不会有我的现在。所以我总怀着一种感恩之情，想在离退休后做些有益教育的事情回报学校，虽然这种回报是涌泉之恩滴水相报，但表达了我的心情。"

2012 年杨辛先生被授予"第六届中国财富人物公益慈善终身成就奖""北京大学哲学教授终身成就奖""北京大学老有所为先进个人"，2013 年被授予"北京大学杰出教育贡献奖"、北京教育系统离退休干部"健康标兵"，2014 年被中共中央组织部授予"全国离退休干部先进个人"荣誉称号。"品艺术而赞美，登泰山而悟生，赏荷花而好洁，重友谊而贵诚，崇奉献而知乐，爱人民而怀恩。"这是杨辛的自勉诗，更是他一生追求真善美的精神写照。

2015 年 1 月

革命何妨与世争，平生从未竞峥嵘。贯迎风暴难偕俗，垂老犹能做壮兵。

——谢辰生

半个多世纪前，谢辰生起草了中国第一个文物法令《禁止珍贵文物图书出口暂行办法》，那以后，他有了"文物局一支笔"的称号，成为新中国文物法规制定的主要参与者和执笔人。从新中国成立初的《文物保护管理暂行条例》到 20 世纪 80 年代的《中华人民共和国文物保护法》，从"文革"期间的《文物保护倡议书》到改革开放后写给领导人的数封亲笔信，谢辰生凭着手中的一支笔不遗余力地为文物保护事业建言献策，在一个又一个紧迫关头力挽狂澜，使诸多文化遗迹、名城街区得以存世保全、传承后代。谢辰生的经历堪称半部新中国文物保护史。

"国宝卫士"谢辰生

2015 年，93 岁的谢辰生先生仍然有处理不完的公事，常常深夜才休息。他完成了一次周密翔实的古城建设项目调查，数据结果出来后，整整一周时间里，他埋头伏案，以端正的小楷给中央领导写了一封长信，凿凿有据地表达了对时下"文物搭台、经济唱戏，利用文物为房地产开发服务"现象的重重忧虑，一股危及文物安全、鼓吹"曲江模式"的重建之风终于在源头上得到了遏制。

与文物打了一辈子交道的"国宝卫士"谢辰生，一生安贫乐道、两袖清风。他朴素简单的书房内，除了高高地堆在书桌上面的一沓沓资料和两个笔筒中数十支粗细不一的毛笔，最显眼的就是西墙上挂的一面文物志愿者送给他的锦旗："平生只做一件事，热血丹心护古城。"谢辰生坚守理想和信念，数十年如一日，即便癌症缠身，也不曾停下脚步，无论世事变迁，始终不改初心。

当年抗日战争全面爆发时，谢辰生和许多热血青年一样，毅然辍学，从北京奔赴延安，但中途遇阻未能到达。后来，谢辰生随堂兄谢国桢受历史学家范文澜的委托到上海购书。一次，应文物鉴定家徐森玉先生之约，谢辰生与堂兄的老友、文学家、收藏家郑振铎小聚。席间，郑振铎说自己事务繁忙，急需帮手，徐森玉、谢国桢即刻想到了谢辰生。虽然郑振铎给不起工资，可文物是谢辰生的兴趣，他毫不犹豫地答应，留下来给郑振铎做助手，从此踏上文物工作之路。

谢辰生出生于书香世家，自幼爱好文史，家里的几个哥哥都从事文物、历史工作，喜欢收藏善本书。大哥谢国桢是我国著名史学家、版本目录研究专家，五哥谢午生也是文物专家。谢辰生与文物的渊源似乎早已命中注定。抗战前，他几乎每天接触文物，时常听兄长们讨论什么版本呢、年代啊，耳濡目染。终于，自己也做文物工作了，谢辰生自然满心欢喜。

在谢辰生答应做郑振铎助手时，徐森玉也提出要他协助完成一项迫在眉睫的重大任务。抗日战争胜利后，徐森玉是教育部战时文物损失清理委员会上海区的代表，负责整理甲午以后流入日本的文物目录，以向日方讨还文物。他对谢辰生说，这项任务是不能拖的要紧事，完成好后再用全部工作精力协助郑振铎。于是，谢辰生分身两处，一面给郑振铎当助手，一面帮徐森玉编目录。

谢辰生搞文物工作就是从整理编目《中国甲午以后流入日本之文物目录》开始的。最初，还有两位搞理科的同志和他一起做，可没到两个月，兴趣不在文物的他们就因累退出了，担子落在谢辰生一个人身上。他没日没夜地查资料、摘内容、分类别、录名目。写好了，再用复写纸印，整整做了九个月。

在郑振铎先生那里，谢辰生最主要的工作也是编目录和整理文献。新中国成立前夕，很多文物从北方运到上海，再从上海运出去。郑振铎站出来强烈呼吁要保护文物不要外流，并着手编写一系列文物档案，他要谢辰生把自己的书编成目录，同时为出版各种图谱画集整理材料。整理材料就是抄书，抄书也是看书，对谢辰生来讲，那些年协助郑振铎先生完成《中国历史参考图谱》《西域画》《域外所藏古画集》《韫辉斋所藏唐宋以来名画集》等著述，正是他扎扎实实向先生学习的过程，涉及所有琐碎之事都离不开业务，不懂便问，还阅读了先生的许多文章，储备了深厚的专业知识。

可惜，最早整理出的九卷《中国甲午以后流入日本之文物目录》中，没有一件文物被讨还回来，徒留个历史记录。又多亏当时负责组织实施该任务的古籍版本学家、目录学家顾廷龙留下两本，20世纪90年代，他找到谢辰生，请文物局油印了一百部，其中一部交给谢辰生。前些年有了出版的机会，才在尘封66年之后，得以面世。

新中国成立后，中央人民政府文化部成立，文物局是其一厅六局之一，负责指导管理全国文物、博物馆、图书馆事业。郑振铎被任命为文化部副部长、文物局局长，谢辰生随之调到文物局。家学、史学底蕴深厚而又多年跟随郑振铎修习文物的谢辰生，自然希望在文物局专职从事研究工作，但郑振铎却给他指了另外一条路——文物保护，说保护和管理更重要，管理也是科学，可以干一辈子。

谢辰生懂得郑振铎先生的特别考虑。近百年来，我们有很多国耻，比如割地、赔款、丧权辱国的条约等，在这个过程中，文物的命运和国家是一样的，文物同样遭受着国耻。新中国成立之初，文物工作最急迫的任务就是抢救饱经战争摧残的文化遗产，迅速制定法规制度，阻止文物被盗、流失境外。此项重任，郑振铎交给了年轻的谢辰生。

起草文物法令首先需要了解文物，有文物知识，谢辰生正合适。郑振铎叮嘱谢辰生，先草拟禁止文物出口、考古调查和发掘等几个单项的法规文件，他还对文件的内容和重点逐一做了指示，把收集到的国民政府的以及国外的文物法规资料提供给谢辰生。在郑振铎、王冶秋、裴文中等领导、前辈的具体指导下，谢辰生开始了文物保护法规建设的开创性工作。新中国成立翌年，由谢辰生执笔起草的《禁止珍贵文物图书出口暂行办法》《古文化遗址及古墓葬调查发掘暂行办法》《关于保护古文物遗址的指示》等新中国首批文物法令正式颁发，有效遏制了自清末民初以来文物的大量外流。

在谢辰生的记忆中，20世纪五六十年代是中国文物工作成绩最卓著的时期，到"文革"后期达到鼎盛。领导尊重专家，才有可能做出正确的有利于文物保护发展的决策。50年代，文物局处一级领导无一不是业内专家，连办公室主任也不例外。那时，文物局虽然是文化部所属的局级单位，但是郑振铎是知名人士，副局长王冶秋是建党初期入党的老干部，他们有重要事，往往直接找中央领导解决，有职有权，能办大事，政策出台，就能执行，对外有法令禁止珍贵文物出口，对内有法令防止文物破坏，并且组建了一批文物机构，培养了大量专业人才。

1953年，西安灞桥火力发电厂施工现场发现了半坡遗址，陈毅副总理亲自到场，他要求遗址必须原样保存，全部留下来。回京后，又拨款30万元，用于在遗址上筹建半坡遗址博物馆，也要求迁走其他几个遗址上的砖瓦厂，以利文物保护。此前，郑振铎、王冶秋已考虑到即将开始实施的第一个五年计划，在延续五千年文明的中华大地，到处有文物和古迹遗存，在各项建设过程中，必然会碰到文物，因此，郑振铎亲自动笔，代政务院起草了《关于在基本建设工程中保护历史及革命文物的指示》。当时，各个地方都已成立了文物管理委员会，由当地副省长兼任委员会主任，掀起了文物保护工作的一次高潮。

此刻，文物人才相对于基本建设规模的扩大，供给已严重不足，于是文物局发起，从 1952 年开始，连续举办了四期短期考古人员训练班，培养了一批人才，奔赴全国各地。一年后，这一举措发挥了巨大作用，重大考古发现不断，郑振铎随即提出，保护文物要发动群众，出土的文物必须搞宣传，1954 年就在故宫午门上，举办了基本建设中的出土文物展。

这个展览引起了社会各界的重视。谁也没有想到，毛主席来看了两次，看展时他对周围人说，这就是历史，要好好学习。随后，不仅每次考古发现要举办出土文物展，郑振铎还给了谢辰生一项新任务，即每次举办展览时都要出版一本书，将展览的文物整理成《基本建设出土文物图录》。中国展开经济建设，必须注意保护文物，保护工作要配合基本建设来进行，并且从实际出发及时处理，实行"重点保护、重点发掘，既对基本建设有利，又对文物保护有利"的方针。

1956 年，全国掀起农业合作化运动，国务院及时发出了《关于在农业生产建设中保护文物的通知》，起草人还是谢辰生。在此三年前颁发的《关于在基本建设工程中保护历史及革命文物的指示》主要是为配合修铁路、建工厂等建设项目进行考古发掘保护文物，解决点和线的问题，而这个文件则主要是为解决配合农业合作化的文物保护问题，是面对全国农村，特别强调必须发动群众，依靠群众，让社会参与文物保护。同时，还提出进行文物普查、建立文物保护单位。

不久，在全社会"大跃进"热潮中，文物工作也提出了一些冒进、不切合实际的设想，但很快就发现了问题。相关文物部门进行认真总结时，提出必须加强法制，过去虽然颁发了一些文件，但还不是法律，因此决定起草一个内容全面的法规性文件。经过一年多的反复修改，谢辰生起草的《文物保护管理暂行条例》在国务院全体会议上通过。主持会议的陈毅副总理强调，对文物保护问题，宁可保守不要粗暴，古建筑要保护它的野趣、古趣，绝对不能对文物进行社会主义改造。陈毅副总理的话给谢辰生留下很深印象，这些话至今仍很有现实意义。

《文物保护管理暂行条例》（以下简称《条例》）公布后，文化部又立即颁发了关于文物保护单位、古建修缮以及考古发掘等文件，对《条例》的落实起了重要作用。然而，几年后，"文革"开始，红卫兵上街闹革命，文物成为被横扫的对象，各地频频告急。谢辰生和同事们挺身而出，大声疾呼划清文物与"四旧"的界限，他们婉转地给红卫兵做工作，说不砸可以作为反面教材、历史见证。谢辰生还与大家一起起草《文物保护倡议书》，给中央文革领导小组写信，呼吁中央制止各地对文物的破坏。

当时，党中央十分重视这个问题，红卫兵刚刚上街，周恩来总理就派了部队入驻故宫，保护其免遭破坏。同时，中共中央、国务院、中央军委、中央文革小组联合发布了一个保护国家财产的通告，第四条就是保护文物图书。不久，中共中央又颁发了《关于无产阶级文化大革命中保护文物图书的几点意见》，并组织四个小组分赴全国各地宣传贯彻。这个文件的起草人也是谢辰生。

文件颁发后仅一年时间，就基本上遏制了这场文物浩劫。1970年，周恩来总理把刚刚下放改造的文物局局长王冶秋调回来，在国务院成立图博口，任命其为副组长。周恩来对王冶秋说，今后文物工作就由他亲自管。三年后，国家文物事业管理局成立。1975年，周恩来总理在他参加的最后一次国务院会议上亲自宣布：国家文物局直属国务院。

这五年中，文物工作取得了很大的成绩——组织了多个文物展览到国外展出，取得了很好的效果，被人称为"文物外交"；在各地进行的考古工作中，有马王堆汉墓、秦始皇陵兵马俑、银雀山汉墓、秦简、马踏飞燕、长信宫灯等许多重大考古新发现，还为此专门成立了一个文献研究室；"文革"后期，吐鲁番文书等一系列重大研究成果面世。在这五年的努力中，我国文物工作达到了一个高峰。

"文革"结束后，谢辰生下了很大的功夫起草《中华人民共和国文物保护法》，并在第五届全国人民代表大会常务委员会上通过。文物有了法，国家就可以依法行政，制裁犯罪分子就有法可依，而那时，随着改革开放新时期经济建设和发展而来的对文物的严重破坏才刚刚冒头。

1984年，美国总统里根访华前，外交部召开会议，决定将故宫午门作为迎宾场地，单士元、张梦雷、金枫等专家当即提出异议。十几天后，再次召开会议时，专家们得知领导同志已经去午门看过，已同意，会上还布置了几项工作：将午门城楼上的"午门"匾额换成国徽、在城楼上安装照明设施、平整好午门前广场铺红地毯、将午门前的东西朝房和东西阙门旁的部分房间交给外交部改作休息室、在午门前广场竖立两个永久性的旗杆。

谢辰生意识到这些举措势必对午门造成相当的破坏，于是建议文物局草拟了致文化部的公文，担心公文批复过程中可能会遇到阻力，他同时给中宣部部长和副部长各写了一封信，说午门是封建皇帝举行"献俘大礼"的场所，仪式隆重，记载详尽，从《日下旧闻考》《大清会典》《清史稿》等古籍到郎世宁所作的《献俘图》、巴黎铜版印制的图片等，引经据典地说明："在午门外作为迎宾重典场所实在不妥当，特别是从里根开始，尤应慎重。如果……说我们含沙射影，岂不造成不良政治影响？如果我们推说不知此段史实，则更是贻笑大方。"很快，有关部门取消了午门迎宾计划。

在谢辰生看来，对文物破坏最严重的时期不是"文革"时期，而是 20 世纪 90 年代以后。随着改革开放带来的经济发展，盗墓、文物走私开始猖獗起来。以前老百姓挖出东西送给国家，觉得很光荣，得到一点物质或精神的奖励，就高兴得不得了。90 年代后，因为文物走私，不法分子总贪婪地渴望"要致富挖古墓，一夜挖个万元户"，给文物带来很大灾难。尽管 1987 年国务院颁发了一个坚决打击文物犯罪的通告，集中打击，使之有所收敛，但到 90 年代时就难以遏制了。

谢辰生认为，"文革"期间，破坏文物是个认识问题，说它是"四旧"，这容易纠正。可是到了 80 年代末期、90 年代则完全不同，那是利益问题，不可杜绝，金钱给社会带来了极大的腐蚀，文物流失现象严重，出口量达到历史最高，问题严重程度超过以往各个年代，文物走私不但手段智能化了，也规模集团化了，从国外到国内形成了网络，这让打击文物走私犯罪变得越来越困难。

令谢辰生忧虑不已的是，尽管近十几年来中央对文物工作高度关注，做出了许多重大决策，陆续公布的全国重点文物保护单位数量上超过了之前总和的两倍，并从 2006 年起确立了"中国文化遗产日"，但是继 20 世纪 90 年代文物遭受破坏的第一波高潮后，至今不少地方的古城古镇改建便是破坏文物的第二波高潮。在他看来，房地产开发对古迹破坏之严重，是亘古以来从未有过的。为了与这两波前所未有的文物劫难抗争，30 余年中，谢辰生呕心沥血，坚持不懈地给国家领导人写信建言，反映文物保护与旅游的关系问题、古尸展览的问题，呼吁虎门靖远炮台的保护、摆正故宫与"博物院"主次关系，提出三峡工程的文物保护工作刻不容缓，提出历史文化遗产和古都风貌保护对策，推动了《历史文化名城名镇名村保护条例》出台……

在漫长的文物保护生涯中，谢辰生为文物保护写给各级领导和与友朋往来的信札，足足有几十万字。2010 年，《谢辰生先生往来书札》和《谢辰生文博文集》分别由国家图书馆出版社、文物出版社出版。故宫博物院时任院长单霁翔称赞谢辰生："在一次次呼吁、一封封上书中，许多文化遗迹、名城街区得以存世保全、传承后代，许多错误做法得以及时纠正、惠及后人。在孜孜不倦的奉献中，在鸿雁往复的传递中，先生与中央领导、有关部门的书函信札积累日丰，已然成为一笔宝贵的文化财富。"

因对文物保护事业的杰出贡献，谢辰生被誉为"一部活的中国文物保护史"，2009 年中国"文化遗产日"那天，谢辰生与罗哲文一同被授予"中国文化遗产保护终身成就奖"。致辞时，谢辰生平静而有力地说："我已是来日无多，希望能为我们国家的文物保护事业鞠躬尽瘁，死而后已。"见证了新中国文物保护事业悲欢与起伏的九旬老人谢辰生，对未来始终忧心忡忡，甚至说自己已做好以身殉城的准备，他时常以自己的一首自况诗来抒发虽白发苍苍却赤心耿耿的心怀："革命何妨与世争，平生从未竞峥嵘。贯迎风暴难偕俗，垂老犹能做壮兵。"

2015 年 11 月

文物记录的是人们动态的生活过程，并且随着人的使用，以及环境、观念、认识、审美趣味的变化而变化，因此要把文物的研究与当时的社会历史联系起来，从文物考察和挖掘文化的历程。

——朱启新

　　朱启新是一位传奇式的文物学界耄耋长者，古稀之年主持了"20世纪中国文物考古发现与研究丛书"的出版工作，全套65册，被誉为中国文物考古界的世纪丰碑。同时，他致力于文物普及工作，提倡文物研究要与社会、历史研究相结合，至2015年已出版《文物与语文》《春秋战国教育史》《文物物语》《读趣——引人深思的120个古代故事》《看得见的古人生活》等，并主编《中国重大考古发掘记》（十卷）、《考古人手记》（三辑），社会影响广泛。

朱启新：一生勤作嫁　古稀方著书

　　寒来暑往，年逾九旬的朱启新老人家里时常有人来访，或约稿，或求助编稿，或请担任主持丛书主编等，而且老人还在撰写《形象的历史》和《长城絮话》两部著作。退休在家省去了上下班挤公交车，案头少了些杂件，一杯清茶，几本书籍，与老伴相坐，就是他不羡仙的幸福生活。朱先生有两儿两女，四世同堂，乐享天年。回首亲历的风雨岁月，他对老伴儿说："一下子，我们老了。"

一

　　朱启新原名朱典馨，1925年出生在皖南休宁县月潭村。父亲在杭州工作，幼年时他随全家迁居杭州。他从小爱好读书，总是想有一天念到大学。小学毕业那天，他拿着文凭回来对母亲讲："你帮我保存好，我要考大学。"因为过去考大学要有小学文凭、高中文凭，要么同等学力。他有两个志愿，一个是当研究工作者，另一个是当教员。研究工作是他的理想，他一心想搞研究；教员则算是现实的生计需求，是懂事后才有的。

抗日战争时期，朱启新在浙西一中读初中的时候，有股子"初生牛犊不怕虎"的劲儿。毕业前夕，学校临近前线，说日本人快打过来了，要迁校取消毕业考试，但是迁校后，日本人没有打过来，继而又说要恢复考试。他便站出来带头反对，抗议学校出尔反尔的作为。可是"小胳膊拧不过大腿"，他本想继续在浙西一中考高中，结果因为此事被拒绝录取，落了个初中毕业后上不了学的下场。这时，正巧毕业班级的任老师也离开浙西一中，到邻县的小学当了校长，学校需要一个教导主任，就把朱启新拉去了。

缘分天注定，初中时同一学校而不同班级毕业的另一位女生，也到了这所小学工作，艰苦的环境促使他们相互帮助、照顾。八年之后，他们成为夫妻，相濡以沫直至终老。

在小学工作了半年，寒冬之际，朱启新考取了浙西二中高中春季班的公费生。高中学习，少有课本，只发些提纲式的讲义。高二语文老师是位秀才，不善讲课，黑板上也不大写字，讲的却是《易经》，学生听不懂，也不闹，因为语文考试没有不及格的。高三时，换了老师，教的是佛教经典《金刚经》。朱启新小时候，他的外婆是一位虔诚的佛教信徒，天天早晨燃三支香，念《心经》，他听着听着，也记得了几句。因此，他学《金刚经》兴趣很高，上课听得很仔细。佛经中很多地方不好懂，每到下午自习课的时候，就有一些同学围坐在朱启新四周，听他讲解《金刚经》里难懂的句子，他则盘腿坐在两把椅子之间搭的板子上，活脱脱一幅和尚"讲经"的画面。

从高中起，朱启新便开始给报纸写文章，偶尔拿到稿费会叫几个同学一起到小饭馆，来碗红烧肉作"改善"。教过他的老师对他都称赞有加，他的高中班主任应毅常在周末拉他去家里吃饭，师生共同烧饭做菜，老师掌勺，学生烧火拉风箱。还有英语老师，是从英国留学回来的，性子很急，上课也严厉，有的学生回答不出问题，他就会恼怒地把该生的作业本摔在地上踩，学生们害怕极了。朱启新是例外，他英文好，老师对他的印象很深。高中毕业，朱启新由于经济原因不能升学，经人介绍，应聘长兴文化馆的一个图书馆管理员的职位，碰巧这位英文老师调到长兴中学当校长，知道了这一情况，就主动把朱启新要到自己学校，常常要他去代校长的课，教初三英语。

决定考大学以前，朱启新的母亲得了癌症。这时，姐姐在浙江湖州工作，便接他们到湖州住下，好在他的恋人也是湖州人，常和她的母亲同来照顾，这使他们在日常生活中方便了许多。后来因为没钱医治，只能买些鸦片给母亲止疼。朱启新的婚姻就是母亲在弥留之际定下的，订婚后第二天，母亲就放心地辞世了。母亲临终的那天晚上，朱启新在她身边，上半夜母亲疼得厉害，临终前，她说了句没有衣服呢，之后不再讲话，疼痛感也渐渐消失。朱启新守护着母亲，按着她的脉搏，越来越慢，直到完全停止。他懂得，在临终之时，有的病人脑子还清醒，大喊大叫，反而引起病人痛苦，要安安静静，让病人如入睡般地逝世，等了十分钟，他才把姐姐哥哥喊来，安排母亲后事。朱启新这种冷静、理性的性格，也反映在他的写作和工作上。

二

1949 年春的一个夜晚，在湖州内湖的码头，妻子送朱启新乘坐次日晨抵达上海的小轮船，临行前递给他一小袋米，不想这一小袋米改变了他的人生轨迹。

朱启新背着这袋米来到上海的亲戚家。那时，他没有钱，为了在上海考大学，他只能带点家里的粮食作为酬谢，以期在报考期间有地方落脚。其实，他也可以选择在杭州应考，只是在杭州能报考的大学不甚理想，而他心中向往的是北京大学、复旦大学。

几个月后的一天下午，朱启新接到了北京大学中文系的录取通知书。其实，前几天，他已在报纸上见到被录取人员的名单，他看到在自己的名字后面印有一颗星，表明他考取了北京大学的公费名额。当年公费生仅占总录取人数的 15%。

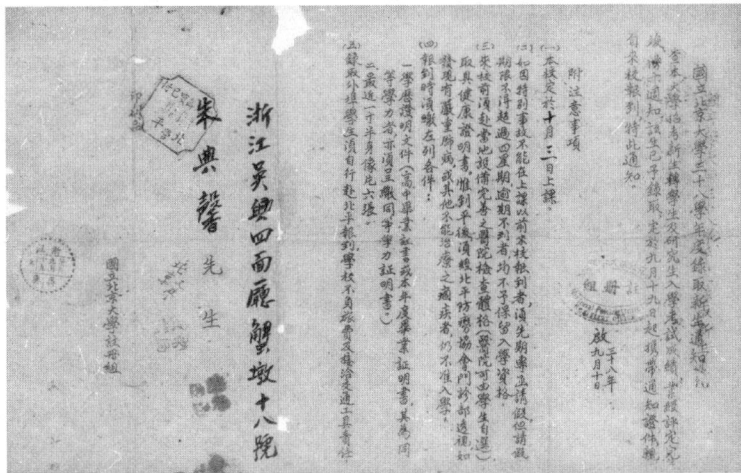

新中国成立前夕宣纸油印的北京大学录取通知书

然而，尽管公费生免收各种费用，他也没能筹齐从浙江到北京的路费，好在他同时报考了复旦大学，还有苏州新闻学院。结果全都考取了。去北大没有路费，苏州当然并非所愿，于是他选择了复旦。无法到北大中文系就读，朱启新也不无遗憾，正因如此，那张宣纸油印的北京大学录取通知书，他珍藏至今。

报考复旦大学教育系，也在于解决经济困难，就读师范专业可以申请全部免费，不但食宿不要钱，冬天还发棉衣棉裤。这套棉衣，他工作后还穿了一年。

入学后，他爱写文章，中文系的许杰教授曾亲自动员过他转到中文系，可那时候他是共青团员，学校号召共青团员不带头转系，他便放弃了转系的念头。

到复旦大学报到的那天，他背了一卷行李，从虹口中山公园走到学校。大学时代的同学关系很融洽，不会因为贫困而被瞧不起。读书的时候没有围巾，同学还送了他一条。毕业后每到冬天他都围着，直到破损，才被妻子换掉。

大学第一年，朱启新老老实实读书，很勤奋。第二年就开始给报纸写文章了，写稿子既是兴趣，也为生活。所得稿费，有时还寄回去贴补家用。他在《新闻报》《大公报》《文汇报》，还有《解放日报》上都发表过文章。稿纸和邮寄费都由报社提供，有时候发稿怕赶不上见报日期，报社就派人到学校去取他的稿件。报社专版的编辑对他很好，去领稿费的时候，常会请他吃饭。

在复旦，朱启新还有办校刊的经历。二年级时，朱启新负责系里的宣传工作。校刊编辑部要他参加编报，他就跟着做起了复旦大学校刊的编辑。校刊每周出报一张，他编第四版副刊。偶尔也帮着编头版，常会采访金冲及。当时金冲及是学生党支部书记，也是学生会主席。

1952年，复旦大学院系调整，教育系、生物系、中文系与同济大学和圣约翰大学的几个系联合起来，成立华东师范大学，朱启新也就转学过去。时任华东师范大学教育系主任的曹孚知道他能写些文章，常向他约稿，偶尔还拉他到家吃饭。教儿童文学课的陈伯吹则约他写儿童文学的稿子。大学的生活愉快而充实，但由于国家急需人才，他们那届学生才学三年，不得不提前毕业。

新中国成立初期的大学生不像现在那么留恋城市，朱启新的第一志愿填的是新疆，第二志愿是东北，第三志愿是华北，结果分了在华北，到山西中等专业学校教语文。大学毕业的时候，陈伯吹本想调朱启新到少儿出版社当编辑，可是因为家庭出身不好而作罢。其实，家里有几亩地他根本不清楚，却莫名背了个家庭出身地主的名。离开上海前，《大公报》的编辑得知他没有路费去工作单位报到，便主动借给他四块钱买车票，等他干了工作，拿到了工资，才把这钱寄回去还上。

两三年后，朱启新在复旦大学读书时的系主任曹孚想调他回华东师范大学当助教，正在办理调动的时候，教育部把曹孚调到北京工作，朱启新便跟了曹老师一起到北京人民教育出版社担任编辑。

三

朱启新调到北京以后，出版社很赏识他，为了让他安心工作，单位主动调他的妻子来北京，并且安排在社里工作，还分配了老北大的宿舍房子和发放安家费。朱启新的家庭生活总算安定下来。此前，他与妻儿分居两地，妻子在长兴教书，他在山西工作，约有四五年。

人民教育出版社的优待当然是基于朱启新工作上的成绩。一次，出版社副社长吴伯箫把译著《一个女教师的笔记》一书的审读交给他做。他看文字翻译太别扭，就与译者多番沟通，几经修改。此书出版后发行量很好，他也得到了吴伯箫、戴伯韬的一致认可。朱启新要么不接受任务，接受了就一定做好，这是他的信条。

1958年，中央教育科学研究所成立了，戴伯韬兼任所长，便又调朱启新到研究所，研究中小学语文课程的教材教法。他曾去江苏昆山一个小镇郊的一所小学复式班蹲点两个月。那所学校只有一位老师，所有一至四年级的课程全部由他负责，朱启新就与他同吃同住。这次蹲点，对编辑教学参考书籍十分有益，也影响了朱启新以后搞研究工作看重调查和实践资料。

不过，那段时间，要静心有计划地搞研究工作是很不容易的，因为政治性质的活动干扰多，不管与研究业务是否配合，都得积极响应号召。后来赶上"文革"，戴伯韬由于曾任上海市第一任教育局局长，而被批斗。朱启新也作为"先遣连"的一员到安徽凤阳"五七"干校"学习"。他被留在校本部的木工房，跟师傅学木活，做门做窗。他的右手中指，便是在电锯台上刨粗木头，因气力小被砸伤的。在"五七"干校劳动近四年光景，军管会"下放"朱启新到安徽省，省里安排他到安徽劳动大学中文系工作，教鲁迅杂文课，间或讲写作课程。

"文革"后期，戴伯韬恢复人民教育出版社社长一职，要把他调回出版社，才有了和家人团聚的希望。然而，那时教育部提出，要从五湖四海调人，已分配在外的旧的人员不能调回，他回京的希望再次破灭。戴伯韬为此努力了多次却无果而终。幸得老师唐弢的指点，朱启新才如愿重返北京。朱启新早年选修了唐弢在复旦开的鲁迅课，并得到老师的赏识。后来，唐弢从上海调到中国社会科学院文学所搞鲁迅研究，在得知朱启新夫妻两地分居的情况后，建议他去找文物出版社的总编辑金冲及。当年朱启新在复旦办校刊时，遇到头版的新闻他就去金冲及那里采访，两个人比较熟悉。故此，朱启新得以再次调回北京。

四

1975 年春节前夕，朱启新在安徽劳动大学的档案已经调回北京了。可除夕前两天，出版社突然告诉他，档案被退回去了，原因还是"出身"不好。那年的春节全家都没有过好。出乎意料的是，快到夏天时，劳动大学人事科的人跑来告诉他，说文物出版社又来调他了，这是前所未闻的事情——同一个机构不要你了，档案都被退回来了，半年后又来要人。原来，金冲及起初调朱启新时，对他的"出身"问题没有法子绕过，但出版社需要人，在金冲及的推荐下，社里领导班子研究决定再次调动朱启新，为此还专门派人去问人民教育出版社社长戴伯韬的意见，戴伯韬回答："这个人我们调都调不回来，你们还不要？"

朱启新到文物出版社报到前，社里的人让他先回家，等通知再去上班，他就安稳地在家休息了一个月。上班后得知，原来《文物》月刊和一个做鲁迅书籍的第二编辑部争着要他，社里决定不了，只好先让他回家，等社领导研究决定。随后，他到了《文物》月刊编辑部。刚到编辑部，正好有一篇文章，压在那没有处理，就推到新来的朱启新手上。那是盖山林写的一篇关于内蒙古岩画发现的论文，总计 4 万字，稿件资料丰富，只是文字需要删节。朱启新不了解情况，也不懂考古，便直接联系作者本人，申请出差，到岩画现场实地考察。

那是他第一次接触考古现场，与盖山林一块儿爬山头看岩画，他听说有时考察工作晚了，盖山林会独自一人睡在有狼出没的岩画山上。眼见他风餐露宿地工作，朱启新深受感动，暗对自己要求，必须把这篇文章发表出来，今后应该倍加尊重考古工作者寄来的每一篇文章。回京后，他把 4 万字压缩到 6000 字，作为头条文章发表在《文物》杂志上。此后，但凡编辑考古类的文章时，不懂的，他有机会都要去实地考察，与作者沟通了解，再回来改文字。这样内容扎实，资料可靠。

朱启新到过西夏王陵遗址，见证了掘地三层，发现随葬大铜牛出土的历史时刻；到过黑水城遗址，目睹了考古人员在卡车上啃馒头的艰苦的田野生活；在陈国公主墓遗址，眼见考古人员泡在积水中临摹壁画；在马王堆汉墓遗址，亲自访问，考古人员在打开墓道的一刻，用两层毛巾围在嘴边，以抵挡熏天的臭气，坚持下墓道清理挖掘；了解山西好友陶正刚发掘北朝娄睿墓时，为临摹壁画，几下墓坑而患上汞中毒，头发全部掉光。

朱启新曾与众多考古专家打交道，切身感受到了他们的敬业与不易。他始终有一个观点：考古人的每篇文章不管长短，都不是很容易的，是亲身经历，靠一锹一锹挖出来的；做文物考古方面的文字编辑，不能轻易退稿，不能只待在办公室随意改动稿件，不懂的要去问，问明白再改。所以朱启新每收到文章，能用的一定好好用，从不轻易退稿或者不负责任地乱加删改，重要的文章他就亲自去现场了解，拿不准的小文章也要写信沟通，他称自己不是内行，需要虚心求教。

在《文物》工作期间，朱启新很少搞自己的研究，还在编辑部里立了规矩，本杂志的编辑不得在本杂志发表文章，而且向外写文章也不得采用来稿中的材料与观点，尤其是退稿的资料，以确保杂志的操守，所以老一辈考古人都喜欢把稿子寄给他，如麦英豪先生所言，"什么东西都可以交给朱启新，放心"。

五

在朱启新主编的书中，他最看重的就是"20世纪中国文物考古发现与研究丛书"，以及《考古人手记》和"文物与学科丛书"。这些书，都是在他退休多年后策划完成的。"我是个做编辑的，总想为大家做点事情。"从《文物》杂志退休后，朱启新受聘《中国文物报》做特约编审，古稀之年才慢慢松了绑，退下来，开始做一些自己感兴趣的事情。

1998年，时任国家文物局局长张文彬有一天和秘书刘曙光来到朱启新家里拜访。谈话间，朱启新说20世纪快结束了，应该编套书把20世纪的中国文物考古的学术工作和经验总结一下。张局长很支持，事情就这样定下来了。

朱启新和刘曙光、宋新潮、李晓东共同初拟选题，又征求外界意见。经过修改确定后，由朱启新主要具体承担邀约作者、与作者签订约稿合同、寄资料费和部分稿费等工作。为此，他自己跑邮局，写了很多信。到2004年上半年，朱启新已写给作者的信就有900多封，每个作者至少要写两封信，多的有五六封。丛书的作者也是他挑选的，不是每个省都有。

丛书所有题目，既要考虑内容，也要考虑总结的价值，还要找到合适的作者，要求作者确实做过这方面的实际工作；要是专家，还得考虑是否有时间完成这项任务。在编写过程中，有了问题，还要亲自上门与作者研究。《古代帛画》一书，作者在浙江，他便去那里商讨。该书作者在《后记》中写道："丛书执行主编朱启新先生，不顾劳顿，两下江南，就本书撰写大纲与笔者共同商讨。"虽然做了细致斟酌，到后来，约了稿，仍有多册难以交稿，例如"良渚文化"和"巴蜀文化"，后者原是约了四川大学的林向先生写，提纲都写好了，结果林先生得了高血压而放弃了写作，再如"新疆楼兰考古"及一些少数民族地区考古，也是由于作者的原因没有写进去，他觉得是这套丛书很遗憾的事情。

《考古人手记》也是朱启新花了心思的，一共出了三辑，后来三联书店编辑部约他再续编第四辑。每一辑五篇，五位作者都是当时挖掘的主持人，那些发掘者无法写进正式挖掘报告却想要说出来的话，可以在手记中透露，算是考古学史的一种鲜活的记录，很宝贵也很有参考价值。为第三辑撰稿的石兴邦先生对他说："朱先生，没有你叫我写这个，我有许多心里话都写不出来。"

除了编书，1999 年起朱启新相继出版了五本文物研究专著。这得益于他好读书、思考的习惯。刚到文物出版社那年，一次金冲及跟他谈话，说他们在文物出版界都是外行，得多看书，尽快熟悉这个领域。金冲及曾花一个月时间把《资治通鉴》从第一本看到最后一本，这对朱启新很有启发，他也开始不断地看书。人家不看的书他都想办法拿来看，像小学生补课一样，慢慢就进入这个领域了。朱启新说自己不是文物考古学科班出来的，是中途改行，所以戏称他写的有关文物研究的文章、思考的问题，都是边缘的，算不得"正规"。其实，他以文化历史视角研究文物的著作，社会影响远超出了象牙塔式的考古类书籍，《文物与语文》《文物物语》《读趣——引人深思的 120 个古代故事》《看得见的古人生活》拉近了文物、考古与生活和学问之间的距离，展示了文物独特、多重的学术价值，开拓了跨学科研究的新领域。

在做编审期间，朱启新有一个信条：考古类文章必须使用一手材料；二手材料不可靠，容易以误传误。所以经他决定录用的文章，都是发掘出土的，附有实物照片，如果有引文是碑文，或从摩崖石刻来的，他就询问具体地点并要求提供拓片。《文物》杂志一直以来的权威性与朱启新的这份职业操守不无关系。同时，在"为他人作嫁衣裳"的几十载中，朱启新切身感到，在文物研究领域里，存在静止地看待文物的误区，成果偏重甚至停留于器物层面。他主张要把文物放在社会、历史的大环境中考察，注重文化的研究与关联。文物记录的是人们动态的生活过程，并且随着人的使用，以及环境、观念、认识、审美趣味的变化而变化，因此要把文物的研究与当时的社会历史联系起来，从文物考察和挖掘文化的历程。朱启新说，对文物感兴趣的人不只有学者，更有大众，文物知识普及也是传承中华文化的一种方式，文物自身就是重要的文化史，后代需要了解它们，学者们要在文化价值的挖掘上下功夫。虽然这条路不好走，但总要有人肯去走，在这条路上，年逾九旬的朱启新依然笔耕不辍。

2015 年，朱先生手头尚有两部待完成的书稿，其中一部叫作《形象的历史》，以出土文物的形象及其内涵说明历史事迹；另一部则是关于长城的。关于长城的书是有关出版社委托给朱启新的，内容要求只能写别人写不到的长城，曾经有人写到的一概不能写，这任务恐怕也只有朱启新做得来，他总有本事发现独特的文化视角，通古博今地揭示那些被人忽视的文物物语。

2014 年 12 月

中国美学的精神血脉会以一种内在的方式，与书斋外的社会人生，遥遥呼应。

——皮朝纲

美学家皮朝纲 1954 年毕业于四川师范学院汉语言文学专业，留校任职。在此后 70 余年里，他不懈耕耘于中国古代美学研究领域，发表学术论文百余篇，出版有《中国古典美学探索》《中国古典美学思辨录》《中国古代文艺美学概要》《禅宗美学史稿》《禅宗美学思想的嬗变轨迹》《丹青妙香叩禅心：禅宗画学著述研究》《墨海禅迹听新声：禅宗书学著述解读》《游戏翰墨见本心：禅宗书画美学著述选释》《中国禅宗书画美学思想史纲》《禅宗音乐美学著述研究》等代表著作，1997 年获曾宪梓教育基金奖，1992 年起享受国务院政府特殊津贴。

皮朝纲：在深耕与体悟中夯实中国美学之基

中国美学须建构具有中国特色、中国作风、中国气派的话语体系，以更好地面向世界与历史，传承和弘扬中华优秀传统文化及中华美学精神，筑牢当代中国文化艺术繁荣发展的根基。中国美学话语体系的生长与建设植根于中华优秀传统文化的沃土之中。中华优秀传统文化是中华民族的"根"和"魂"，是中华民族生存和发展的重要力量。为深耕中华优秀传统文化艺术资源，提炼中华美学精神与思想，夯实我国美学学科建设的基础，耄耋之年的皮朝纲先生数十年如一日，孜孜不倦地埋头在浩如烟海的文化遗产中，致力于收集、发掘、梳理、解读、研究中国古代美学文献，以真知灼见为中国美学接续传承中华优秀传统文化基因、构建自身的话语体系贡献智慧和力量。

体味生命：中国古代美学是人生美学

林琳（以下简称林）：早在 20 世纪 80 年代，您就开创性地提出"建构中国特色的审美观念"①,并出版了我国首部中国古代文艺美学研究专著《中国古代文艺美学概要》(1986),而当时中国虽出现了美学热潮,但多数人将视野转向西方。您是基于怎样的考虑,潜心垦荒中国传统美学,并发出如此呼吁?

皮朝纲(以下简称皮): 治学上,我选择了一条需要花大力气才能取得收获的道路,坚持走这条路,不仅是志趣使然,更受益于恩师们对我的教海。1954年,我从四川师范学院毕业,留校在党委办公室当干事,两年后调中文系做秘书。那时,中文系汇集了一批知名学者,如屈守元、汤炳正、王文才、王仲镛等。他们造诣很深,成就斐然,在学术研究上重文献、求实证,遵循材料先行、言必有据的治学理念。这种"蜀学"风格,也是我多年来坚持的研究方法。在与他们的交往中,有两次经历深深影响了我。20 世纪 80 年代初,我开始从文艺理论、中国古代文论的角度,转向、切入中国美学的学习与研究。一次,与屈守元老师交谈时,他特别对我说,做学问要谨记韩愈的两句话"无望其速成,无诱于势利"。这句教海,至今言犹在耳,鞭策我在美学研究道路上踏踏实实、淡泊名利地长期坚持下去。90 年代初,我从事禅宗美学研究,出版了《静默的美学》一书,王文才老师看后满怀期待。"要把禅宗美学研究深入下去",他嘱咐我,应该认真研究禅宗史和禅宗美学史。对我而言,王老师的话是一次及时的提醒,启发和警示我,对任何理论问题的思考,都应建立在了解和掌握相关历史的基础上,使理论有翔实可靠的材料作依据和根基,勿事空论,而言之有据,走一条务实尚真的严谨治学之路。

脚踏实地对中国古代美学资源进行梳理和解读,是研究中国古代美学的基础。在此基础上,中国美学必须建立民族化的美学理论体系,以现代的学术话语形式将博大精深的中国传统美学思想呈现于世,并与西方美学平等对话。这就是我治学的初衷。建立民族化或中国特色的美学理论体系,需要总体性地省照、反观和重构中国传统审美观念。其中,重构基于省照、反观,分建构、整合和重构几个层次。具体来说,"建构"就是组建、搭建中国古代美学思想的理论逻辑结构;"整合"是指自觉地借鉴、运用美学前沿成果,筛选和创新传统审美观念,开发激活其潜能与活力,使其"日日新,又日新";"重构"则指审美观念在范畴和体系方面的重新组构。毫无疑问,这是一项浩大的工程,需要几代人的共同努力。我写《中国古典美学探索》和《中国古代文艺美学概要》时,也带着这样的思考。

林: 不仅在传统文艺美学研究领域,您对中国古代审美心理学、中国美学

---

① 皮朝纲:《建构中国特色的审美观念》,《江海学刊》1988 年第 2 期。

体系也很早就开始了开拓性、建构性的研究工作，1989 年出版了专著《中国古代审美心理学论纲》，1999 年主编并撰写了《中国美学体系论》。从中国古代文艺美学，到中国古代审美心理学，再到中国美学体系，您的研究思路是什么？面对浩瀚的文献资料，应该如何着手？

皮：在研究中国古代美学过程中我深深体会到，中国古代审美心理学与中国古代文艺美学有着密切关联。然而，从现在能见到的中国古代文艺美学论著看，只有少部分专著和论述带有分析性和系统性，呈现出内在体系，而多数成果则为文艺理论家和文学艺术家对欣赏体验和创作实践的归纳总结，基本属于描述性的、直观性的。我还发现，中国古代文艺美学有一个基本特点，就是格外看重审美主体在艺术创作和欣赏活动中独特的审美感受和体验，体现出一种注重审美体悟的倾向。这使得中国古代美学著作和言论，包含和涉及了大量丰富的审美心理学内容。于此，中国古代审美心理学构成了中国古代文艺美学不可或缺的重要部分。

关于文献资料的开掘与研究对象的选取，经过长期研究探索后，我渐渐发现，不仅文论、诗论、书论、乐论、画论、词话等文学艺术评论中存在丰富的中国古代美学思想，史传、书札、笔记、杂录、批注、评点及其他类书中也广泛地散见美学思想。而中国古代文艺理论批评家和文学艺术家的美学见解，则集中体现在各个美学命题与美学范畴当中。也就是说，一部中国古代文艺美学思想史，就是一系列美学命题与美学范畴发生、发展和演变的历史。从而，我找到了中国古代美学研究的切入点，即从单个概念、命题和范畴下手，花笨功夫、下大力气梳理、解读和研究中国古代美学资源。先把目标锁定在个案研究上，从一个概念、范畴、命题，或者从一部书、一个专家展开研究，攻克一个课题后，再攻克下一个，逐渐形成研究系列，再寻找各个概念、范畴和命题之间的内在联系与逻辑结构，探索中国美学体系的建构途径。研究中国古代美学没有捷径可走，必须有刘勰在《文心雕龙·宗经》中力主的"仰山而铸铜，煮海而为盐"的功夫和精神。

林：您认为中国古代美学的核心是什么？其主要研究对象与范畴有哪些？又呈现出怎样的体系形态？

皮：就本质而言，中国古代美学是一种人生美学，其审美观念的确立，始终以人为中心，在寻求人的生存意义、人生价值、人生境界和人格理想基础上，指明人应当具有什么样的精神境界，又该怎样达到这种境界，实现生活的价值与意义。

中国古代美学的研究对象应包含人生美和艺术美，对人生美与艺术美的研究则构成了中国古代美学研究的两个向度，即人生美论和艺术美论。如果将人生美论比作中国古代美学的根和干，因为中国古代美学以人生论为哲学基础，在人生论的文化土壤中酝酿、生成；那么，艺术美论则可视作中国古代美学开出的花、结下的果。人生美论代表哲学体系中的美学形态，是侧重体现哲学体系型的美学思想；艺术美论则代表诗性智慧中的美学形态，是侧重体现诗性智慧型的美学思想。

在中国古代美学中，人生美论是以心性哲学思想为基础的真善美相统一的美学形态。中国古人的人生哲学属于道德形而上学，或称道德本体论，是一种心性哲学。这种人生哲学重在修身养性与人格的建构和完善，注重人生境界的提升和人生价值的寻求，凸显出中国传统美学"人生审美化"的理想诉求，是华夏民族特有的美学思想的重要一支。艺术美论则以"艺术生命化"为特征，以"诗性智慧"为旨归，属于感性的、诗性化的美学形态，是中国古代美学思想又一重要一支。我们看到，无论是中国古代文论（以词话、诗话、文话、曲话、随笔、序跋、札记等为主），还是书论、画论、乐论，都展现出一种诗性智慧的风采，它们不采取哲学体系的抽象框架进行逻辑推理，而显现为一种诗性或诗化的审美观念研究。

可以说，中国古代美学体系是在观照、体验和思考生命意义与人生价值的过程中酝酿和生成的，具有珍视人生、落实于人生的特质。它以"味"为核心范畴，以"气"和"意象"为基本范畴，表现出中国美学注重生命体验的基本特征。

林：这个体系的运作机理是什么？我们知道美学之父鲍姆嘉通用希腊文Aesthetik（意思是"感性学"）命名美学，表明美学需要研究人的审美体验，而西方对审美体验的研究重在心理学范畴，其话语体系与中国传统美学完全不同。在中国，王国维、朱光潜、宗白华等前辈都有关于中国美学重生命体验的论断和阐释，而您则以现代学术思维对中国古代美学特有的范畴加以体系化建构，这无疑是开创性的。

皮：对于中国美学学科的建设发展，体系的建构是一项必不可少的基础性工作，却又极具挑战性和艰巨性，我与四川师范大学的同行们为此做了积极努力。建构中国美学体系，须立足中国美学特质，避免逻辑先行，不能事先设定好逻辑构架，再找相关研究资料进行佐证。这是要不得的。一定要下大力气深入研究和清晰把握中国古代美学的一系列审美范畴，再根据中国美学自身特点进行推演创构。

中国古代美学是一种人生美学，体验性是其最显著的特色。中国古代美学认为，审美体验过程体现为审美主体对审美对象由外部形式上的感知和体验，深入内在本质的理解和把握，进而潜沉到深层生命意蕴的体味和领悟，最终获得心灵的自由和解放。这一过程既是一个动态发展、不断深入的活动过程，也体现了人对心灵自由的追求与对人生意义的感悟，以及心与物、情与景、神与形、意与象的融合。从而，"体验"不再限于心理范畴，而上升为哲学范畴。中国美学虽不像西方美学那样有明确的结构体系，但发展出了"味"（体味）、"意象"、"气"、"澄怀"、"兴会"、"妙悟"、"神思"、"目想"等一系列范畴和命题。其中，"味"最具体验性特征。"味"既是联系审美主体与审美客体的重要纽带，又关联审美体验活动的生成与整个过程，因此，成为构建中国美学体系的核心范畴。中国美学体系可以"味"为逻辑起点和落脚点，展现为"味"（体味）—"气"（主体的审美创造力）—"意象"（意中之象）—"意象"（艺术形象）—"气"（艺术生命力）—"味"（韵味）的螺旋式推进的圆形结构。这一圆形体系结构不仅能够清晰呈现审美体验活动的全过程，而且涉及和勾连"澄怀""神思""兴会""妙悟"等几乎所有中国美学范畴与命题，使之在相互作用下形成一个多层次的、有着内在联系的、生生不息的体验型系统，恰切地再现中国美学是人生美学的特质。

以艺喻禅：做禅宗美学的垦荒者

林：1994 年，您所著《禅宗美学史稿》面世，填补了中国禅宗美学史研究的空白。之后，禅宗美学一直是您的研究重点。是什么机缘使您将学术视野投向了禅宗美学？

皮：我国学术界对禅宗美学思想的研究，起步于 20 世纪 80 年代初。在《中国美学史》（第一卷）（李泽厚、刘纲纪主编）绪论中，著者提出并将"禅宗美学"归为中国美学"四大思潮"之一。此后，作为中国美学的一门独立学科，禅宗美学受到学者关注。20 世纪 80 年代，我在研究中国古代美学过程中体会到，佛教文化，尤其是禅宗文化深深地影响了中国古代美学思想，积极的、消极的影响都很深刻。然而，长久以来，关于禅宗与中国美学的关系研究，却相当薄弱。到 90 年代初，禅宗与中国古代美学的关系研究逐渐受到重视，但对于禅宗美学的性质、基本特征、主要内容、逻辑结构、重要范畴、历史脉络等问题，仍缺乏深入阐释和论证。于是，我把研究重点放到了禅宗美学本身。

林：而禅宗文献浩繁，从什么视角挖掘整理禅宗美学思想？

皮：在不断的学习和探索中，我认识到，唯有做好两方面工作才能将禅宗美学研究深入下去。首先，需要整体地把握和研究中国佛教美学的基本理论问题，包括中国佛教美学的主要形态、基本内容、性质特征和类型问题等。其次，不能只从禅学、哲学视角进行阐释和发掘，而疏漏禅门高僧大德的文学艺术主张。一直以来，未曾见有涉及禅宗书学、画学、乐学、诗学等文献资料汇编类图书，也没有禅宗美学文献资料汇编类图书，更没有人专门研究禅门宗师的文艺思想。基于这一现状，我开始进一步思考中国佛教美学问题，并有意识地对禅宗哲学、美学与其他佛教宗派哲学、美学之间的相互作用和影响展开探索，自觉地收集、发掘、整理和研究禅宗画学、书学、诗学、乐学文献。

中国佛教美学是一种修行美学或称体验美学、否定美学，本质上也是一种人生美学，其理论基础为"不净观"（人生观、价值观）。依照佛教义理，中国佛教美学可划分为哲学体系型美学和诗性智慧型美学两类。哲学体系型美学指佛教哲学体系中的美学思想；诗性智慧型美学指佛门高僧的文艺见解，由中国佛教的直觉思维与语言观展现，两者密切关联。依照佛法僧三宝来划分，中国佛教美学形态则有佛教义理美学思想、佛教经典美学思想、佛教宗派美学思想（含僧侣佛教美学思想和居士佛教美学思想）及佛教审美教育思想。

禅宗美学的形成与发展，不但吸收和整合了中国佛教思想内容，也借鉴了华严宗、天台宗、净土宗的思想内容，并与其在美学思想上相互影响。但华严宗、天台宗、净土宗的美学思想研究还是一块待开垦的领域。因此，我将学术目光投向华严宗、天台宗与净土宗的美学思想。经过系统研究我意识到，禅宗、华严宗、天台宗、净土宗的美学思想，在不同层面上都体现出中国古代美学为人生美学的特色，并共同形成了中国佛教美学的整体风貌。具体而言，华严宗美学以追寻境界的完美为宗旨，从而以境界美学的形态体现出人生美学的特色；天台宗美学以叩问心灵的本真为归宿，从而以心灵美学的形态体现出人生美学的特色；净土宗美学以往生极乐世界为终极目标，从而以理想美学的形态体现出人生美学的特色；禅宗美学则以探索生命的奥秘为目的，从而以生命美学的形态体现出人生美学的特色。

林：如何理解"禅宗美学以探索生命的奥秘为目的，从而以生命美学的形态体现出人生美学的特色"？

皮：禅宗"贵生""重人"，生命意识强烈，由此而生的美学思想自然具有鲜明的人本特征与丰富的人生蕴藉。禅宗美学不同于普通的美学，也不是一般意义的艺术哲学，而关乎对人的价值生存和审美生存的哲学思考，对生命意义的诗性之思，以及本体论层面对人之存在的审美之思。因此，禅宗美学本质上是一种追求自由的生命美学。

53

禅宗以"禅"（心）为本体范畴，在"立心"于"禅"的本体上建构了心性本体论。禅宗美学则以人生—生命哲学和心性本体论为理论基础，以"禅"（心）为理论体系的逻辑起点。禅宗美学是一种人生美学，其中蕴含的有关人生审美体验、审美价值、审美境界、审美人格的论述极其丰富。禅宗人生美学的旨趣，在于解脱生死痛苦，解脱的关键归结于心的转化与超越，也就是说，转识成智，见性成佛。皈依禅门的人一生修习禅法，为的就是参禅悟道，识心见性，得以了悟"本来面目"，步入"境界澄明"之禅境，抵达极致的人生境界。所以，禅宗美学的理论基石是"心"（范畴），从把握"心"这个本源出发建立起整个理论体系。因而，它尤为重视从人的心性角度探寻人生存在的意义、精神的自由、生命的自觉和理想的人格。也就是说，禅宗美学的核心是心性美学思想。无论对禅宗生命美学，还是对禅宗人生美学来说，心性美学思想都是其核心。就禅宗生命美学而言，生命潜力的发掘与明见，只能依靠心性的转化和塑造；就禅宗人生美学而言，人生智慧的开发与提升，也只能依靠心性的转化和塑造。禅宗美学体系围绕"心"展开，以"道由心悟"为纲骨，有机地将"心""道""悟"等内在关联的重要范畴组构在一起，呈现出禅宗美学思想的整体逻辑框架。

林：您认为禅宗美学研究有哪几个向度？存在哪些问题？

皮：作为中国美学的重要组成部分，禅宗美学涵括佛教哲学体系中的美学思想与禅门高僧和著名居士的文学艺术见解。前者属于哲学体系型美学；后者属于诗性智慧型美学，与中国佛教直觉思维和语言观密切相关。两者彼此紧密关联。因此，禅宗美学研究也有人生美论与艺术美论两个向度，还有自然美论也即"禅宗自然审美观"的向度。可是，当我们盘点禅宗美学研究现状时不难发现，相较于禅宗美学人生美论，禅宗美学艺术美论很少受关注，其中禅门高僧的文艺见解更是无人问津。我们从一些学术影响广泛的中国美学史、中国音乐美学史、中国书法美学史、中国绘画美学史等著作中，很少发现有关禅宗艺术见解的论述。而在中国古代文艺理论、中国古代美学、中国佛教美学的研究领域中，尽管关注到了《论书》（释亚栖著）、《画禅》（释莲儒著）、《画偈》（释弘仁著）、《冷斋夜话》（慧洪著）、《诗式》（皎然著）等禅僧著述，但更多高僧关于诗学、书学、画学和乐学的著述，尚未引起学界关注。而事实上，许多高僧往往出入于儒、释、道，不仅学识渊博，而且对文学艺术的创作经验非常丰富，品鉴水平极高。所以，他们的文学艺术见解富有价值，需要珍视。在挖掘和梳理丰富多彩的禅宗美学文献过程中，我发现禅门高僧和居士的美学思想，也就是禅宗艺术审美论，充满诗性智慧，无愧为禅宗美学思想的精华。

林：所以，您开始从《大藏经》《嘉兴藏》《大藏经补编》《禅宗全书》等收录的百余种禅宗典籍中，系统挖掘、整理与研究禅宗画学、书学、诗学、乐学，出版了百余万字的禅宗美学三书，以及《禅宗音乐美学著述研究》《游戏翰墨见本心：禅宗书画美学著述选释》等著作，提出了禅宗书学、诗学、画学、乐学的理论框架，填补了禅宗美学研究的多项空白。在您看来，禅宗画学、书学、诗学、乐学有哪些共同特征？

皮：这几部书辑录了禅门中人关于画、书、诗、乐等美学思想的著述，也汇集了我多年来对禅宗艺术审美论的思考与研究。在《丹青妙香叩禅心：禅宗画学著述研究》这本书中，我提出的主要观点是：禅宗诠释文学艺术的叙事模式表现为"以艺释禅"和"以禅释艺"，而"以艺术为佛事"是禅宗艺术审美价值取向的一大特色。禅宗绘画以澄明本心为宗极本源，主张丹青（绘画）出自本心（佛心、佛性、本来面目）。禅宗画学的基本理论框架由绘画创作论与绘画品评鉴赏构成，其中，绘画创作论包含禅宗绘画创作的宗旨、原则、方法，以及禅宗绘画创造的本源、过程、境界、心灵建构等方面；绘画品评鉴赏论则是关于禅宗绘画品评与鉴赏的标准和原则。而在《墨海禅迹听新声：禅宗书学著述解读》一书中，我主要研究了禅宗书法。禅宗书法以明见佛法（本心、佛心、佛性）为宗极本源，以"翰墨作大佛事"为显著体征，也就是说，通过书法创作与审美活动修习佛道、传播佛法、弘扬教义、善行佛事。我认为，禅宗书学的基本理论框架由书法创作论和书法品评鉴赏论构成。书法创作论涵括禅宗书法艺术构思的心理前提、禅宗书法艺术创造的心理结构基础、禅宗书法无功利目的的审美创造特征、禅宗书法既效古法又不拘泥于古法的审美创造以及学习书法的途径与方法等；书法品评鉴赏论涵括禅宗书法品评的重要原则和价值取向，禅宗书法鉴赏与审美体验，禅宗书法以人品衡书品的审美尺度与刚柔相济的审美追求等。在《中国禅宗书画美学思想史纲》一书中，我对禅宗书画美学的理论框架进行了总体性勾勒和剖析。禅宗书画活动以"象教"为宗旨，以有益"佛事"为价值取向，以游戏翰墨为审美诉求，以本心澄明为宗极本源，以禅艺互释为叙述模式。此外，我还通过对禅宗诗学文献的系统梳理与研究，分析和探讨了禅门颂古诗评论及其对禅宗诗学的重要贡献，揭示了禅宗诗学理论"借诗说禅"的独特风貌。而在《禅宗音乐美学著述研究》一书中，我主要论证了"以乐喻禅""以音声为佛事"等问题，提出禅宗音乐美学的理论框架主要包括音乐创造的本源、音乐艺术的特征、审美主体的心灵建构以及音乐艺术的审美追求等层面。

总之，在我看来，禅宗画、书、诗、乐美学思想存在五个共同的重要论题：

一是以有益"佛事"作为艺术审美的最高宗旨，二是以自心为源作为艺术审美的终极源泉，三是以游戏艺事作为艺术审美的心灵诉求，四是以倡雅正作为艺术审美的理想境界，五是以禅艺互释作为艺术审美的叙事模式。这五个论题不仅涵盖了禅宗艺术创作与审美品鉴活动的多层面、深层次内容，而且统摄了中国古代美学的众多基本概念、范畴、命题，体现了禅宗艺术审美论的独特风貌。

披沙拣金：中国美学文献学亟须加强

林：为深入研究中华优秀传统文化中的审美观念，实现中国传统画学、书学、诗学、乐学在当代的价值转化，您从 20 世纪 80 年代就开始了发掘、辑录、阐释相关美学文献的工作。2009 年，您进一步提出建立"中国美学文献学"的倡议，受到美学界的高度重视。您认为"中国美学文献学"的内涵与意义是什么？

皮：中国古代有着非常丰富的美学思想资源，但却无美学这门学科。直至 20 世纪，美学才走进中国人的视野。1934 年，宗白华先生提出了"中国美学"的概念，以及"中国美学原理系统化"的要求。此后，在几代学人的辛勤耕耘下，"中国美学"的概念进一步明确和科学化，中国美学学科也从形成、建设走向完善。中国美学原理研究、中国美学史研究、中国美学各分支学科（如文学美学、戏曲美学、音乐美学、绘画美学、书法美学、园林美学、建筑美学等）研究，都取得了丰硕成果。然而，无论是中国美学研究所取得的成就，还是中国美学学科的建设发展，都有赖于对中国美学文献的收集、发掘、整理和研究工作。因而，不管人们是否清晰地意识到或明确提出了"中国美学文献学"这一概念，中国美学学科都是以中国美学文献学作为分支学科和基础学科的。而学者们在收集、发掘、整理和研究中国美学文献方面取得的卓越成果则为中国美学文献学的建立奠定了基础，探索了路径。

毋庸置疑，中国美学文献学是中国美学学科建设、发展和完善的重要基石。它以中国美学文献作为研究对象，是运用一般文献学的基本原理和方法，研究中国美学文献的产生、发展和演变轨迹，以及中国美学文献的类型结构、分布范围及其挖掘、整理和利用的规律的学科。可以说，中国美学文献学是文献学与中国美学的交叉学科，既属于文献学的一个分支学科，也是中国美学的一个分支学科。因此，中国美学文献学的构建，一方面需要掌握和研究该学科的基本原理，另一方面还要在对中国美学文献的新发掘、新阐释的具体实践中，为学科体系建设总结经验、充实内涵、探索规律、提升理论。

林：作为中国美学的分支学科和基本学科，中国美学文献学研究的现状如何？存在哪些薄弱环节？

皮：作为一门学科建设的基础性工作，中国美学文献学与中国美学研究始终自觉而同步地进行，从《中国美学史资料选编》到《中国历代美学文库》，中国美学文献学经历了拓荒期（20 世纪 60 年代）、复苏期（20 世纪 80 年代）、深化期（20 世纪 90 年代至今）的艰辛历程，仍在开拓中稳步前进，并为中国美学研究提供了坚实基础和理论保证。

一般来说，中国美学文献包括中国哲学美学文献和中国文学艺术美学文献两部分，其中，文学艺术美学文献占比最大。相较之下，禅宗美学作为一门年轻学科，其文献学研究显得尤为紧迫。就现状而言，禅宗美学文献的发掘整理与研究出版相对滞后，缺乏"禅宗美学文献资料汇编"等文献类图书供学者参阅，这是开展相关研究面临的困境之一。此外，只有掌握、吃透了丰富的历史文献，才能从中揭示和了解禅宗美学历史的本来面目，总结、提炼理论构架，建构禅宗美学体系。那种预先设定理论体系框架，然后强制整合和规范有限资料的做法，往往忽视对历史文献的细致开掘、整理与研究，导致有限的历史文献屈从于逻辑结构，无法使体系真正接近、触及和呈现禅宗美学的本来面目。为避免构建意图的过分介入，使禅宗美学体系研究走出困境，必须下大力气、花大功夫，以顾炎武在《日知录》提倡的"入山采铜"的精神，进行禅宗美学文献的发掘、整理与研究工作。

林：可喜的是，您编成的 300 万字的《禅宗美学文献集成笺注》，已列入 2019 年度国家出版基金资助项目，即将面世。在完成此部巨作，即发掘、整理与研究禅宗美学文献过程中，您认为有哪些亟待解决的问题？

皮：禅宗美学文献的主要内容涉及人生审美论和艺术审美论两个方面。其中，人生审美论的核心内容为心性论和心性美学思想。禅宗人生论哲学探讨佛的含义时，触及的"佛身是什么"与"如何是佛"，不仅是禅宗人生论的重要内容，也成为禅宗心性论的重要内容。而"自心本原"说与"理事不二"说则是禅宗本体论哲学和心性论哲学共同关注和探讨的重要话题。此外，禅修论（实践论），如道信和弘忍的东山法门（道信的"守一"、弘忍的"守心"，道信的"念佛即是念心"说），神秀一系重渐修顿悟的思想，慧能与神会主渐修顿悟的思想，洪州、石头二宗和五家倡无修顿悟的思想，以及祖师禅与如来禅，看话禅、默照禅与文字禅，都与禅宗心性论密不可分。因此，辑录禅宗美学文献时，侧重选录禅宗大师们有关心性论的著述，既能重点突出禅宗的心性论及心性美学思想，也能深入考察禅宗的人生论、本体论（本原论）、禅修论及其美学思想。所以我们在辑录禅宗美学文献时，特别留意发掘、整理有关心性论及心性美学思想的论述。此外，在禅宗思想史上，每位禅宗大师都有自己独到的禅法和各具特色的家风，而它们往往围绕心（性）这个范畴（以及相关的命题、主张）、明心见性这个宗旨展开。因为，禅宗倡导"明心见性""即心即佛""是心是佛"的心性论哲学，强调在修行实践上向内寻找自我本性，而不求外力帮助，主张采用壁观、棒喝等各种各样的教学方法和修持方法，来成就自我觉悟，从而极大丰富了佛教的修持内容。禅门中人还普遍重视"观照"在修持中的作用，以利于体察自我的本性清净，感悟事物的本性空寂。很明显，这是在心性论和空论哲学指导下的一种体悟活动。所以，我们在辑录他们有关人生美论的文献时，注意侧重选取他们关于心性（佛性）方面的论述，以便我们能从总体上梳理、探究禅宗心性美学思想史、禅宗审美观念史的脉络与风貌。要知道，禅宗哲学与美学中存在诸多与心（性）密切相关的范畴、命题和主张。从目前具有重要学术影响的中国禅宗史专著中可见，很多关于重要禅宗大师哲学思想的评介，都论及了他们关于心性的思想观点，这为发掘、整理和研究禅宗心性论及心性美学思想提供了参考依据。然而，辑录禅宗美学文献有这样一个困境：禅师语录中存在大量蕴含丰富心性美学思想的法语、机缘语，它们与人生审美论的各个方面相关，但表述极其形象化、诗意化，有的玄妙深奥、难以理解，却未见理论观点。如果大范围录入，则并非一部汇编之类的著作所能承担的，唯有存而不论，或选取一些带有某种理论观点的文字。

辑录禅宗艺术审美论文献时，有一种特殊情况需要注意：禅门中人主张凡艺术活动都应当有益于了脱生死和佛事，也就是艺术需要服从于、服务于明心见性的最高宗旨和各种佛事活动。因此不难理解，禅门中人关于艺术审美的论述，多数不是论艺的专著，而往往出自机锋交往、公案偈颂和上堂说法之中。它们不仅象征或隐喻了禅师自身的哲学、禅学、伦理思想等，还使伦理、宗教等价值与审美价值融为一体，其中又以伦理、宗教等价值地位为重。一般来说，这些论述有的只是一个观念，有的凝结在概念和范畴之中，有的则体现在一些近似的命题言说之中。它们与高度抽象而内涵确定的概念、范畴和命题不同，内容较为宽泛，涉及艺术、宗教、伦理等方面，因而在辑录和阐释它们的审美内涵与审美价值时，必须注意其与伦理、宗教之间的关联，以及禅师论说时的具体语境。

另外，辑录禅宗艺术审美论文献需要了解，禅宗艺术审美论文献与禅宗艺术理论文献既有共通之处、又存在区别。尽管这种区分很难，但也要尽力而为。

禅宗艺术理论是禅门中人运用禅宗哲学思想和艺术思想对各种艺术现象进行的综合性观照和解释，是对艺术普遍规律和共性问题的揭示和阐述，是对各种艺术概念、范畴、命题和基本原理的概括和分析。而禅宗艺术审美论文献的发掘与整理则要以探讨和论述禅宗艺术创造与审美鉴赏的一般规律为基本要求，努力从禅宗艺术理论文献中开掘表现范畴、命题和主张的"审美理论"和"审美意识"。

一些在禅宗史上拥有重要地位的著名禅师，并没有语录传世，或者，在他们的传世语录中，多为难以理解和解释且未直接提及心性的"接机""斗机"话语，也无关于艺术，因此不必录入。相反，很多知名度不高或影响不大的禅师，其传世语录中存在一些有价值的相关心性或者艺术方面的论述，尽管这些论述可能只是只言片语或阐释前人的观点，但也十分珍贵。因此，辑录这些文字有利于了解禅宗心性美学思想的全貌。

此外，《禅宗美学文献集成笺注》不仅辑录了初具理论形态的禅宗美学论述，也选录了一些反映审美意识的文献资料。由于这类文献多为禅门诗词，且大多数已被收录入专著公开出版，所以只选录了少数较为重要的文献，而将篇幅更多地留给禅宗绘画、书法、戏曲、乐舞、工艺美术、园林建筑等艺术门类的美学文献。

通过辑录文献可见，由于禅宗各宗派在开宗立派期间，非常重视传承法脉与传播禅法，所以从南朝梁代至晚唐五代，可被录入的禅师著述和传世语录较多。其中，心性的言说较多，而艺术方面的论述较少，这是有待发掘和探讨的问题。

林：无疑，这部《禅宗美学文献集成笺注》为禅宗美学的审美观念史和禅宗艺术理论的研究作了充分的文献准备。您对禅宗美学文献的开掘与中国美学文献学的建设有哪些展望？

皮：关于禅宗美学文献的发掘、整理与研究，我们之前重在人生审美论与艺术审美论，也收集了有关"禅宗自然审美观"的一些著述，今后，打算安排时间对"禅宗自然审美观"的著述进行全面、系统的梳理与研究。

林：什么是禅宗自然审美观？

皮：我在进行禅宗画学、书学、诗学、乐学等相关禅宗美学文献的发掘、整理、研究过程中，发现一个饶有兴味的现象，就是禅宗大师在涉及自然审美的有关论述时，往往提及自然事物的自然之美与佛性（心性）的自然之美。也就是说，在探讨禅宗美学的自然审美观时，必须同时研究自然事物的自然之美与佛性（心性）的自然之美，以及它们之间的关联。为了论证清楚这个问题，必须对文献进行历史的考察与理论的探析。

我过去在禅宗美学思想的研究中，着重在禅宗的人生审美论与艺术审美论两个方面，把它们作为禅宗美学思想体系的两个维度，但同时发现，不少禅宗大师在论及人生与人生审美、艺术与艺术审美问题时，常常用自然现象和自然审美现象来譬喻言说阐释。可见，自然审美观与人生审美观、艺术审美观是密不可分地联系在一起的，实际上，人生审美论、艺术审美论与自然审美论已成为禅宗美学思想体系的三个维度、三个有机联系的组成部分。禅宗自然审美观的研究，势必成为禅宗美学进一步深入探讨的重要课题。

我们细致翻检阅读学术界已经发表出版的有关中国古代自然审美理论的论著时，发现很少有人提及禅门中人关于这方面的著述。为了给中国古代自然审美理论研究提供思想资源，很有必要开展禅宗自然审美观的研究。

在禅宗自然审美观中，当自然事物作为审美对象时，自然事物与对它的审美评价，担负了两方面的任务，出现两种价值取向：一是作为独立的审美对象，它有外在的形状之美与内在的本性之美。它对人有陶冶性灵、情操的美感力量；它常常是禅师参究体悟的对象、开悟的契机，也是接引学人、互斗机锋、上堂说法时的工具和话头。二是把自然事物之美以及对它的审美评价，作为重要手段，以言说阐释佛性（心性）之美，而形成一种譬喻阐释法。

纵观禅宗美学思想史，不少禅宗大师在对人生或人生之美（佛性之美）作观照时，常以对自然现象或自然现象的自然之美的评价加以譬喻和阐释，因而禅宗的人生审美观与自然审美观常常是密切联系在一起的。禅宗大师在对自然事物或自然事物的自然之美进行评价时，往往充满了对自然的赞美与敬畏之心。在他们运用这种自然审美观来审视人生或人生之美（佛性之美）时，其已经不同于中国古典美学中的"比德说"。"比德说"是以自然美比喻人格美，指人对自然的欣赏在于其某些特征体现了人的某些精神品质。而禅宗以自然现象之美阐释佛性之美，是承继了佛教把譬喻作为重要的说理方法，我把它称为"譬喻阐释法"。这是禅宗自然审美观念研究中很有理论价值的、值得深入探讨的一个话题。

中国美学文献学作为中国美学学科建设、发展和完善的重要基石，其建设此前一直处于有工作无学科的状态，建立和发展中国美学文献学学科已经成为当务之急。放眼国际学术界，解构主义掀起的文献解读策略已经成为一种潮流，它的经验、教训应该成为我们建设中国美学文献学学科的外部动因。反观国内美学建设视域，美学建构的西方基础已经受到质疑，推动我国美学建设的文、史、哲诸多学科都建立了专科性文献学，这就为我们建设中国美学文献学，夯实中国美学建设的本土基础提供了内在动力。

2020 年 6 月

附文

皮朝纲：狮子山上的美学守望

2015 年 5 月，在第八届中华美学大会上，每当一位头发花白、面庞清癯、微微笑着的长者出现，便会有人主动上前，热心恭敬地问候，有说有笑地攀谈，年纪轻的都亲切地称他皮爷爷。

这位"年高德劭，温柔敦厚"的先生就是四川师范大学的皮朝纲教授——川师人敬仰爱戴的皮爷爷。早在 20 世纪 70 年代末，皮朝纲便耕耘在中国美学研究领域；80 年代初，美学热潮中，多数人将视野转向西方，可他始终不渝地勤恳钻研中国传统美学，出版了《中国古代文艺美学概要》，引起当时海内外的热烈反响。1983 年，全国美学界影响较大的"高等院校社会科学学报论丛"《中国古代美学史研究》面世，其中所录 30 篇文章中，仅皮先生一人就有 3 篇。之后数十年里，皮先生在"中国美学家和美学范畴研究""中国美学学科理论体系研究""中国禅宗美学研究"三个方面，填补了多项空白。

"他没有让我感受到什么泰斗级人物，却使我平生第一次想跪下来。"说这话的，原是一名藐视权威的年轻画家、美术学博士，名叫吴娱，在碰到皮朝纲前，她的字典里没有"折服"。她是皮朝纲 60 年执教生涯中遇到的最不循规蹈矩的，也没有正式考在他门下的学生，只因在朋友的书箱里翻到一本复印的小书《中国美学体系论》，便慕名来到川师挖宝，不想桀骜不驯的她竟然"安分守己"起来。

多年前，吴娱已是四川小有名气的职业画家和心理咨询师，然而丰厚的经济收入和业界的认可不但没有增加她的满足感，却使她越发痛苦，为弄清楚自己痛苦和"非画画不可"的原因，她在很多人认为该冲上去的时候，停了下来，决心考博。她读了各种中国传统美学的书，却始终找不到心中想要的，直到遇见了皮朝纲的小书——不高头讲章，不玄而又玄，更不是用西方的方法论嫁接在中国美学身上，儒道释的思想深入浅出地娓娓道来，这正是她想要的。"那是我导师的导师写的，"她的朋友说，"先生还在，就在川师，狮子山上。"

打那儿后，吴娱时常拜访先生，向他请教谈论各种问题，无论问题有多幼稚,先生从不加评论,更不否定,只是有时候皱皱眉,有时候点头笑笑。吴娱说,每一次交流,先生总能找到那个使她成长的点,却没听他说过一句"不行""不能这样做"。吴娱后来没报考皮老师门下、继承禅宗美学的衣钵,不是因为不想,而是她感到,这活不是只有肯干和灵气就做得来的,更需要扎实深厚的古文功底。

吴娱考上川大博士后,经过一段时间的学习,她开始有想法将思考形成论文,于是三天内洋洋洒洒写出了6000字,得意地拿到川师给皮朝纲看。那甚至不能算是文章,完全出于直觉状态,天马行空,抒情的、散文的、无逻辑的,只能算是将思想上的散点记录下来。其实那之前,她仅仅写过一篇硕士毕业论文。

两天后,她接到皮先生的电话,温和的语气一如既往。拿到修改文章的一刻,她怔住了。上面不光做了词句、标点的修正,还调整了顺序,一个段落、一个段落地把意思理出来。密密麻麻的批注令这匹多年来脱缰的"野马",第一次真正感到惭愧。从小到大,她都是老师眼中那个烫手的山芋,好一点的话说她是平时不上学,关键时候也能考上学的天才。她没有权威概念,甚至目无尊长,或许这缘于她从5岁起赚钱养活自己的经历,以及那《雷雨》和《呼啸山庄》综合体式的成长环境,几乎所有的老师对她都会打怵。"只有皮先生,"她说,"他就当你是一个存在,不管你是有刺的,在淤泥里也好,他既不怕痛也不怕脏,他伸出手来拉你。"

最初,吴娱来先生家交流,满载而归时会率真地挥挥手,俏皮地说:"走了,皮老师!"渐渐,先生的点滴言行潜移默化地软化了这块顽石。不自觉地,她每每离开先生家,总要请先生留步,彬彬有礼地道一声:"皮老师,我走了。"现在,先生的虚怀若谷已经改变了吴娱的整个人格,对待这位值得她用生命去感恩的人,每一次离开,她都会毕恭毕敬地深鞠一躬,关爱地作别:"皮老师,我走了。"

2013年春节,吴娱一改之前超现实主义的风格,用最朴实的笔法,给皮先生和师母画了一幅肖像画。见到肖像画的好友只问:"不知你对皮先生的情感有多深。"

像吴娱一样浸染先生恩惠雨露的学生一代又一代,著名美学家刘叔成曾在一封致皮朝纲的信中写道:"从读过的兄的著作里,可以看出在我国古典美学、审美心理学的研究上,兄所带的那支队伍,凭着扎扎实实的科学态度、孜孜以求的探索精神,已经走到学术界的前列。"

严师出高徒,香自苦寒来,现在皮朝纲培养出的学生已遍及全国各个教育战线，很多已是工作骨干，对他们来说，皮先生坚韧求索、诲人不倦的精神成了一种无形的鞭策。"他从不用'严谨'这个词，只是细致地给我们修改论文，除了眉批外，对许多作业都做了阅读札记，详细指明其中优缺点，从观点、层次到用词造句、标点符号，还包括每一个注释。20世纪90年代初没有电脑，注释要一点点扒资料，哪个注释不对、版本不妥、用注不够，他都亲自查找补充上去。"余虹教授说，"出自先生门下，懈怠的愧疚比汗水的付出更难过。"

皮朝纲的治学与育人数十年如一日，有学生做过这样的统计，1993年到1997年间，他累计授课640课时，总工作量达1210课时，远远超过了额定工作量210课时。皮先生常说，教书育人，是他人生最大的乐趣。尽管年事已高，他依旧关心美学研究生的学习与生活，不论是聚会、开题，还是答辩等，只要受到邀请他从不推辞。皮先生家的客厅，也常常成为学生们解决疑难的"第二课堂"，无偿为学生提供宝贵的文献资料。虽然先生为人亲善，但学生们若是治学上懈怠，他又会"锱铢必较"。

2006年起，皮朝纲被聘为校级专家督察员，从此又多了一份烦琐的工作，连某一处教学楼不能听到上课铃声这样的细微之处，都要敦促解决。平日督导会上，不少老师见先生悄悄服药，有人劝他好好休息，他总是说自己在狮子山历经了60年的风风雨雨，对这片生活过、战斗过、培养过他的土地有一种深情。他想在有生之年，为师大、为社会、为人民多做一点有益的事情。

钟仕伦教授在其为皮先生的美学论集《中国美学沉思录》所写的一篇评价中说得贴切中肯："几十年风风雨雨中，皮朝纲始终以淡泊寂然的神态微笑着面对人生，以荡涤万物、空纳万景的法眼微笑着体验着生命美学的真谛。美学与人生，在皮朝纲那里如同在王国维、朱光潜、宗白华那里一样，早已是合而为一的东西。他始终以一种澄明清澈、止水无波般的心态对待他的师友和学生，对待他的中国美学研究。"

皮朝纲何以走出这条审美的人生与治学之路，那颗宁静淡泊、温厚坚忍的心灵又经历了怎样的锤炼？

1934年农历九月初五，皮朝纲出生在四川省南川县（今属重庆市）一个中医师家庭。他自幼体质单薄，常生病，爱啼哭，父母望其平安成长，取乳名为延吉。他的祖父、父亲都是中医，开了一个小中药铺——"言农药房"，以行医为生，因治愈过重病，病人还送了一块"起我沉疴"的牌匾。他们为人忠厚，做事精细，对子孙影响甚深。祖辈家教严格，常教育皮朝纲应立志发愤，不为良相，应为良医，造福百姓。

读小学时，皮朝纲喜欢看书、听评书，学习勤奋，常常为了早晨到校争

"早早牌"，弄得母亲每晨5时起床做饭，稍有迟误，则哭闹不休。初中时，他钟爱语文课，爱办壁报、写短文，读书用功，凡是考试，都提前把各门功课的内容背诵一遍，成绩尚好。1949年9月，他以名列第二的成绩，考入南川县立师范学校，不久南川解放，他加入了共青团。后师范班停办并入长寿师范学校。1952年，他被保送川东教育学院汉语言文学专业读书，又因院系调整，川东教育学院撤销，并入新组建的重庆师范专科学校，次年又并入四川师范学院。这样，皮朝纲在半年里读了"三个大学"。

大学期间，他担任过团支部书记、院团委委员，还加入了中国共产党。1954年7月毕业，留校从事党务、行政工作。1983年担任副校长后，除了校务工作，还兼职省干部函授学院副院长、省美学学会副会长等。然而，令人惊叹的是，他同时在几年时间里写出六七十万字的教学、研究文章。

在当时的历史语境下，有同事认为，领导干部兼搞教学、科研，是不安心本职工作、为自己"留退路"的"个人主义"行为。可皮朝纲却一直坚持利用星期天、节假日、晚上、中午、寒暑假等一切可以利用的时间学习中国古代文艺理论、中国古代美学。参加工作之初，在完成工作的同时，他特别喜欢听教师们讲中国古代文学理论，还专门请老师给他讲解《文心雕龙》，为了便于业余学习和记忆，又把《文心雕龙》里的16个出现频率高的核心概念做了系统的整理和汇编。他认为，废除行政干部使用上的终身制是迟早的事，况且学有专攻，一定程度上成为内行，对于做好行政领导工作，不仅是需要的，而且是应该的，这样的"退路"理当留，并非什么"个人主义"。

读书、思考、写作，不仅是做好工作的需要，更是他生命的存在方式。在学习求索的过程中，皮朝纲切身体会并提出："中国古代美学是一种人生美学，它的审美观念的确立，是以人为中心，基于对人的生存意义、人生价值、人格理想、人生境界的探寻和追求，旨在说明人应当有怎样的精神境界，怎样才能达到这种精神境界，从而生活得有价值和意义。"在他看来，中国古代美学的思想体系是在体验、关注和思考人的存在价值和生命意义的过程中，生成和建构起来的，具有极为鲜明、突出的重视人生并落实于人生的特点。于斯，他将务实治学、勤恳工作、授业解惑，看作自己实践人生价值、塑造人格理想、修养人生境界的过程，也是在人生审美里演绎审美人生的过程。

在这个过程中，皮朝纲念念不忘老前辈们治学上的教诲。"'无望其速成，无诱于势利'，做学问不能忘记这两句话。"屈守元教授曾在一次谈心时，对他说。后来数十年，皮朝纲始终奉行韩愈的这两句话，踏踏实实，淡泊名利，长期坚持。

20世纪80年代后期，皮朝纲在学习和研究中国古代美学思想中，深感佛教文化对中国古代美学思想的影响，包括积极的和消极的影响，都是深刻的，但是在相当长一段时间内，在中国古代美学的研究中，对禅宗与中国古代美学关系的研究，却是一个十分薄弱的环节。于是，90年代初，他开始进行禅宗美学研究。

1991年《静默的美学》一书出版后，王文才教授语重心长地对他说："要把禅宗美学的研究深入下去，应该研究禅宗史、研究禅宗美学史。要在接触、了解、研究历史的基础上，去思考和研究有关理论问题，使理论研究有丰富的、扎实的材料作依据。"这段话促使皮朝纲在尚真的治学之路上坚定前行。在他心里，汤炳正、屈守元、王仲镛、王文才等川师老一辈专家共同体现出一种重实证、材料先行、言必有据的治学精神，形成了一种重文献、求实证的学术氛围，所谓"蜀学"，它的扎实精神，正是当今学术迫切需要的，应该继承下去。

力戒空疏虚浮，遵循实事求是。在老前辈的影响下，皮朝纲曾严肃认真地、详细周密地盘点过中国佛教禅宗美学文献的收集、发掘、整理和研究工作。在发现尚无一种禅宗美学文献汇编资料问世，也无一种涉及禅宗的画学、书学、诗学等相关文献资料汇编出版时，他决定像刘勰所说的那样，"仰山而铸铜，煮海而为盐"，一步一个脚印地从佛教典籍中去发掘。从2008年开始，皮朝纲从《大藏经》《嘉兴藏》《大藏经补编》《禅宗全书》等所收录的100多种禅宗典籍中，先后进行了禅宗绘画美学文献与禅宗书法美学文献的挖掘、整理和研究工作。陆续撰写出版了《丹青妙香叩禅心：禅宗画学著述研究》《墨海禅迹听新声：禅宗书学著述解读》《中国禅宗书画美学思想史纲》。这三本著作被学术界称为"禅宗美学三书"，堪称中国美学研究的拓荒之作。

"在务实中跋涉，在求新中探索，在尚学中迈步"是皮朝纲在学术研究上的写照。研究晚明"四大高僧"时，仅对憨山德清的研究，他就通读了55卷由江北刻经处刊印的《憨山老人梦游集》，逐篇、逐页做摘要。皮朝纲说，这虽然是一种很笨的办法，但心里觉得踏实。他总有一种问题意识，能在学习和研究进程中不断发现新的问题，解决了一个，又提出下一个。从1994年《禅宗美学史稿》开始，随着资料挖掘和学习思考的深入，他不断地向自己发问，一个一个问题地解决，写成《禅宗美学思想的嬗变轨迹》、禅宗美学三书。皮朝纲在广阔的禅宗研究领域里，留下了自己坚实的脚印。不故步自封，"活到老，学到老，求索到老"，年逾八旬的皮朝纲即使在培养和帮助青年学子的过程中，也不忘向他们学习，他幽默地概括为"要做到三个'年轻'，防止三个'老化'"，即研究的心态年轻一些、研究的思路年轻一些、研究的视野年轻一些，以防止心态老化、思路老化、视野老化。

在这颗年轻尚学的心与温厚和善的性情感召下，在精深学识与思想魅力的吸引下，慕名登门的人络绎不绝，尽管退休后他不带研究生了，但来找他的年轻人从没有减少过。不管是不是他带的学生，也不论是本校还是校外的，只要是来找他探讨学问，他都毫无门户之见，热情接待，有问必答，更热心送书、修改论文等。他说："对学生的责任感与关怀，是我的老师的影响。"经济困难的时候，皮朝纲的老师冉友桥教授见他穿得单薄，曾亲自送给他一件白衬衣，那种温暖至今仍存在于他的心里。

"皮老师是温厚的，即便偶有的批评，也总是轻言细语，令人如沐春风，也因此，弟子们与他的关系，与其说是师生，还不如说是家人。"他的弟子张骏翚言。皮朝纲门下弟子每年都有聚会，无论省内省外，能来的绝不缺席，至今已持续 20 余年。先生 80 寿辰之时，众弟子济济一堂，为这位毕生育人的恩师庆生。皮朝纲说："我带出来的这批学生，就是我的人生价值所在。"

六十一甲子，从留任到 2015 年，皮朝纲为狮山奉献了一个轮回的热情，他见证了川师的成长与发展，并为此穷心极力。他是狮子山的镇山之宝，代表了一种精神、一种力量。六十个春秋里，他洒下无数辛勤的汗水，也收获了成功的喜悦和学子的爱戴，同时遭遇过不被人理解的失落，甚至伤害。然而，他有一个懂他、支持他的相濡以沫的妻子，一个幸福和美的家庭，足以支撑他挺过一切磨难，坚定理想的信念。

皮朝纲与爱人王纪敏是大学同班同学，从相识之初至今已近 70 年。金婚纪念日那天，他为知心爱人写下一首《金婚曲》："夕阳眷恋情意浓，同林相偎不离踪。风雨半世历多劫，并蒂心花别样红。"还曾赋诗《贺纪敏八十华诞》："人生大事已了然，心灵空清绝尘纤。青春无悔化彩虹，耄耋有情展新颜。"从青春到白头，他们志同道合，恩爱不减。耄耋之年的皮朝纲，除了研究和学校督查工作，其余时间多用在无微不至地照顾老伴的生活起居上面，协助她吃药、洗漱、按摩，为她做饭。其实他自己的身体和睡眠也都不好，每天中血压只有个把小时是稳定的，还要利用那个把小时，发短信、打电话，敦促和指导学生的学习。皮朝纲的敬业会让学生们感到心疼，可他却微笑着讲："未来时间有限，我应该在有生之年，为高等教育事业，为美学事业，做一点力所能及的贡献。"

猜不出在皮先生瘦小的身躯里蕴藏着多么巨大的能量，但他高尚的人生境界感染了所有接触到他的人。他在《静默的美学》中有这样一句话："禅宗在内心世界的宁静中寻求解脱的修行理论，给了中国士大夫一种启迪，使他们通过沉思默想和精神净化，从喧嚣繁杂的尘世中解脱出来，达到内心的自我平衡。"皮朝纲的学术与人生也在此合而为一，用他的话说："中国美学的精神血脉会以一种内在的方式，与书斋外的社会人生，遥遥呼应。"

2015 年 5 月

契丹文字至今仍是解读出来的字少、尚未解读的字多，要彻底解读契丹文字还需要几代人的艰苦努力。

——刘凤翥

2015 年，60 余位来自全国各地的历史和语言文字学专家齐聚北京，参加中国社会科学院"绝学"建设项目重大成果《契丹文字研究类编》的出版座谈会。著者、中国社会科学院民族学与人类学研究所研究员刘凤翥成了媒体关注的焦点。刘凤翥在国际学术领域被誉为"契丹文字的首席学术权威"，在他几十年如一日的辛勤努力下，使契丹字这一死亡文字的辨认工作渐渐有了眉目。而这部四卷本巨著则是他半个世纪的研究成果。

刘凤翥：不使绝学成绝响

巨著《契丹文字研究类编》刘凤翥整整写了十年，写书和校稿的时候，一天工作十四五个小时是常有的事。虽然 80 岁才第一次出版学术专著，刘凤翥却不遗憾，他说："做学问不能什么都做，遍地乱撒籽。研究什么就要把它研究透了，达到别人没有的高度。"

《契丹文字研究类编》正是这样一部著作，传世的所有契丹文字资料全部汇集在这套书中，并涵盖了迄今为止最新的契丹文研究成果，是资料和学术成果的集大成者，也是最完备的教科书。由于对推动契丹文字研究，以及契丹学研究发展产生的意义深远，这套书荣获了全国优秀古籍图书一等奖。

如今，在契丹文字及契丹学研究领域的杰出贡献，无人能与刘凤翥相提并论，准确破译契丹文字并敢于公开指认赝品"打假"的学者恐怕也只有刘凤翥一人。

20 世纪八九十年代起，盗墓之风盛行，民间谚语有"要想富，挖古墓，一夜就成万元户"。在这样的背景之下，辽代耶律羽之墓和韩匡嗣家族墓群被盗掘。古墓盗掘无几之后，民间又出现了新的"致富"手段，"要想富，造'文物'，转眼就能变首富"。随之，一些伪造的辽代契丹文字墓志铭、金银器、金银版画、钱币、印章、铜镜、瓷器、丝织品、书画等"文物"大量出现在文物市场上。

早年人们没有赝品意识，很多金银器上乱堆一叠契丹字就被误以为是价值连城的宝贝。后来，造假之风盛行，人们开始有了请专家鉴定的意识。刘凤翥时常应邀去多家单位做鉴定，有的一看就是伪作，遇到这种情况，他不仅会当场指出这些伪作是如何拼接的，还会告诉大家被"借壳"的原作现存于何处。

为了避免更多人上当，刘凤翥只要看到契丹文字的墓志、铜钱、印章，全都拓印下来，假的也拓，作为反面教材。不过，现在造假技术越来越高，已经不是简单的契丹字组合，而是需要一定的知识储备才能看出。很多时候，一些博物馆，特别是私人博物馆还是抱着"万一买到的是真墓志就发财了"的心态，给了不法分子以可乘之机。

2007 年的春节前后，刘凤翥接到北京石刻艺术博物馆吴梦麟教授的一个电话，请他速去鉴别一方准备购入的墓志。刘凤翥只看墓志盖上逝者的身份翻译成汉语是"大中央辽契丹国之国舅宰相的横帐的徽哩莘审密之墓志"便知是假。因为契丹族姓氏只有两个，皇帝家的姓耶律，皇后家的姓萧。按此逻辑，"国舅"应该姓萧，而"横帐"在契丹语里是"皇帝的兄弟"之意，那又应该姓耶律。一个人不可能有两个姓氏，况且"国舅"与"审密"为同义语。他当即断定此方墓志为赝品。

然而，在利益的驱使下不少专家甘愿当"好好先生"，不做说真话不讨好的老实人，可刘凤翥见到赝品不管谁来求情也要说真话，为此他接到过恐吓电话，被警告"小心点"，却依然坚持直言，甚至置生死于度外。

更令人焦心的是，随着国家对绝学扶持力度的增大，近年来"故事项目"多了起来：一些学者把材料发表到国外，再加上文物贩子编造的故事，让伪研究、假金石横行；有些学者竟做起了假文物的幕后推手，以内行身份向文博单位推荐赝品，从中牟利。

由于契丹文字学近乎"绝学"，揭露这种行为，除胆识良心外，更重要的是火眼金睛。刘凤翥在契丹文字研究领域里独领风骚，凭的就是一双慧眼，修炼这双慧眼，他花了大半个世纪。

1962 年，刘凤翥从北京大学历史系中国古代史专业毕业，被中国科学院民族研究所（1977 年划归中国社会科学院）陈述（字玉书）教授招收为东北古代民族史专业的研究生。之前，他并没有过研究契丹文字的念头。

无巧不成书，去民族所报到前，刘凤翥到母校向指导过自己学业的恩师辞行。其中著名清史专家商鸿逵先生再三告诫刘凤翥，一定要多学几种已经灭绝的古代民族文字，如西夏文、契丹字等。1962年9月16日，刘凤翥向著名历史学家、副校长兼系主任翦伯赞先生辞行时，先生同样嘱咐他，务必学一门或两门民族古文字，如契丹字、女真字、西夏文字之类。

临别时，翦伯赞先生执意要送刘凤翥出门，怎么也劝不住，似有话未说，最后语重心长地对他说："一定记住，你学了民族古文字，对你今后研究民族历史将会大有用处，说不定会让你终身受用无穷。"

听到此话，刘凤翥十分惊讶：商鸿逵和翦伯赞两位先生仿佛约好了一样，对他道出了同样的期许，连话的内容都差不多。望着翦伯赞先生殷切的目光，刘凤翥点了点头，隐约感觉到有一种方向注定在自己的人生中。

原本希望从事中国古代历史研究的刘凤翥，冥冥中被一种暗示牵引。早在大学一年级听史学家张政烺（字苑峰）先生和邓广铭（字恭三）先生讲课时，曾涉及一些文字的读音究竟是汉字还是契丹字的历史之谜，虽然内容不多，却给他留下了极深的印象。世间还有契丹文字一事，刘凤翥就是在邓先生的课堂上首次听到的。

在史学大师向达（字觉明）先生开设的史料目录学专业课上，向先生也提到过契丹文字。向先生曾说：新出土的契丹文字碑刻是研究辽史的重要史料，可惜现在还基本没有被解读，如果彻底解读了契丹文字，必将改变辽史研究工作的面貌。这段话激励了刘凤翥后来选择契丹文字作研究方向。

到民族所后，刘凤翥牢记翦伯赞先生的话，决定研究民族古文字。为此，他遍访当时稍通古文字的老师，却没想到路子都行不通。无奈之下，他只好自学，利用课余时间，随手收集古文字资料。凡在期刊上见到契丹文字或女真文字的资料文章，他都全文抄录，积攒下来的满满两袋子资料，成了日后他进入民族古文字学术殿堂的敲门砖。

四年制的研究生学习还没结束，"文革"就来了，民族所和当时其他社科研究单位一样，人员通通被下放到"五七"干校接受劳动改造。刘凤翥不愿白白浪费宝贵的光阴，决定自学女真和契丹文字。他很清楚，当时的情况下搞学术无疑会招来横祸，但凭感觉他认为，民族古文字与政治不沾边，是纯学术的绝学，作研究对象不会引起注意。

意外的是，刘凤翥发现所里的一个同事带来了一部《女真译语》的书，他赶紧去借来，用毛笔字把此书全部抄录了一遍。看完后觉得不过瘾，又让留在北京的妻子将他以前收集的两大袋子资料寄来，如饥似渴地反复阅读。

接下来的几年里，刘凤翥阅遍了国内所有的契丹文字和女真文字资料，并借助各种途径和机缘，收集一切相关资料。1973年，在内蒙古昭盟文物站工作的同学李恭笃给刘凤翥寄来了一张出土于翁牛特旗的契丹小字《故耶律氏铭石》的拓本，这是他平生拥有的第一份契丹字墓志拓片。当凭借阅读经验轻而易举地译出该墓字中的年号"天庆"和汉语借词"太祖皇帝"等契丹小字时，他惊喜万分。

"文革"结束前夕，研究单位逐渐恢复业务工作，经过个人申请和领导批准，刘凤翥正式走上了专职研究契丹文字的道路。此后不到十年时间，刘凤翥就已经掌握了尚未发表的全部契丹文字新资料，成为掌握契丹文字学术资源最多的人，他的研究成果也陆续得到专家学者们的肯定和赞赏，还从一些知名专家处反馈回一些宝贵资料。

最珍贵的就是古文字学家罗福颐先生回赠给他的原存故宫的一个玉魁上的契丹小字铭片和一份罗先生的大作《契丹国书管窥》一文的油印本。这个玉魁十分珍贵，原存清宫内府，上面镌刻有乾隆皇帝的御笔跋尾，后流落于宫外，20世纪被美国人福开森购去。学界长期误认为玉魁已经流落国外，其实它最终由创办了金陵大学的福开森留在了学校。得到这样珍贵的资料，大大超出了刘凤翥的预期，更激发了他研究契丹文字的信心。

从罗福颐先生那里受益的还有拓碑技术。历史不是故纸堆，研究契丹文字也不能天天埋头书斋。契丹文字的纸本书籍一本也没有流传下来。传世的契丹文字资料都是在失传数百年之后陆续出土和被发现的，诸如哀册、墓志铭、印章、铜镜之类的金石资料。因此，传拓是获取碑刻原貌的唯一手段，拓碑也就成了刘凤翥研究契丹文字必不可少的一道程序。

在北大读书时，向达先生就提到碑刻的重要性，建议学生凡遇重要碑刻，应当手勤一些把它抄录下来，如能照相或拓制就更好了。向达先生的话，刘凤翥谨记在心，还趁着一次到向先生家里请教问题时提到拓碑之事，向先生教授了他基本的拓碑方法。但刘凤翥掌握的拓碑技术比较简单，要拓出高质量的拓片，必须向行家请教精拓碑刻的方法，这时他首先想到了金石世家罗福颐。

刘凤翥向罗先生请教了拓碑实践中时常遇见的墨色不匀，以及未拓完纸就自行脱落或拓完后纸揭不下来、一揭就破了等问题。回家后，他置办了拓碑的工具和物品，还从所里文物室借出一块石碑反复练习了几遍，决定外出拓碑。

机缘巧合，1975年，刘凤翥前往第一处契丹文字拓碑地，拓制《萧仲恭墓志》时，竟在河北省文物管理处的楼道内遇见了北大同学金家广，又由他引荐，在拓碑现场结交了行家张学考。

正是在张学考临场实践的细致指导下，刘凤翥最终习得了一手令人称道的拓碑技术。此后，他遍访了契丹文字资料的主要出土地——辽宁西部和内蒙古东部，仅赤峰一地就北上过 15 次，拓遍了契丹文字碑刻。

　　拓碑是艰苦的差事，每拓一张拓片，要经过洗碑、闷纸、上纸、捶纸、上墨、揭取等工序。尤其是上墨，既是累活，也是细活，要上 60 遍墨才能达到黑白分明的最佳效果。出土契丹文字墓志的地方又大多处于荒山野岭，交通不便。而这项工作，退休后的刘凤翥仍坚持亲自做，有时候一天下来，他腰痛剧烈，回到宾馆咬着牙逐个台阶往上挪，蹭到床边弯不了腰，只能挺直身子，猛地一倒，就再也不想动了。第二天，再前往拓制。就这样，他把十几年来新出土的契丹文字全都拓回来了。

　　功夫不负有心人，1998 年，刘凤翥参加了在芬兰赫尔辛基举行的世界阿尔泰学会第 41 届年会，他在会上宣读的《契丹小字 70 余年之研究》引起了巨大轰动。不仅在会场上接受提问不断，散会后提问者更是蜂拥而至，他连吃饭、休息都常常"不得安宁"。大会秘书长希诺尔说，刘凤翥的研究太重要了，他的总结式学术报告为年会增添了光辉。芬兰赫尔辛基大学亚非研究所教授杨虎嫩，当场称刘凤翥为"当今世界首席契丹字研究权威"。

　　面对国际学界的肯定，刘凤翥念念不忘给予他帮助的师友，尤其是幕后英雄、自己的妻子李春敏。由于契丹字写起来复杂，很多字难以判断，所以每次拓碑或是获得契丹字相关文物资料，刘凤翥都要请夫人帮忙抄下来存档。几十年来，身为教师的李春敏，利用买菜做饭剩下的业余时间帮助抄写了大量契丹字，协助丈夫整理资料，有时还要到现场拓碑、抄字，累坏了双眼。

　　现在，刘凤翥的书房里，大大小小的柜子、长长短短的格子里藏满了已经装裱的拓本资料，还有一摞一摞的尚待装裱的拓片，可称得上是全世界契丹文字资料最全的地方。刘凤翥不仅掌握的契丹文字资料最多、最全，而且获取新资料的速度也最快。

　　之所以总能以最快的速度获得比同行业其他学者更多的材料，是因为刘凤翥每次得到资料后，都是闭门潜心研究，从不抢先发表，而是尽力指导和帮助发现者写文章发表。因此，很多最新出土的信息，甚至不等他去亲自拓制就有人把拓片寄给他鉴定。也是这个原因，从 20 世纪 80 年代初到现在，契丹文字主要出土地的各文化局、博物馆的领导，不论换了多少届，刘凤翥总是他们最受欢迎的客人。

　　刘凤翥不希望经过他苦苦经营的正在蓬勃发展的这门学问"绝"在自己的手里，为此他特意向中国社会科学院和北京大学中国古代史研究中心申请了"契丹文字新研究"的课题。他要把自己几十年收集的资料和研究心得做个总结，留一份熔契丹大字和契丹小字全部资料及最新研究成果于一炉的多卷本著作，以便后人一书在手即可起步。他夜以继日地做了十年，终于完成了《契丹文字研究类编》，这一著作成为该领域几十年来的阶段性成果。

为不使绝学成绝响，古稀之年的刘凤翥在北大开设了契丹文字课，在辽宁师范大学、西安联合大学、中央民族大学等教育机构举办契丹文字讲座，并想尽办法将有潜质的年轻人引荐到中国社会科学院民族所专门从事契丹字研究，倾力培养接班人。他说，契丹文字至今仍是解读出来的字少、尚未解读的字多，要彻底解读契丹文字还需要几代人的艰苦努力，为此他会尽可能地多为后人铺一条平坦的路，使中国永远保持契丹文字的学术前沿地位。

2016 年 6 月

十月秋高进虎山，冷露湿衣北风凉。披荆细拨荒城草，掘土慎辨断石墙。故迹久湮知者尠，旧貌难寻藉此详。史乘有文今得证，确起鸭江万里长。

——冯永谦

2014 年，我国区域历史地理研究的第一部学术专著《东北历史地理》面世，这部 160 余万字的巨著，编撰历时达 30 年之久，展示了东北地区数十万年的历史地理情况，谭其骧先生评价：此书"为中国区域历史地理研究带了一个好头；也是为全部中国历史地理研究完成了一项基本建设工程，是中国历史地理学一件值得庆贺的善事"。为这部巨著投入精力最多、贡献最大的，当数六十年如一日坚持野外考古的冯永谦先生。1994 年，正是他在首届中国长城学术讨论会上，提出并佐证了"明万里长城东端起点不是山海关，而是鸭绿江虎山"，引起国内外轰动，改写了长城的历史。1991 年他的名字被英国剑桥国际传记中心收入《世界名人录》。

冯永谦：行走在黑土地上

冯永谦自 19 岁加入东北文物工作队从事考古工作，至今已近 70 年。数十年的风雨历程中，他几乎踏遍了东北三省所有的发掘现场，勘探了全部城池遗址，被公认为东北地理历史界当之无愧的权威。十余年前《辽沈晚报》的记者张松策划，组一队人跟冯永谦一起"考古寻史"，然而，行程开始不久，摄影师、随行记者、司机一个接一个打退堂鼓，坚持到现在的只剩下他们两人。张松说："冯先生答应，身体好的话再一起走十年。"一语成谶。

野外考古的苦头不是一般人能吃得消的，遭遇生命危险是常有的事，这一点冯永谦二十出头的时候就清楚。1956 年春，他到桓仁水库考古调查时，没有道路，车马不通，过浑江唯一能靠的就是当地百姓家用的槽盆。"槽盆"形状像旧时的洗衣盆，直径不到 1 米，高约 50 厘米，渡江往来平时只供一人摆渡。陡峭的山间坐"槽盆"过江是极其危险又别无他法的选择，何况本来供一人使用的，却要载上两个人。江阔水深，风大浪高，冯永谦蹲在槽盆中的一刻已经将生死置之度外。

在桓仁调查刚结束，冯永谦接到了一个紧急任务：西丰西岔沟古墓葬被当地群众挖开了。起先，当地村民在地上捡到了金丝扭成的耳饰等，引起群众"挖宝"，后来几十里路外的村民也来乱掘，幸亏有人报告，省里才得到消息。但当文物队在6月到达时，现场已狼藉不堪，冯永谦回忆："来到被破坏的墓地，我们一片茫然，对受到如此严重扰乱的墓地进行发掘没有成法，只能相机行事。"在不高的山头上，面积达1万余平方米的墓地中，清理扰土全部要用筛子筛，他们白天筛土，晚上去村子里收出土文物，好在那时的农民很淳朴，知道挖的是两千年前的墓葬，都自愿把东西上交给文物局，只是回程途中时常有狼出没。冯永谦对墓地进行了精确测量，划分坑位，将土中筛出的各种遗物，绘图、记录，标明所处位置，然后归坑，经过认真分析，他断定这是西汉时期一处东北地区少数民族的墓地，并发现在绘图上显示出的墓坑，竟然成排成行，分布有序，于是找出了埋葬的规律，了解到了隐藏在墓葬背后不为人知的葬俗。

完成这次任务已到深秋，他又立即转赴抚顺大伙房水库调查和发掘淹没区遗迹。淹没区的人都已迁走，方圆100多平方公里，只有他们十几个人，房子虽然在，但因土炕很潮不能生火而无法住用，只能在山坳里支帐篷，睡行军床。一天，大坝合龙试放水，考古队事先没接到通知。晚上睡觉时，冯永谦感觉凉，用手一摸，周围全是水，打开手电看，水已接近行军床高。顾不上生活用品，他和队员们带上照相机、绘图记录、测量仪器，一门心思往山上跑，躲过了一劫。大伙房水库当时是位居全国第二的水库区，冯永谦在此挖掘了十余处高句丽墓、多处古城址，填补了辽东地区汉代至魏晋时期历史的空白。

初冬，他离开大伙房水库赶到新民发掘辽墓。这个墓葬上面堆有10多米高的巨大沙丘，墓室未塌，由于里面有极为珍贵的遗物出土，怕招破坏损毁，所以白天细掘完成后，晚上他还要和一位同事在墓内画图。就在临近收工往墓室外走的一刻，他们突然听到上面有轰隆隆的声音。从墓葬里往外听，一个沙砾的响动都很清晰，这也是冯永谦立即警觉起来的原因。同伴说往外跑，可他凭经验说不行，跑的话，沙子下来会正好埋在下面，建议两人贴墙站。果如他所料，沙子充满了深深的墓道，墓门也随之被封死，万幸的是，墓没塌。妥善安置了墓内文物后，他们经夜未停地扒沙，终于在凌晨的寒风中走出墓室。第二天，他和同事一起清理沙子，将文物拿出来，封好墓门。通常辽墓顶部会压一块石头，可这个墓的特别之处在，用磨盘下半部没有孔的部分封在上面，将磨盘上半部有孔的部分放在墓室内，两两相对，形成了迄今为止发现辽墓中仅存的样式。后来，发掘6号辽墓时，辽宁大学的一位老师跟冯永谦一起到墓中细掘，因墓室深在地下，上边土崖很高，雨后土崖突然崩塌却一点也察觉不到。幸亏这时山上有人喊："冯老师不好，上面有东西塌下来了。"他回头一看，土正往下掉，来不及解释，伸手拽了那女老师一把，同趴在山壁上，才没被颓土砸到，为她捡回了一条命。

天降大雪之时，冯永谦披着雪花回到沈阳，在短短的两三个月里，进行了器物修复、画图、照相、查找资料等后续工作，21岁生日前后，他完成了长篇考古发掘报告《辽宁省建平、新民的三座辽墓》，刊发于《考古》1960年第2期上。

一年内数次与死亡擦肩而过，不但未减弱他的斗志，反而坚定了他的信念。这份对考古事业的热爱，萌发在他的第一次考古经历。冯永谦参加东北文物工作队时，著名考古学家李文信先生任队长，第一次考古作业时李先生说："中国古人讲事死如事生。通过考古发现，我们能恢复还原当时人们生活的社会面貌。考古有三方面意义：一是创史，通过复原过去人类的生活方式，了解历史，甚至几百万年前的原始社会；二是补史，没有的历史可以恢复出来；三是证史和正史，证实文献上记载的历史，或纠正谬误。"听着先生的话，看着眼前的汉墓，以往训练班里学到的"死"知识顿时跳动起来，冯永谦的心中升腾出一股强大的热望，他下定决心，为了鲜活的历史将考古进行到底。

此后，他如饥似渴地学习，白天在现场挖掘，晚上读书抄书，第二天赶着还的，就通宵抄。那时候书少，不够读，他就在各地考古时，把想借的、能借来的书都借来抄，有时抄文章，有时抄整部书，存下来的笔记足足几十万字。考古工作要求知识面较宽，想胜任工作就要掌握各种考古技能。文物工作队初建之时，不敌现在的规模，也没有更多的精良设备，专业人员很少，工作量又很大，任务紧迫的时候，每个人都必须能独当一面，练成多面手，否则就很难完成任务。那时号召文物队员要掌握"六能"，即能发掘、能记录、能绘图、能照相、能修复、能写报告。这几条看似简单，但达到的质量却因个人追求程度与学识差异而有天壤之别。冯永谦这"六能"都做到了，靠的就是勤奋、不怕吃苦。

考古发掘从粗掘到细掘，冯永谦都亲自动手，不怕脏不怕累，不是躲在一边闲看，而是事必躬亲，直接观察了解，不放过每个细节，所以考古记录详尽、完整。比如测图，他不仅找测绘学的书看、自学，还亲自实践，成了队里掌握测绘技术最早的一个，凡发掘遗迹的测量，必有他参加。器物绘图也如此，他的作品一贯比例准确、线条流畅、形象逼真，不仅一手完成自己发表文章中所附的各种绘图，队里其他同志发表的考古报告，也有他绘的图，他说，这功夫是在野外练就的。野外考古本是件艰苦、枯燥的活儿，谁都想趁着中午好好休息一下，可他却不知疲倦地在小河边、山坡下或树林中写生、画速写。他没有午睡的习惯，早上四五点钟起床，夜里12点钟睡觉，至今不变。

他从1954年起负责东北文物工作队的摄影工作，后来东北大区建制撤销，东北文物工作队与东北博物馆（1959年改名为辽宁省博物馆）合并，成为博物馆内的文物工作队，直到1986年文物队脱离博物馆组建辽宁省文物考古研究所。30余年里，冯永谦除了日常考古和研究工作外，还兼管照相室，负责文物队考古报告所需器物照片与博物馆陈列展览所用照片的摄影与洗印放大等，这些工作通常是在业余时间里完成的，有时候他一个人在照相室一待就到深夜。冯永谦说："摄影在考古工作中至关重要，它不仅是最忠实的考古发掘形象的原始记录，更是考古发掘最可靠的见证。然而，考古工作者不能每次都带摄影师去发掘，这是不可能的。如果你不会摄影，就像你不会记录、不会画图、不会修复一样，甚或比这更严重，而无法保证考古发掘的质量，所以，必须掌握摄影。"为掌握摄影技术，他曾用外出机会，到长春中科院光机研究所专门请教镜头制作技术，什么曲率半径、折光律、焦点距离等一大堆问题，弄明白才肯罢休。那个照相器材千金难求的年代，他还自行钻研制作了一台放大机。三年困难时期，他感到摄影书上的原理对考古工作远远不够，就根据工作实践，结合考古摄影的特点和要求，利用业余时间写出一本10余万字的《考古摄影》，可惜"文革"来临，书稿终未出版。

然而，想在考古界混出点名堂，光靠经验和技术还不行，古文的功底同样重要。冯永谦打小念私塾，读"四书""五经"，学珠算，写毛笔字，很多典籍他都能从头至尾一字不遗地背诵，后来搞考古每见文献、碑刻，就能背得下、念得出。中学时，他成绩突出，喜欢读古典小说，尤其是历史小说，还为全校出黑板报。学校领导十分欣赏他的才华，毕业分配时，有意留他半年，直到东北考古训练班需要人的机会出现便把他推荐过去。偶尔，他会觉得，自己与考古的缘分似乎是命定的。

冯永谦，字易难，又用名司马鹿野，1935年农历十一月二十八日出生，原籍河北，祖父时移居辽宁沈阳。他的父亲是当地有名的中医，却不主张传家学给儿子，认为学医需慎入，要精深，庸医害人。他建议儿子当教员，常告诫他要随时随地学习。虽然偷艺的旧时代已经过去，但他一直谨记父亲的话，不曾懈怠，时至今日在考古学、陶瓷史、长城史、辽金及契丹女真史研究等多领域卓有成就，任职辽宁大学客座教授期间，他一人就承担了六七门课的讲授。几十年中，但凡工作需要的，他都想方设法去学、去掌握。

1975 年，考古工作以外，他承担了《辽金契丹女真史研究》《辽海文物学刊》等杂志的编撰工作，其间他结识了东北大学计算机系的教授，就此开始了现代化办公。从 386、486、586、Windows XP、Windows 7，到 Photoshop、微信，年近九旬的冯永谦如今依旧走在时代前列。有人问他为什么如此不懈地追求，他的回答很简单——为了工作方便。

从最初东北文物工作队成立到现在，始终奔走在考古现场的只剩下冯永谦一人。他有过当领导、进博物馆的机会，可他就怕离开第一线、废弃业务，宁愿背着一双军用胶鞋，去那些没有路的地方，寻找尘封的历史。外行见了纳闷，为何这个年代他还穿胶鞋，殊不知鞋上有玄机，底部加挂了乳胶，能抓住地，只要踩上去，不管走多少路他都心里踏实。有时候一走就是大半年，连春节也在野外，尤其虎山长城发掘的十年。

调查虎山长城时，他每天要走 80 里地，路上捡到的砖头瓦块、瓷器罐子也要自己背，中午下山吃饭，之后上山再走，再下山，直到晚上到住地，才能卸下几十斤重的担子。长城起点台址发掘后，冯永谦发现下面是一处高句丽巨型石建筑遗址，其中有一口大口径深井。这口井是古时高句丽城的用水井，离护城河才六七米，夏天土不实，容易塌方，为了保证挖掘质量，冯永谦决定等到上冻后再动手。于是从 10 月到次年春，他每日把自己绑在粗绳上下井，用 2 台抽水机昼夜不停地抽水，一边抽水一边往下挖，上来时，两边的绳子摇摆得厉害，抓不牢、踩不住就会掉下去，得再爬。"十月秋高进虎山，冷露湿衣北风凉。披荆细拨荒城草，掘土慎辨断石墙。故迹久湮知者尠，旧貌难寻藉此详。史乘有文今得证，确起鸭江万里长。"冯永谦于虎山明长城东端起点遗址发掘时作此诗。

在众多考古发掘中，他常常是那第一个敢吃螃蟹的人。叶茂台 7 号辽墓挖掘时，墓中出土了一个精致的白瓷壶，冯永谦发现此壶壶口经过严封，里面装有液体，于是想到了酒。但封口物质已经腐朽，难以保证密封程度，壶中储藏了什么液体，当地又不能检测，送回沈阳路途远、时间长，很难保证壶中液体不变质。王秋华教授在《惊世叶茂台》一书中记："毕竟是在墓中埋了千年的东西，而不是在酒窖里藏了千年的美酒，即便是一生与墓葬打交道的考古工作者，也不能拿生命当儿戏。怎么办？谁来吃这第一只螃蟹！还是老冯慢慢地说：'我来尝吧。'说着，他端起烧杯，轻轻地呷了一口，又慢慢闭起眼睛，细细地品味着刚刚入口的千年液体。大家都瞪大了眼睛，一齐看着他的表情将会出现怎样的变化。"

千年古酒、古画，百年湿尸，八月飞雪，把生命献给考古事业的冯永谦，见证了一次又一次奇迹，改写了一个又一个历史篇章。2015 年，他仍在每天坚持写作，手头的三部作品是《九门口长城发掘》《虎山长城发掘》《东北长城调查》，他准备将几十年拍下的数千张图片，连着东北 11 个朝代的长城史记述出来。未来，他打算完成《东北城址史》《东北考古学史》《器物学》《辽代铁器研究》，出《影集》《诗集》《翻案集》，猜不出下一个十年又将有多少历史被他改写。

2015 年 6 月

通过艺术教育培养德行，陶铸情操，高扬人文精神，是中国古代文化教育的一个优良传统。

——聂振斌

100 多年来，如何对待我们自己的传统文化，始终是中华民族崛起、复兴之路的一个重要话题。有人对自己固有的民族文化，缺少信心，甚至公然加以诋毁，有人则深感悠久的文化传统丢不得，因为它留下了深邃的智慧和高尚的人文精神，不但可为自己争得一种"面子"，成为炫耀"民族骄傲"的资本，而且可以"占为今用"，满足自己的虚荣心。关于如何端正态度，在现代化进程中弘扬民族文化，美学家聂振斌先生有感而发……

聂振斌：弘扬民族文化的根本在教育和学术

林琳（以下简称林）：20 世纪 60 年代，徐复观先生针对一直存在的全盘否定中国传统文化的倾向撰写了《中国艺术精神》一书，因为艺术是文化的精华。而对于时下的中国，虽没了全盘否定传统文化的担忧，却在如何实践中国古代文化的现代转化问题上出现了不小的困惑。您所著《稽古征今论转化——中国艺术精神》一书在文化的视野下关注了中国艺术精神的现代转化问题。您说，中国古代艺术精神的现代转化，是在中国古代文化的现代转化大潮中进行的，艺术的转化方法和整个文化的转化方法是一致的，那么在这一过程中，我们该如何正确认识中国古代文化的现代转化问题？

聂振斌（中国社会科学院研究员，以下简称聂）：中国历史进入 19 世纪末 20 世纪初时，因洋务运动和戊戌变法失败而总结向西方学习的经验教训，人们的眼光从器物技术、政治制度层面深入思想精神，从而兴起了思想启蒙和文化救国思潮。随着这股思潮的兴起，西方的哲学、美学、文学艺术及伦理思想等人文学思想才大量地引进中国，并结合历史实际和现实需要加以吸收消化、融合出新，开启了中国古代文化的现代化转化之路。中国古代文化的现代转化，不仅在于新方法之引进、观念之更新，如西方的科学分析方法、逻辑推理方法、哲学思辨方法，更在于以"我"为本，吸收外来文化思想资源，批判地继承固有的文化，批判地吸收外来文化。蔡元培说："一民族之文化，能常所贡献于世界者，必具有两个条件：第一，以固有之文化为基础；第二，能吸收他民族之文化以滋养料。此种状态，在各种文化事业均可见其痕迹；而尤以美术为显而易见。"这就告诉我们，对待自己固有的民族文化，首先是继承，其次要以固有文化传统为根基，不断地从异质文化中汲取营养，最后加以融合、消化，从而创造新文化，才能于世界有所贡献。蔡元培提出的民族文化发展的两个条件，近几十年来，人们似乎已忘了"第一"条，实际上只剩下"第二"条了。也就是说，进行现代文化建设，快要完全失去"基础"了！

林：现在，我们该如何承担这种后果，又该如何从实际出发弘扬传统文化？

聂：弘扬传统文化！这是近年来一个热门话题，而且有了实际行动。不仅传媒上有什么"名家讲坛""经典讲座"，不少学校也纷纷成立了"国学院""孔子学院"，请教授讲传统文化。这是大好事，但愿不要把传统文化当成金钱的广告和名流的"粉丝"！我觉得要真心弘扬传统文化，就要正确认识传统文化，并对传统文化抱着同情、热爱的态度；弘扬传统文化不是政治宣传问题，更不是替商家做广告，而是学术教育问题，要扎扎实实地贯彻到教育实践和学术研究中去。

首先，正确认识我们的传统文化，澄清以往种种对传统文化的曲解和错误观点。如说传统文化是封闭型的，具有保守性，说中庸之道是调和主义，等等。中华文化传统，从古到今，从小到大，从简单到复杂，不断地充实、发展，历史传统从未中断，在世界四大古代文明中是唯一的一个，这足以证明中华文化有着经久不衰的旺盛的生命力。而这种生命力的主要根源，正在于中华文化本体内部有博大的包容性，也就是蔡元培所说的"中和性"，因而具有无限的张力，能与异质文化不断地交流、碰撞、融合、升华——它是一种开放体系。古人云："和实生物，同则不继。"这是至理名言。"和"才能把不同乃至对立的方方面面包容统一起来，化解矛盾而和谐均衡一致。在历史上，"中国"本是一块很小的地方，其汉族文化发展到今天的中华大文化，是融汇众流而成大海，经过了漫长的"吐故纳新"的生长过程。它首先是本土南北文化的融合、发展，然后是与周边异族文化，如西域文化、印度文化、欧美文化等不断地交流、冲突、融合、取长补短、创化出新的结晶。不同文化的交流、碰撞、融合、创化出新，也正是遵循这一发展规律。一种文化如果不能吸取异质文化，不能从异质文化中得到补充，而把自己封闭起来进行"近亲繁殖"，那是一定要断流的。说中国文化是封闭的、保守的，其主要根据是清朝"封闭锁国"，这是把一时的政治政策所造成的罪过裁到已有五千年历史的中华文化头上，是信口开河、张冠李戴！

中华文化与西方现代文化相比，在科学技术方面远不如人，所以现代中国人一直在向西方学习，大力发展科学技术，增强实力，提倡生存竞争，优胜劣汰。这当然有进步性。但学习西方的长处，却把自己文化的优良传统也扔掉了。直到西方后现代社会到来之际，西方的哲人们开始"屈尊"向中国古代文化思想、哲学思想学习，吸取营养，我们才有所省悟，才开始重视我们自己的文化。但真正的省悟，真正的重视，不是靠宣传、靠广告，而是靠扎扎实实的教育实践和学术研究。

其次，弘扬传统文化的根本途径是教育实践和学术研究。现在有很多人经常高喊"弘扬民族文化"，而他们却把弘扬民族文化的大业仅仅理解为唱唱京剧或逢年过节举办些传统的民俗活动，实在是太肤浅、太狭隘了！根本没有认识到弘扬民族文化的根本是教育与学术。

文化世界是由两种不同的存在方式构成的：一是人造的物质存在，社会存在与生存环境等，同自然界有些类似，所以称作"第二自然"；二是人造的精神存在，又称文化精神世界。两种存在方式，存在两种生产（物质生产与精神生产）和两种生活（物质生活与精神生活）。两种生产和两种生活密不可分。从根本上说，都是人类文化创造活动的结果。人类文化产生之后，任何创造活动都是由文化精神预设或支配的。因此，文化是一切精神现象的本体，教育与学术则是这个本体中的两大主要形态和系统，是文化传承与创化的两大主要途径。传承与创化是联系在一起的，但教育偏重传承，而学术偏重创化。教育和学术研究都必须把科学与人文学、理性与感性两个方面并重、统一起来，才能得到健全发展。不能偏废，不能急功近利。教育与学术不能只灌输知识而不培养德行，不能只要理性而不要感性，当然也不能反其道而行之，这样使人性残缺不全，社会也不可能和谐。教育与学术也是"理"与"用"的统一，不能只见"用"而不见"理"，更不能只知"理"而不知"用"。知"理"而不知"用"，便是空疏；知"用"而不知"理"，就是肤浅。中国古代有"体用无二""知行合一"之谓，也是"理"与"用"相统一的意思。

从本质上说，教育和文化是同义的，教育是人类完善自身的一种"人化"方式。而学术教育是文化的高级形态，是文化发展创化的根本途径，当然也是弘扬文化精神的主要途径。尤其现代学术教育，乃是现代社会历史车轮滚动的火车头，忽视不得，儿戏不得！蔡元培说，"教育文化为一国立国之根本，而科学研究尤其是一切事业之基础"，"一个民族或国家要在世界上立得住脚，而且要光荣地立住，是要以学术为基础的"，"所以学术昌明的国家，没有不强盛的；反之，学术幼稚和知识蒙昧的民族，没有不贫弱的"。

历史时代要求我们，必须重新认识自己的民族文化，经过系统而深入的学术研究，才能真正做到批判地继承，扬长避短，补苴罅漏，综合扬弃，创化出新，为教育，为向全社会普及，打好坚实的基础。真正弘扬民族文化精神，并不是在传媒上反复倡导一番，在报刊上反复"炒作"一番，就万事大吉，而必须落实到教育上。为此要把民族文化作为启蒙教育、基础教育的根本内容，认真选择中国古代的经典之作、诗文作品、美术作品作为教授课本或读本；在学校教育中系统地讲授中国历史、地理及人文知识，以此作为中学毕业必备的学养。同时，在学术研究成果的基础上，厚积薄发，通过现代传媒向社会广泛传播。不仅要使中国人真正认识、了解自己固有的文化精神及其历史贡献，也要使世界人民认识和了解真正的中华民族文化。在现实社会中展示各种形式的民族文化，特别是审美文化和文学艺术作品，开展民族文化的娱乐、欣赏活动。从教育到学术到现实生活，全面弘扬民族文化的真精神。这正是梁启超、蔡元培、王国维那一代人已经给我们做出的好学风、好榜样。

通过艺术教育培养德行，陶铸情操，高扬人文精神，是中国古代文化教育的一个优良传统。

梁启超曾提倡"情感教育""趣味教育"，延续古来大教育家注重情感陶养的精神，认为趣味与情感一样是中性的，也存在一个善恶美丑问题，情感教育的目的，不外将善的、美的方面尽量发挥，把那恶的、丑的方面渐渐淘汰下去，这种工夫做得一分，便是人类一分的进步。在情感教育和趣味教育的过程中，艺术有着特殊的重要作用。他说："情感教育的最大利器，就是艺术。音乐、美术、文学三件法宝，把'情感秘密'的钥匙都掌住了。艺术的权威，是把霎时间便过去的情感捉住他，令他随时可以再现，是把艺术家自己的个性的情感，打进别人的情阈里头，在若干时间内占领了他内心的位置。因为他有怎么大的权威，所以艺术家的责任很重，为功为罪，间不容发。艺术家认清楚自己的地位，就该知道，最要紧的工夫，是要修养自己的情感，极力往高洁纯挚的方面，向上提挈，向里体验。自己腔子里那一团优美的情感养足了，再用美妙的技术把他表现出来，这才不辱没了艺术的价值。"现在艺术的范围更广泛了，信息技术发达了，教育的手段越来越多样了，然而有多少艺术家和艺术工作者们能谨记艺术对于人的情感的教育作用，担当起培养人健康审美趣味和情感取向的社会责任？这也是蔡元培推崇美育的缘由，因为艺术正是"训练""培养"情感的最为重要的"机关"。人的情感生活、情感表现什么时候都不能中断停止，情感涵养、情感教育什么时候都是需要的。而艺术审美教育与高尚的国民精神的形成，具有至为密切的关系。艺术审美教育发展的程度，直接影响国民精神是高尚还是平庸；一个民族追求什么样的审美趣味，就会形成什么样的民族特性。王国维看到了艺术审美与社会大众普遍联系的历史事实，才提出了古雅说，希望这一承载中国古代文化传统的审美范畴广泛地运用于社会大众的情感教育之中。

　　进入现代之后，国人又以通俗的文艺即小说、戏剧等艺术形式，进行平民主义教育，以振兴民族精神。人文教化的最高宗旨就是把人们从机械、死板、被动的状态中解放出来，引向自由快乐的境界，而这正是艺术教育的独特功能。中国从古至今，这种人文关怀的思想很丰富，人文精神已经达到很高的境界，直到今天仍有重要的现实意义。这是我们应当继承并发扬光大的宝贵的文化遗产，是我们建构现代人文学理论和提高现代艺术精神的重要思想资源。后现代主义是对西方现代人文精神缺失的历史的全面反思，对于"理性主义"压抑人的感性生命存在，对于"技术主义"剥夺和异化人性自由，对于"人类中心主义"对自然生态的破坏，都进行了深刻的批判和扬弃。从而激活了人的感性生命意识，再次提出了人性解放的要求。把中西不同的思想资源加以融化出新，加强情感教育、艺术教育是完全可能的、必要的。

为全人类的精神遗产，我会不遗余力地奔走下去。

——吴梦麟

"对北京文物有什么疑问就找吴梦麟。"从事文物工作一个甲子的吴梦麟先生，名声在外，年逾八旬之际仍笔耕不辍，各处讲学的邀请不断。考古是一项枯燥、烦琐而又需要体力的事业，极少受到女性喜爱，做出名堂的就更少，吴梦麟确是打小就心向往之，几十年勤奋治学于此，并卓有成就的一个。

吴梦麟：情系考古一甲子

吴梦麟出生在1937年冬，满月起就随家人从山西向南方逃难，过了两年颠沛流离的生活。回到山西后，在新中国成立前的几年，她的父亲任绥靖公署的秘书长，让妻儿在1948年先搬到北京。要是男孩子，吴梦麟一定会被送出国读书，不过尽管是女孩子，她的爱好也不在胭脂水粉。在女九中读书时，她酷爱天文、地理、历史，报考大学因只能选择文科专业，又听同学说历史系有她极感兴趣的考古专业，就斩钉截铁地填报了北京大学历史系考古专业为第一志愿。

发榜的前几天，吴梦麟告诉弟弟在门口等，答应他，若来了通知，就给他买冰棍儿。从如愿以偿地拿到北大通知书的那一刻开始，不论事业上得不得利、顺不顺利，她都从未有过见异思迁的想法，一钻研就是一辈子。

到北大报到的当天，来接待的学长们一眼就认出了她，因为之前组织高三学生参观大学，吴梦麟到北大专门选看了考古楼的展室。在北大的五年学习生涯，她打下了坚实的专业基础。翦伯赞、向达、张政烺、邓广铭、齐思和、周一良、侯仁之、苏秉琦、宿白、田余庆、阎文儒、吕遵谔、严文明等名师的授课，给了她很多专业的熏陶和训练。此外，令她受用的还有实习。

吴梦麟在1957年实习的时候，除了被派去修十三陵水库，收麦子、种萝卜、修房子，给专家楼打地基，她还参加了著名考古学家杨钟健、裴文中、贾兰坡带领下的周口店发掘工作。一边发掘，一边上课，郭沫若先生到现场时幽默地说："如果你们挖出头盖骨，我请你们吃烤全猪。"在实习过程中，与大师们的零距离接触，使吴梦麟不仅掌握了学识和实践技能，更从老一辈北大人身上学到了做人的态度和敬业的精神。在其后的人生中，她牢牢遵守"做考古，不参加鉴宝"的从业纪律，不因经济得失动摇职业操守。

北大毕业后，她被分配到北京市文物工作队，在考古组，从事地上出土文物保护和地下考古发掘工作。那时要求对文物保护单位进行"四有"工作，即国家文物要有保护范围、有保护标志、有记录档案、有保管机构和人员。当时，北京共58处市级保护单位、18处国家级保护单位，吴梦麟和同事们不仅要做详细调查，每到一处还要去谈判，告诉人家成立保护小组、设专人负责、划定保护范围等。就是在这期间，她对北京地上文物有了第一次深入了解。1961年，调查卢沟桥时，吴梦麟跟罗哲文先生等四人组成小组，他们每天倒车换乘39路，车上都挤满了吃不饱肚子去地里挖白薯的人。她记得罗老顿顿只吃白薯包，白薯里面包白薯，三年困难时期他粮票不够，又得照顾四川来的母亲和妹妹，在艰苦的条件下仍兢兢业业工作，教她画图。有人说卢沟桥的狮子数不清，但在那次比较细致的大型勘探中，他们真的数清楚了。在第二年召开的文物工作保护会上，他们调查卢沟桥的成果受到了表扬。

调查保护过程中，吴梦麟踏遍了远郊的遗址和城内大大小小胡同。一次考察八达岭长城，天晚了追末班火车，凌晨到家后出了一身疹子。寒冬腊月到居庸关、云台调查时，回来看不清路，走反了的事情也发生过。可惜这期间进行的测绘、室内抄录等文字交给公家后不幸在运动中遗失，那批档案的遗失，令她心里特别难受。不过，她对北京的国宝、市级文物已经了如指掌，别人说她是"北京通"，她则说，知道是应该的，不知道是失职。按照这样的要求，她无论刮风下雨，都在外面跑，或者回市内整理资料，做周密的调查计划，带着问题去，拿着成果回来。

1966年"文革"开始，文物工作队里不愿参加打派仗的，就自动到南郊宋庄捡铜佛。吴梦麟等一批业务人员，宁愿天天挤车受累，中午走很远的路买炒饼吃，也愿意去捡，一天下来，他们的嘴里总泛着铜锈的甜味儿。对他们来说，那是一种解放，而这项工作，实则为国家抢救下了一批文物。现在北京一些博物馆的青铜器，多数是那时劫后余生留下的。

破"四旧"时，北京先成立了古书文物清理小组，成立北京市文物管理处后，合并到管理处，吴梦麟任秘书、库房组组长，将查抄来的文物统一详细记录。古书文物清理小组，主要针对被查抄的可移动文物，小组里集中来了一些老人，多数是文物商店的、中国书店的老先生和一批年轻人。这批儒雅素朴的老先生都有一技之长，可谓不同领域的鉴定专家，有的是古画通，有的是钱币通，个个身怀绝技。运动期间，他们每天要去废品站或造纸厂捡破"四旧"查抄的书，在纸浆边看，把有价值的资料一点点抽出来，捆到一起，成箱地搬到管理处，珍贵的文字资料在20多位老人的倾情投入下被尽可能多地保存了下来。吴梦麟打心里敬佩这些老人，一直想写关于他们的书，名字就叫《不要忘记那些老人们》。一次，吴梦麟问他们谁想订《参考消息》，他们很激动，难以置信，因为能订到《参考消息》意味着他们在人格上得到了尊重。

后来，单位的政策宽松些，业务人员恢复开展正常工作，吴梦麟回到考古工作岗位，总算是一件欢欣雀跃、看到了希望的喜事。刚到万佛堂调查时，他们兴奋极了，外面矿工不停地喊："你们快出来!"可他们比着、冲着往前跑。他们还从北海借来了船，三个人乘船划进云水洞，进洞时水还没涨，循环一周后，快出来时，他们惊讶地看到水影里有字，于是赵迅划船，逆水行舟，于杰念石壁上的字，她抄录，有了北京最早的摩崖刻经的重大发现——隋大业十二年（616年）的刻经《普门品》。然而，从洞里往外流的水越来越大，兴奋中的三人丝毫没有意识到洞口即将被吞没，形势十分紧张，回过神儿来的他们只好趴在船里，冲出来时也很危险。云水洞中的石刻保存完整，但由于上面流水不断而无法捶拓。这一次调查，不仅对考古有突破，也为北京水文研究提供了有力证据，由于洞内又发现一处记载金陵北陲字样的金代石刻，而摩崖石刻的工程只有在水量小的时候才能进行，所以北京的枯水期与丰水期十年一轮回的推断具有了合理性。

后来，搞"文革"期间出土文物展，北京市派了两个人参与工作，其中之一就是吴梦麟。上级指示，在全国范围内选送2000件珍贵而有复品者，拿到国外展出。她负责整理档案，查阅有关文献，记录文物详情。这是一次难得的机会，虽然辛苦，早出晚归，但集中接触全国珍贵文物，看到老学者的真学问，她乐此不疲。这项工作没结束的时候，北京市要搞自己的出土文物展，就将她调了回来，她也借此机会看遍了首博等北京博物馆的馆藏文物，成了名副其实的"北京通"。

1975年"农业学大寨"期间考古工作做配合，哪里动土，就要去看是否有文物出土。领导照顾吴梦麟，分给她离家近当天能回的通县和大兴调查，她则表示拒绝，理由是这两个地区文物少，主动选了最艰难的、文物最多的延庆和昌平两处。她跟一个刚毕业的工农兵女大学生一起，坐单位的大解放到南口火车站，从康庄下，骑自行车到延庆。骑车路过的田野上，看到哪里挂了红旗，就知道哪里在动土，停下来记录，过田埂时不敢骑，就推着自行车，推也推不了的地方，就把自行车搁下，坐汽车。很多时候，上厕所也是大问题。住在延庆文化馆的几天，她夜里摸黑与当地的同志聊天，第二天碰面时连是谁都认不出，闹出不少笑话。农历十一月，昌平调查结束后往家走的一天，她毛裤外穿棉裤，足足骑了7个小时车，小石子打得脸都疼，却不减满腔热血。那时她已经是两个孩子的母亲，为了晚上也能做研究，她在两个孩子出生分别45天和38天的时候就送出去请人代管。

唐山大地震发生后，不到20天，国家文物局组织京津唐地震考古，刚去时只有吴梦麟一位女同志，和全队人坐在一辆130大车上。途中，滦河大桥断了，不得不绕行，见到坐马扎在空地上课的孩子们，吴梦麟为之动容。在唐山的一片瓦砾中，他们惊讶地发现有个刘家祠堂，木质框架屹立不倒，应验了中国"房倒屋不塌"的说法，也使吴梦麟加深了对中国传统文化的敬畏和对考古事业的热爱。罗哲文先生特意拍下照片，说："唐山地震修复时，如果把这个东西留下来，与重建的新唐山作对比很有意义。"可惜地震中幸免于难的木质框架在建设中被人为拆毁了。除唐山外，京津唐所有文物古迹的震害调查吴梦麟都参与了，罗哲文先生还让她承担了《唐山大地震》第四章古建震害部分的大量整理撰写工作，底稿保存至今。

"文革"期间，吴梦麟还做了一件大事，就是主持利玛窦墓的修复工作。动荡的年代主持西方传教士的墓葬修复，这个活像块烫手的山芋，可她只出于文物考虑，既没担心冒风险，也没想到日后会在西方引起什么轰动。利玛窦是第一个被准许埋葬在北京的外国传教士，墓葬处在北京市行政学院校内，明末来京传教的汤若望、南怀仁去世后，也分别葬在利玛窦墓的东、西两侧。接受任务前，文物破坏严重，她去调查时，工人们正在拆一座教堂，她就央求工人，把墓碑留下，说石碑不比木料，搞建设用处不大。就这样，保留下现在利玛窦墓往东的一排碑刻。为发掘墓碑，吴梦麟用考古手段进行了勘探，挖开三条探沟后，首先发现断为两截的南怀仁墓碑，经查阅1958年文物普查档案，按原碑方位，将三通高大的墓碑复原，修复了墓丘，并在利玛窦碑外加筑碑楼，三座墓外加砌围墙，整个工程竣工于1979年12月。利玛窦墓对外开放的前一天，她与一位新华社记者一起打扫了院子，不承想揭幕当天墙头上趴满了外国的记者，她没想到修复一座墓、立了三通碑，能在国内外产生这样大的影响。

另一次使北京基督教文化在国际上引起轰动，是在她随老伴徐自强前往中国香港参加碑帖研讨会之时。吴梦麟带去了著作《北京地区基督教文化概述》和一个照相本，里面那些尚存的传教士墓碑影像，震惊了在场的人，很多人不相信，"文革"时期能有碑刻留下来，尤其是传教士的墓碑，而她就此帮助国家给出了解释，使那些从罗马档案里才能获知的资料以照片的方式呈现出来。此后，但凡中国香港文化界、文物界组织中国传教士的研究活动，就会找到吴梦麟。

改革开放后，吴梦麟投入精力最大的工作有两项，一项是《中国文物地图集》的编委工作，另一项是云居寺的申遗工作。1989 年开始，吴梦麟一直承担着《中国文物地图集》古建和石刻两部分的编委工作，这是全面了解中国境内不可移动文物状况的千载难逢的好机会。地图集每省出一部，地方文物单位会先报来底稿供专家们筛选，成稿后，专家们再进行细致审阅，提出具体意见。这需要大量实地考察，到四川茂县、澧县考察期间，白天头顶烈日，睡了一宿起来，地上又全都是雪，泥泞不堪。回北京不到 20 天，汶川大地震爆发了，刚刚到过的萝卜寨，整个消失……

为云居寺申遗的奔走是除了《中国文物地图集》以外，吴梦麟、徐自强伉俪又一项持续几十年的共同事业。1992 年，吴梦麟调入石刻艺术博物馆工作后，她的研究更多地转向石刻，而她的先生，是北大读书时的同班同学，更是国内知名金石学家，他们志趣相投、语石评帖，著书相伴。他们对云居寺的情有独钟，是由于它独一无二的刻经遗存。山上万石，山下近五千石，加起来一万五千石左右大藏经石刻，世界上绝无仅有。为使云居寺的文化价值受到重视，争取更好的保护，从 1958 年搞《文物志》调查开始，他们每年不下两三回地考察，对那里的一草一木都有感情，云居寺的大小活动、事宜都会向吴梦麟夫妇请教，她还常被误认为是房山的文物干部。20 世纪 80 年代，修整雷音洞时，舍利子不慎出土，社会反响很大，护送还取舍利子的重要工作，云居寺只肯委托吴梦麟一人，因为她爱云居寺，云居寺信得过她。

徐自强仙逝不久，吴梦麟得知已经进入预备名单的云居寺，最终没能列入世界遗产申报名单，那一刻年逾古稀的她落下了伤心的眼泪，她说："为全人类的精神遗产，我会不遗余力地奔走下去。"

2015 年 7 月

考古这项事业最重要的是良心，工程人员，尤其是工程领队人员，千万不能失掉最基本的操守。

——齐心

79 岁（2016 年）的齐心先生，退休后仍坚持不懈地参与文物保护工作，身兼北京考古学会会长、中国契丹女真辽金史学会名誉会长、北京市文物考古研究所学术委员会主任等职，为弘扬优秀传统文化的公益事业，组织各类科普讲座、学术论坛、文物鉴定等，不断在国家图书馆、首都图书馆、首都博物馆、首都师范大学等教育机构讲课，多次被北京市社会科学联合会评为科普先进工作者。

齐心：脚下和心中的北京

自从志同道合的老伴仙逝后，被评为全国讲座名家的北京市首席专家齐心便极少再登讲台。直到 2016 年，齐心应北京市方志馆的邀请，到京华讲坛做《北京地区墓葬壁画》的讲座，好久未见的老听众、老朋友们得到消息后纷纷从四面八方赶来。

课间，两鬓斑白的"听众"挤上台，为"老师"送眼罩、送营养品，叮嘱她保护眼睛，交代她各种养生法。对她而言，与其称来做讲座，不如说是参加一次温馨的聚会。他们是与齐心交往多年的好朋友，也是支持她最早在北京发起义务讲座事业的社会各界同人们。

从 20 世纪 80 年代开始，齐心担任北京文物研究所所长，她就一直奋斗在领导岗位，北京考古学会会长、北京文物保护协会常务副会长等头衔对她来讲是肯定、褒奖，更是一份沉甸甸的责任。她不计较物质得失，甚至连单位的一间房也不肯要，却看重自己掌管的单位能为社会、为时代、为中国文物保护和文化事业贡献什么。即便因工负伤，左眼视力丧失，也未曾停下脚步，退休后仍马不停蹄，组织文物界各领域专家，发起面向群众的公益讲座活动，凡事亲力亲为，不论请哪个专家在哪里讲座，她都亲自到场，做主持，了解群众需求。

因而，凡齐心邀请或合作过的人，几乎都成了她的朋友，对她有求必应。

　　每当有人问起，活泼率真的她为何选择了枯燥艰苦的考古专业，她就笑答，若是当初听了家人的劝，天生热心肠的她一定已经是位难约上号的名医了。齐心出生在东北辽阳的一个破落的大家族里，由于"家庭成分不好"，念书时失掉了不少好机会。在沈阳读高中时，她的成绩名列全校第一，可是军工专业的大学不让她报考，留学苏联的名额也没有她。她的母亲去世很早，破败家族的遭遇使她产生了强烈的逃离情绪，她喜欢历史，不顾家人的建议，报考了翦伯赞、向达、张政烺等名师云集的中国文史殿堂——北京大学历史系。

　　到北京大学读书的第二年，历史系正式设立考古专业，考古专业不仅需要学习历史文献，还要掌握绘图、摄影等自然科学，齐心等从中学考上来的学生被分到了考古专业。尽管政治运动夺去了不少读书时间，但能够跟随杨钟健、裴文中、贾兰坡等著名考古学家实习，参与发掘工作，不得不说是很多人梦寐以求的学习机会。毕业后，考古班的同学被分在地方的，日后多成了地方级考古研究所所长或文物局领导，少数留在北京的同学，如齐心、吴梦麟等则成了北京市考古文物工作的领头人。

　　成长在黑土地的齐心性格幽默豁达，而且格外看重乡情，侧重辽金两代的史学和考古研究与她是满族人不无关联。满族的前身是金代女真族，北京又是金中都，留在北京做辽金史考古研究是齐心的向往。大学毕业后的第三年，她与赵其昌、吕维一同调到北京市博物馆筹备处工作，搞辽金元研究，她毫不犹豫地选择了金代。以后，尤其在担任北京市文物考古系统的领导后，她将研究重点放在了辽金两代。

　　然而，辽金历史文献缺失多、错误多，展开纠史之偏、正史之谬的重要工作，难度较大。幸得大学毕业后的前两年，齐心跟随古典文学专家侯琂先生做过墓志考的工作，抄了不少有关墓志的书和拓片，了解文字石刻对历史研究的重要性，特别是对文献记载少的朝代，所以墓志考和壁画等实物遗存成了她研究的关注点。

　　在博物馆筹备处工作期间，社会科学界响应厚今薄古的号召，齐心等人接到了举办抗日战争展览的任务，下到北京郊区征集百姓家里用过的纺轮、炮弹、铁壶等，虽然很多时候走山路要手脚齐上，水和食物短缺，环境极其艰难，但那是她第一次接触展览策划，不久，一二·九运动30周年举办纪念展览，齐心负责内容设计，为后来主管筹备北京市各大文物展览积累了经验。

　　破"四旧"时，齐心等人被调到文物清理小组的文物查抄队，分类整理查抄来的文物。做业务副手的便利条件，使齐心在这期间接触了大量文物，向不同领域的文物专家学习了各种鉴藏知识，对她而言，这是一次千载难逢的机会，在无法从事业务的年代，收获了书本上、校园中没有条件触及的实物，大开眼界，拓展丰富了她的知识体系。

"文革"结束后，各单位恢复建制，齐心打算到北京市经济学院跟随付筑夫先生，从事考古发掘中体现经济价值的文物研究，那里缺少一位专业考古人员，但文物局领导再次将她调回市博物馆筹备处，任命她为业务副馆长。这期间，她设计了市博物馆十年动乱后的第一次展陈，前所未有地将北京地区出土的文物呈现给观众，特别是在北京房山金皇陵出土的镏金面具，引起了广泛关注，也使齐心认识到北京市民对本土历史文化的精神诉求。1984 年，北京市首次到美国举办文化经济交流活动，齐心负责北京历史展厅的内容设计，这次任务关乎北京的形象打造与文化宣传，她精心设计的内容板块，成了之后相关展览的标准样式。完成这项任务不久，齐心调离了博物馆，来到新成立的北京市考古研究所，次年任职所长，主持全面工作。

在考古研究所，齐心领导组织并长期亲自参与了北京地区的大部分考古工作，深入研究了中国北方少数民族和汉族的融合、演化进程，其中由她领导组织的女真族皇帝陵墓的考古调查，为之后此项被评为 2002 年全国十大考古新发现的抢救性发掘奠定了基础；白浮墓葬发掘，出土文物成为西周时期器物研究的标尺。

在和她的团队挖掘辽、金、元等朝代墓群时，齐心发现，北京的历史远比其作为都城的历史久远，而关于北京市建城与建都的具体年代断定，国内外学者持有不同的看法，文献记载很不清楚，有必要厘清并给出论断，这对认识和了解一个城市来说是一项基本工作。

20 世纪 60 年代至 80 年代北京房山琉璃河商周遗址的发现、发掘是推定北京市建城年代的重要依据。为准确推定北京建城的历史年代，了解这座三千年的古城址的全貌，1995 年齐心决定再次对其进行发掘。她带领考古所的团队与北京大学考古系师生组成联合考古队，展开了一次较大规模的钻探，共发现西周至辽金时期的灰坑、窖穴 200 余座，出土了我国西周遗址中唯一一处用卵石砌成的排水沟，对古代城市排水问题的研究做出了贡献。

更为重要的是，以往业界对琉璃河商周遗址古城址的建筑年代有争议，此次发掘进一步肯定了该古城为西周燕国始封地，建于西周早期，是迄今为止北京地区最古老的城址。与此同时，在由齐心策划召开的国际学术研讨会上，与会专家就北京三千年的建城史达成共识，在国际范围内确立了北京建城年代的论断。

另一项对北京历史有重大意义的论证会，也是齐心在退休以后主持推动的。任北京市文物保护学会副会长兼秘书长的时候，齐心就曾给上级领导写了一份报告，提议召开北京建都研讨会，呼吁北京建都历史的考证，但当时并没得到上级宣传部门的回应。2003年非典过后，北京市决定举办一系列重大文化活动，"北京建都国际研讨会"被列入重要项目，会议的重要成果是将北京建都年代划定为公元1153年。

根据北京地域实际需要，着眼全局，从宏观上把握、制定考古及文物研究工作的规划，是齐心在领导岗位成绩斐然的关键因素，而多年来敬业为公的奔劳也使她在业界树立了极高的威望。业务上，齐心不但重点钻研与北京文化历史密切关联的辽金两代，更看重地方史志，从到所里任职起，就提出编写《北京考古四十年》，记录北京从新中国成立起40年来的考古发现，这部书成了北京文博领域的工具书，不仅说明了北京城市发展的历史进程，而且为北京地区开发和城市建设中的每一个关键阶段提供了重要资料和证据。

然而，面对城市建设、开发的高速发展，齐心对遍地是宝的北京忧虑重重。她强烈主张，在任何基本建设，如房地产开发、社区改造的过程中，必须进行文物勘探，根据历史和文物线索的把握，进行主动挖掘和保护。但是，等到施工时才发现地下文物而不得不进行被动挖掘的情况时有发生，甚至由于前期勘探不到位或不符合标准而导致地下文物遭到严重破坏。

为避免和减少这种现象的出现，齐心在担任北京市人大常委会文卫体委委员时与众多人大代表积极倡议，工程项目必须切实贯彻执行关于在各种建设中首先进行文物勘探的规定，北京的公路建设、东西两厢的建设、天然气管道建设等，开工之前文物单位都要先探测、发掘。2004年，为迎接2008年奥运会，北京修建五棵松体育中心，在挖地基的时候发现了古墓，经过考古发掘，出土了40余座古墓及珍贵文物，当时齐心通过电视媒介对发现的文物进行讲解评价，借此呼吁文物保护工作的有效进行。

在被动挖掘中，齐心和她的团队经常遇到各种困难。尽管事先发掘对施工单位同样有好处，比如有利于地基的牢固程度等，可是在利益驱动下，施工单位时常对考古进行催促、阻挠，有的发现文物而不报告，有的甚至隐藏或哄抢文物，造成文物遗迹的巨大损失。齐心说，考古这项事业最重要的是良心，工程人员，尤其是工程领队人员，千万不能失掉最基本的操守。

出于强烈的责任感和对文物工作的热爱，齐心为保护和宣传北京市文化遗产做出了不懈的努力，除撰写《北方考古研究》等学术专著及论文，还先后策划、编撰了图文并茂的通俗读物《图说北京史》《北京名匾》《老北京城与老北京人》，为中外读者了解真实确证的北京历史文化做出了普及性的贡献。

　　齐心的人缘好在业内是出了名的，但绝不是因为她圆融，相反，黑土地孕育了她直率不阿的性子，凡有利于文博事业的，认不认识，她都会尽力帮助，提供各种资源与便利；凡为一己私利，企图做有损于公益的行为，不论是谁她也要直言痛斥。多年来她培养了许多优秀的专业人才，也因为备受学术界拥戴结交了众多志同道合的朋友，至今与她一同奋斗在文物知识普及和弘扬中华优秀传统文化的公益事业上。

2016 年 12 月

> 卢沟桥与宛平城本是统一的整体，五环路施工方案对卢沟桥文化区整体效果影响太大，五环路必须绕过卢沟桥，从桥西通过，才能保持卢沟桥和宛平城的整体性。
>
> ——范贻光

范贻光是 2002 年由文化部中国艺术研究院退休的老干部，退休前是《中华文化画报》的执行主编，现为九三学社中央文化工作委员会委员。20年前，在宛平城修缮改造工程论证会上，范贻光作为专家参与讨论。午餐时，他偶然听说五环路将从卢沟桥和宛平城之间通过的消息，立刻警觉起来……

范贻光：为卢沟桥思良策

卢沟桥建于金明昌三年（1192 年），是北京地区保留下来的最主要的金代建筑。宛平城于明末崇祯十年（1637 年）建成，作为桥头堡屯兵守卫京城。二者自古即为京西门户，如果五环将宛平城与卢沟桥在中间切断，无疑对卢沟桥是极大的伤害。在范贻光看来，卢沟桥与宛平城本是统一的整体，五环路施工方案对卢沟桥文化区整体效果影响太大，五环路必须绕过卢沟桥，从桥西通过，才能保持卢沟桥和宛平城的整体性。

论证会结束后，他找罗哲文、郑孝燮两位先生说了自己的想法，向他们征询意见，两位先生听后大加赞赏，同意联名撰写提案，并提出刻不容缓。当时范贻光是九三学社北京市文化委员会的负责人，于是他连夜草拟了《强烈要求更改五环路施工方案》，次日一早提交。

"范先生，这个不能作为提案，要走信息直通车。"参政议政部部长急切地答复，"五环修路在即，不能等，我马上派人到您家里取文稿。"民主党派建言献策有"直通车"制度，每个党派一年有三封"直通车"的名额，直接写信息给市委书记和市长，机会十分难得。这是范贻光为卢沟桥文化保护的第一次献策。

　　两天后范贻光得到回复，这一提案受到了高度重视，市委书记和市长都做了批示。可是，接下来的两个星期此事却悄无声息。终于北京市规划委员会打来电话，一周后请联名"上书"的三位专家参加五环路建设方案修改的论证会。

　　论证会现场，不仅罗哲文、郑孝燮、范贻光三人到了，而且所有关于五环路修建各部门的负责人都到齐了。各方发表了对提案的见解，指出如果按提案执行，就要重新规划，绕行建路弯度不能太小，存在安全隐患问题，所以涉及大面积跨区拆迁，加大开销十几个亿，来年五环路全线通车的计划无法实现，而且可能延迟多年。多花十几个亿对城市建设来说不是大事，关键是修改规划的确困难重重。经过热议，相关部门与三位专家协商，最后达成共识：设计方案的调整既不要影响工程的进度，又要保护卢沟桥文化区的整体景观。在后一点上，三位专家坚定不移，尤其耿直的郑老，声音洪亮地表示决不妥协。结束时罗哲文代表三人在论证会上签字，底线是盖板的宽度要与宛平城城墙的宽度一致，不能小于 400 米。

　　后来五环路建设方案按照建议加宽了五环路通过卢沟桥—宛平城之间盖板的宽度，北京市市政设计院几次修改设计方案，从几十米到 100 多米最后扩展到 280 多米，并在盖板上面修建了 200 多米宽的文化广场，可容纳万余人，成了丰台区承办各大文化活动的首选之地。现在从宛平城城墙上眺望，广场四周基本上已经形成了封闭式结构，宛平城与卢沟桥的整体景观没有被人工分离的感觉，置身广场中的游人也不会受五环路上飞驰的车辆影响。这算是范贻光为卢沟桥做的一件大事。

　　说到宛平城修缮论证会为什么会请到中央工艺美术学院毕业的范贻光，这要从 1996 年的一次组稿经历谈起。那时由中央美院雕塑系负责设计的中国人民抗日战争纪念雕塑园即将落户卢沟桥东，范贻光为组稿到访卢沟桥，在《中华文化画报》1996 年第 3、4 期合刊上发表了《中国人民抗日战争纪念群雕》一文，并登载了 38 座柱形青铜雕塑中 4 座一米高的泥塑定稿作品。6 年后雕塑园落成，又逢卢沟桥建桥 810 周年，七七事变（卢沟桥事变）爆发 65 周年，范贻光再次来到卢沟桥组编专题稿件，这一次他不但得到卢沟桥文化旅游区管理委员会的大力支持，而且受到对方邀请参与卢沟桥文化旅游丛书的策划编撰，任丛书编委会的副主编。范贻光对此颇有兴趣，当即决定与管委会合作，也就此与卢沟桥结下了不解之缘。

　　为了赶在七七事变 65 周年纪念日之前完成组稿任务，经过三个月时间夜以继日的紧张工作，《中华文化画报》2002 年第 3 期刊登了《铜雕铸造的历史》一文，全面报道了雕塑园创作过程和 38 尊雕塑中的 14 尊作品。同时在 2002 年

5月，他完成了卢沟桥文化旅游丛书《卢沟桥》画册的编辑出版工作。

在策划选题方案和组稿的过程中，为深入全面了解卢沟桥，范贻光多次到国家博物馆、资料馆、档案馆等查阅了大量史料文献，不懂的就设法到各处拜访学习，常常出入于侯仁之、郑孝燮、罗哲文、吴梦麟等专家的家中，还屡次实地考察，拍照、记录，对原有画册文稿做了大量修改和补充。对文化旅游丛书第一分册《卢沟桥》画册，范贻光投入了极大的精力和热情，其中一张拍摄于1877年的卢沟桥桥面及碑亭的照片，是他与史树青先生在国家博物馆资料室卡片盒子中一张张翻出来的。在这张老照片中可看到，桥东北侧的碑亭还有琉璃瓦的亭顶，而今已荡然无存。同期找到的另一张珍贵照片是民国时期拍摄的经过卢沟桥的骆驼队，记录了卢沟桥当时的商旅贸易。

除却卢沟桥的自然景观、历史、商旅文化，范贻光还了解到这座华北地区最古老的连拱石桥建造技艺更加令人叹为观止，例如1991年在修复卢沟桥的施工现场曾发现它采用了史无前例的"铁柱穿石"建造法，把粗大的铁柱与层层石板连成一体，以加固桥墩防止下沉，使得卢沟桥的10个桥墩800余年沉降最大处不超过12厘米，桥梁专家孔庆普称赞这种桥梁基础设计为"今世人们从未见过之创举"。卢沟桥的载重量更是惊人，康熙八年（1669年）12余万斤重的石料用多组绞盘牵引前拉后拽的方法全部安全通过卢沟桥运至遵化孝陵，堪称奇迹。另外，卢沟桥设计者在桥墩北端楔形分水尖上加装了一条三棱形铁柱，以其锋利的尖刀斩凌破冰，被称为"斩龙剑"，可以迎击初春上游冰融后大量冰凌、冰块，缓解其对桥墩的冲击。越是深入了解，范贻光越是感到卢沟桥是一处挖不完的文化宝藏，他拿起画笔描摹起它的每一个角落，考究起每一处文化符号，仅桥上不同部位的石狮从创作年代到雕刻技法、艺术特征，都一一进行了研究整理，还以古今时空对话的形式和极具装饰性的构图创作了直观展现卢沟桥特色的《卢沟桥组画》，包括"咽喉要冲""铁柱穿石""斩龙破冰""晓月映狮""盛世治水""卢沟烽火"六幅画面。

尽管2002年《卢沟桥》一书顺利出版了，但范贻光总觉得相对于卢沟桥本身的厚重，这本小书过于单薄了，便有心做一本更加全面反映卢沟桥历史与文化的大型画册，这计划一做又是十年。不过自打合作编书起，凡与卢沟桥相关的大小事宜都找起了范老，宛平城修缮改造会议自然也不例外，也幸得他的参加才保住了卢沟桥和宛平城完整统一的文化景观，难怪卢沟桥的人说："范贻光有双重身份。对外他就是我们的人，代言卢沟桥；对内他是我们聘请的专家，参与指导大小卢沟桥项目。"

2007年，范贻光应邀参加卢沟桥历史博物馆成立专家论证会时，当即提出：

"卢沟桥本身就是国宝级文物，如果成立博物馆，桥本身才是最好的展品，要把整个卢沟桥纳入博物馆系统。"正是这条关键性的建议使卢沟桥历史博物馆的立项顺利被批下来，北京市文物局的人告知，如果仅仅有几个展室绝对撑不起一个博物馆。博物馆的项目申请下来后，范贻光与国家博物馆的专家德永华和卢沟桥的同人集中到一起，用了一个月的时间完成了卢沟桥历史博物馆展室的大纲编写和展陈布置的全部工作。在博物馆展陈的开幕式上，范贻光被正式聘为卢沟桥的顾问。

然而，范贻光一直心系并多年为之奔走、呼吁、商讨、策划的大型卢沟桥画册，却由于经费问题一再被搁浅。直至 2010 年，北京丰台区科委批下了"在卢沟桥建立信息库和出版走进卢沟桥画册"的科研项目，才获得科研经费组成编辑班子，最终于 2012 年出版了这本以历史之桥、科学之桥、艺术之桥、文化之桥、英雄之桥、永恒之桥几个篇章全面反映卢沟桥诸方面成就和价值的图文并茂的画册《走进卢沟桥》。北京市考古学会会长齐心如此评价：《走进卢沟桥》通过每件实物所承载的文化信息的介绍和艺术赏析，使读者清晰地了解文物的历史和艺术价值，也使画册具备很高的学术性与艺术性。

画册编撰期间，在几次有关卢沟桥文化旅游区规划的专家论证会上，范贻光了解到诸多卢沟桥西岸建设的规划都是关于在此处建高档文化休闲区的设计理念，忽略了卢沟桥的文化价值体现。为了卢沟桥文化的可持续发展，范贻光每次到场都强调，要在挖掘卢沟桥本身的文化内涵与外延上做文章，搞文化创意产业不是以搞房地产开发为目的。后来他联合了几位专家又一次通过建言直通车的方式献策《关于永定河治理中应体现北京"母亲河"文化内涵的建议》，其中提出卢沟桥是永定河文化的标志物，在卢沟桥附近选址修建永定河文化景观区，形成全面反映永定河文化的景观文化带。

这次献策再度受到重视，第二年卢沟桥被列入北京市文化创意产业集聚区。十余年间，范贻光参与过有关卢沟桥历史文化保护的很多事项，还通过九三学社的政协委员身份，递交过五份政协提案，收到了积极的回应和效果。现今卢沟桥发展蒸蒸日上，范贻光也在这一路结下了不少善缘。

其实自 2000 年以来，范贻光不仅在为卢沟桥的文化保护和发展奔走，更在与人合作组织和主编一系列大型文化画册的过程中，倾尽心血投入文化事业。《琉璃厂史画》《走进苏州》《走进上海朱家角》《走进苏州平江》《苏州古典园林》《皇家园林》《葫芦岛情怀》《坛庙与陵寝》，每一部作品范贻光都要到现场实地考察，查阅文献，收集图片资料和相关学术成果，开各种座谈会向专家请教，概括出每一处地域和专题特定的文化核心和特点，并以文化特性设定编辑架构。难怪罗哲文先生说："俯视、深入、品味、展望，看目录就知道是你编的书，范家模式。立体全面，学术性强。"范贻光将自己定位成"学习型""文化型"的艺术工作者，所以他主编的作品重点都在文化含量和赏析品位上，无不厚重、精深，饱含历史与文化，兼具学术价值、艺术价值，又不失趣味性、观赏性，它们既是给人裨益的艺术画卷，又浓缩了范贻光艺术人生的足迹。

想来范贻光为文化艺术保护的奔走献策不只有卢沟桥，而卢沟桥确是因为邂逅范贻光而成了"永定河文化"的核心亮点。一位读者这样评价范贻光："你用脚步走出志向，用汗水浇注人生，用探求充实知识，用辛勤成就业绩，用画册记忆追求，用彩笔描绘梦想。"而这位孜孜不倦奔走于文化事业的古稀长者却永远怀着一颗谦逊的心，他说："我的步履无声、人生平淡，在文化和艺术的学习之路上，我永远是一个小学生。"

2015 年 1 月

"学者"意味着一种始终都在学和问的人，意味着一种不因暂时利益诱惑而轻易放弃学问的人，意味着一种把学习研究作为一种生活方式、从中得到最高乐趣的人。

——滕守尧

20世纪80年代，一个知识分子无限兴奋的时代，谈论尼采、萨特或美学成了一种时尚，美学热到了奇观的程度，甚至电影《一半是海水，一半是火焰》中女主角悉心阅读的就是当年印数数万册的"美学译文丛书"。正是这套丛书，令很多人熟悉了滕守尧的名字，他翻译的鲁道夫·阿恩海姆的《艺术与视知觉》《视觉思维》、苏珊·朗格的《艺术问题》等几乎成了艺术专业，甚至非艺术专业的大学生的必读书目。

滕守尧：美学路上的垦荒者

1985年，一部《审美心理描述》受到美学及一些相关学科领域的关注，作者滕守尧也成了西方现代美学理论研究的先锋人物。1992年，在提起滕守尧的名字就能想到西方美学时，他的《中国怀疑论传统》出版了，打破了人们对怀疑论固有的西学思维，开辟了中国道家文化研究的新视角，很快《道与中国艺术》《道与中国文化》《对话理论》等一系列滕守尧著中国传统文化书籍走进了中国台湾各大图书馆。1997年，滕守尧被搁浅了四年的书稿《文化的边缘》问世，随即引发了师范类院校对话教学的热潮，他所提倡的对话理念很快被教育界接受并青睐，不久他受聘为国家艺术课程标准研制组的首席专家。21世纪伊始，集中阐释由滕守尧提出和倡导的生态式教育思想和生态式艺术教育理论及教学的《艺术与创生》出版，成为全国中小学艺术课程改革的范本。

从西方美学研究的声名鹊起，到受邀于哈佛大学、意大利哲学所、英国杜伦大学、德国明斯特大学讲授中国哲学，再到主持教育部重大项目"义务教育阶段国家艺术课程标准研制"，滕守尧以汗水和胆识走出了一条卓尔不群的学术之路。

　　1945 年 2 月，滕守尧出生在潍河水边的小乡村，虽然排行老二，却与长兄相差 17 岁。新中国成立初期，那里读书人很少，想考到外面读书的几乎没有，他却打定了主意一心求学。滕守尧的祖辈一直生活在这里，父母是农民，生他的时候已经 40 余岁，家里很穷。他的哥哥是当地的小学教师，因为生养的孩子多，经济上也很艰难，不能接济家里，不过，他有很多书，这些书成了滕守尧童年聊以度日的伙伴。他读过哥哥家里所有的书，也因此萌生了求学的渴望。本来，小学毕业后，他会和村里的其他孩子一样去县中学参加初中的入学考试，然后按部就班地在那里念书。可天公不作美，在 13 岁的他准备赴考之时，潍河大水泛滥，县中学的考试被迫终止。

　　不期而遇的洪涝阻断了村子里多数孩子的求学路，滕守尧却没有轻易放弃。他曾听邻居的一个在青岛念书的亲戚说，十七中很有名，校园也美丽，于是，自作主张报考了青岛市第十七中学。去青岛的巴士离村子有 60 多里路，想赶上上午的一班，就要提前一天走夜路。农村的路上行人极少，夜里更是寂静得可怕，出发的那天连星星也没有，若不是求学心切，连村子也没出过的他绝不敢冒险，只身一人摸索在黑暗中的不寒而栗，他再也没经历过。

　　顺利被青岛十七中录取后，滕守尧开始了大城市的学习生活，然而，好景不长，三年困难时期使这段生活陷入危机，没有口粮、极端饥饿，在困苦中他勉强熬过一年，又不得不转到昌邑一中完成学业。三天只吃一顿，这样的日子整整挨了半年，饥苦读书的经历一下子坚定了他好好学习的信念，转到昌邑一中后，他倍加努力，勤奋刻苦和优异成绩使他收获了中学生的一切荣誉，更重要的是，在不断的阅读中他寻得了新的方向。

　　北大成了他心中的圣殿。高中时代，滕守尧读完了见得到的所有小说，他喜欢《青春之歌》，感染于热血青年的风雨故事，也因此对北大产生了无限憧憬。填报高考志愿时，他毫不犹豫地选择了北大中文系，很多人劝他放弃，说山东全省一年也考不去几个，县中学的没戏。而他的想法很简单，成与不成总要一搏。

　　坚持使他实现了自己的北大梦，他如愿地接到了北大录取通知书，可意外的是，由于外语成绩几近满分，他被北大西语系优先录取了。初到北大，入学成绩很高的滕守尧并没显出任何优势，相反在英语口语和听说方面，农村出来的孩子比不得大城市，尤其潍坊味十足的顽固口音，拉开了他与同班同学的差距。不过除了天资外没有什么是刻苦达不到的，一年以后，滕守尧的各科成绩重新名列前茅，在北大他依然是佼佼者。

　　受"文革"影响，本应 1969 年毕业的一届，1970 年 3 月才正式走出校园。

毕业后工作要统一分配决定, "不能分配到县级以上单位"大大地写在了他的北大分配书上。他被分配到青海省民和县古鄯公社, 住在深山中的一位老农家里。吃苦是其次, 无法用语言沟通成了大问题。当地人的语言滕守尧根本不懂, 他们也不懂汉语, "改造时期"的交流基本是沉默的。三个月后, 滕守尧得到了重新分配的机会, 可机会并不都意味着幸福降临, 一个更加贫穷的少数民族地区使状况看起来越发糟糕。

一年以后, 邓小平复出, 知青开始回城。适逢青海师范大学急缺外语教师, 滕守尧才有了调回城市工作的机会。在大学教书, 对热爱读书的他来说是多年来可望而不可即的待遇, 尽管"改造"期间他并没放弃过学习, 可毕竟自己能带的书不多。

青海师大的书籍也很有限, 外文书更少得可怜, 在滕守尧的家中可以看到他借来的整个图书馆里所有的英文书。从这些书中, 他发现了一本极有趣的, 名字叫《俄国人在黑龙江上》, 作者想来是位传教士, 以俄国人的视角, 描写了黑龙江的风土人情, 披露了清朝政府如何签订不平等条约, 颇有历史意义。闲暇时间, 翻译这本书成了滕守尧的爱好, 后来他试着联系过东北的一家出版社, 不过出版社的人说书已经找人翻译了, 于是此译稿默默无闻地躺在了他的家里。

或许得益于翻译书稿的功夫, 1978 年, 全国恢复高考, 滕守尧顺利地通过了北大西语系研究生班的入学考试, 拿到了复试资格。可该到尘埃落定的时候, 滕守尧的求学轨迹又一次被改变。

北大研究生班复试结束后, 教育部意外叫停了此次招收计划。一部分本应被北大录取的研究生转去了中国社会科学院研究生院, 滕守尧就是其中之一, 他成了社科院招收的第一届研究生, 那时候没有校园, 也没有宿舍, 他不得不举家多处辗转。

统一选到社科院后, 他被安排在哲学所美学专业, 师从李泽厚。当时李泽厚认为, 中国学术已经停滞好多年, 搞美学需要向西方学习, 才可能有突破、参与国际美学界的交流。这也是他为什么看中外语好的人才。从北大转来的研究生中, 被选去搞美学的, 只有滕守尧一个。

李泽厚给自己的学生开了个书单, 列了当代西方美学研究的重要成果, 还推荐学生到北大进修心理学。在李泽厚看来, 心理学、艺术社会学和哲学, 是美学的三大支柱, 做美学研究需要从这三方面入手。

在北大心理学系, 滕守尧同专业学生一起上课, 并以 97 分的全系最高分圆满完成了一年的进修学习。后来, 在大量阅读美学原著经典时, 他发现了鲁道夫·阿恩海姆的《艺术与视知觉》。这本书为滕守尧打开了一个全新的世界——

把现代心理学的新发现运用到艺术研究中，用格式塔心理学揭示出各种视知觉法则，以具体事例教给大家如何理解艺术品。这正是滕守尧所渴望的，他迫不及待地找到李泽厚，希望将其翻译出来，介绍给广大的中国读者。

时值李泽厚筹划"美学译文丛书"的组编，他不但赞同要赶快翻译出版《艺术与视知觉》，还先后鼓励滕守尧翻译出阿恩海姆的另一本《视觉思维》以及苏珊·朗格的《艺术问题》、拉尔夫·史密斯的《艺术感觉与美育》等，他说中国学界亟须见到这些成果。

就这样滕守尧开始了一天十几个小时的翻译工作，为了抓紧时间，潦草的墨迹只能委托妻子抄录，一沓沓积满汗水的手稿后来成了"美学译文丛书"中耀眼的明星。

这套红极一时的"美学译文丛书"，共出版著作 50 部，在大陆产生了广泛的影响，尽管人们在译者的行列里熟悉了滕守尧的名字，却全然不知在长达 11 年之久的编译工作中，他所付出的远不止夜以继日的翻译。

李泽厚曾在 1995 年《读书》杂志刊登的文章中这样写道：

> 在当时艰难情况下，滕守尧不但与我分担风险，而且大量组稿、约稿、催稿、审稿、定稿以及与各出版社打交道办交涉，种种学术性的和事务性的繁复琐细的工作，全由他一人包揽。其实他也并不善于打交道、搞人际关系……许多人不知道这一点，他也一直不吭声。我要他共署主编，他因顾虑客观环境，坚决不肯，这对我倒形成了"掠人之美"的心理负担，今天一吐为快。

滕守尧就是这样一个内敛务实的人，不急功近利，不沽名钓誉，相比于"语出惊人"，他更愿意在基础上多下功夫，埋头做个垦荒者。

1980 年，中华美学学会的成立大会上，李泽厚希望贤契滕守尧就格式塔艺术心理学问题做一个专题发言。当时还是个学生的滕守尧诚惶诚恐，因为台下聚集了中国美学界的所有前辈，朱光潜先生坐在最前面。发言结束后，朱先生肯定地点了点头，站起身来，详加评论后说："看到美学后继有人，我感到极其欣慰。"

优秀的科研能力和丰硕的翻译成果使他顺理成章地留在了社科院，走上了学术之路。1985 年，凝聚他早期思想成果的《审美心理描述》出版了，这本尝试结合中国艺术论述审美经验和审美心理学的著作，用通俗易懂的语言，将高深的西方美学理论系统生动地呈现给中国读者，在赢得高销量的同时，得到了新老学人的认可，被誉为美学界、文学界、艺术界都能读得懂的学术书。

照理，这样一部书很容易得到出版社的认可，况且稿子是出版社主动约写的，然而，没有人肯给初出茅庐的新人亮绿灯，一句"看不懂，不能出"，将其挡在了门外。无奈的滕守尧将自己的书稿递给了李泽厚，看过稿件后，他满意地写下两个字评语——很好。

有了李泽厚的肯定，出版社没有再刁难。令他们吃惊的是，《审美心理描述》第一版印刷，竟达到七八万册的销量，作为学术书籍，这个成绩是值得骄傲的。

1987 年，滕守尧的《艺术社会学描述》出版了，延续了《审美心理描述》的风格，逐一论述了原始艺术、浪漫艺术、印象派艺术、超现实主义艺术等艺术思潮更迭变迁的社会学渊源，探讨了"走向过程"的后现代艺术，较早地提出"艺术走向生活，生活走向艺术"是当今社会大势所趋。

两部"描述"和多部译著赢得的赞誉，为他带来了出国深造的机会。1987 年春，滕守尧满怀对西方美学和艺术的向往和推崇，甚至带着一种朝圣者的心情，来到英国杜伦大学，紧接着 1988 年，来到德国明斯特大学开始了为期三年的访学生活。

然而，没想到的是，当他踏上这块异国土地，目睹和感受到它的文化时，原来对它的那种推崇之情急剧淡化了。相反，他从远距离之外张望故国时，却不由自主地对故国文化倍加关切和好奇起来。

> 每当我坐在这个北部德国大学的庞大的中文图书馆里，面对着这一架架的发黄的线装书时，便感慨万分；每当我的耳朵里传来一阵阵大鼻子蓝眼睛们那夹杂着之、乎、者、也的洋式中文交谈时，便感到愧喜交加；而当我看到那些操着地道而流利的外语的中国留学生，常常被一个外国学生提出的关于中国的问题弄得张口结舌的时候，又感到一种难言的悲哀。我深深地感到了我们的不足，这种不足不仅仅是在现代科学技术方面，还在深入研究自己的宝贵的文化遗产方面。(滕守尧《中国怀疑论传统·序》，1992 年)

那时海内外多数研究者认为，中国文化的真正代表，是先秦时代最活跃的孔孟儒学，也有人认为道家思想之根更粗些，还有一种比较全面的看法是，中国文化之根，既非先秦儒家，亦非先秦道家，而是儒道的互补。但是，经过长时间钻研后，滕守尧发现，"互补"是一个极容易引起误会的字眼，令人想起一唱一和的默契合作，而忽视了一个对另一个的尖锐批评和怀疑。研究中国文化，不能忽视后一层意思，因为中国本土文化的真正形成和任何点滴进展，无不与道家对儒家的怀疑、批评与嘲弄有关。

在英国和德国深造的几年，滕守尧一边做西方怀疑论美学的翻译工作，一边向英国和德国的学生们讲授中国哲学。西方有怀疑论，中国更有，他用英文写了一些关于中国怀疑论的文章，发表在国外的期刊上，同时将德国美学家赫尔伯特·曼纽什的《怀疑论美学》翻译成中文。

1992年，回国后的滕守尧将自己的发现与思索写进了专著《中国怀疑论传统》，其中所阐释的道家"反者道之动"的精神批评哲学，以及这种哲学下"无迹之迹"的中国艺术之道和"无价之价"的中国文化之道，解决了那些曾经困扰滕守尧的西方审美心理学和艺术社会学无法解决的美学难题，例如用阿恩海姆的视觉思维原理可以对西方印象派和后印象派艺术做出部分解释，用弗洛伊德的梦的机制或无意识理论可以对西方超现实主义做出解释，但一遇到中国书法和绘画的"欲上而下、欲左而右、绵里藏针、虚实相生"，一提及中国京剧和其他戏曲艺术体现的精、气、神，这些理论就只能沉默。

不惑之年，滕守尧转变了自己的研究方向，这次转变本身也是对当时中国美学和艺术理论全面西化倾向的一种"反"。在许多传统理论已渐成老生常谈，在人们习惯了用一套千年不变的和几乎可以背下来的套话品评艺术之时，《中国怀疑论传统》给出了独到的发现和见解，令"死板"的"索然无味"的传统散发出勃勃生机。

《中国怀疑论传统》仅仅是开端，在不断思索中，他发现文化领域存在无数"边缘"地带，在这一地带，矛盾的双方处于对话交流的状态，不断碰撞融合，释放无限的生机。于是他用对话精神完成了中西比较和对话的《文化的边缘》，探讨了如何使现有文化的各个要素相互碰撞和对话，用新鲜的思想之泉去冲洗掉人们陈腐却已经习惯了的观念。

《文化的边缘》第一稿是在1993年完成的，但迟迟没有出版。后来，作家出版社接受了书稿，其责编道出了出版此书的缘故：现在最困难的不是出版本身，而是约不到好稿子。用他的话说："得到几十万元的资助容易，得到一部好稿子难！"他的话对于滕守尧或任何一个做学问的人都是莫大的安慰和鼓励，这种作为不容易，却具有光明的前途。

在没做任何宣传而完全依赖自主征订的情况下，《文化的边缘》预售销量高达上万册。抑制不住兴奋的责编提议，为滕守尧举行新书发布会，可他婉言谢绝了，"将思想的发现传递出去、拾回中华传统文化之根"是他唯一的写作目的。

到知天命的年纪，滕守尧的这部东西方文化、艺术、美学思想比较研究的专著，在各师范大学掀起了"对话"教学的热潮，其中不但明确指出了灌输式教育的弊端，而且提出了国际教育发展从灌输式教育、园丁式教育到对话式（或融合式）教育的总趋势。

除了理论研究，滕守尧还自发到深圳的幼儿园搞起了环保式教育试点，环保式教育就是他后来提出的生态式教育，一种强调师生间对话关系的新型教育。20世纪90年代初，国际美学会议在深圳举行期间，世界各地美学家们参观了他发起的环保式教育试点项目，并对此大加赞赏。然而，那时候国内没有人重视什么环保式教育。

21世纪伊始，南京师范大学刚刚推行特聘教授制度，便在第一时间向他发出了邀请。受聘南京师范大学后，滕守尧深入接触了中国艺术教育的现实，进一步了解到海德格尔所批判的纯粹技术视野对广大师生的危害性。在这种狭窄的视野中，教师不过是艺术教书匠，学生学的全是匠人的活儿，创造性的灵魂被逐到九霄云外。

于是，他投身到中国艺术教育的改革中，受聘同年，他被选定为国家艺术课程标准研制组组长、首席专家，负责新标准的研究与制定。新标准确立了教育改革的方向——从各科的无限分裂走向新的融合，使各科之间形成一种生态关系。在艺术教育理论的研究与实践中，他结合中国道家的天人合一观和当代的生态观，发展出一种具有浓郁的中国传统文化特色的生态式教育范式，代表著作《艺术与创生》在教育界影响深远。

尽管新标准出台了，生态式艺术教育的理念被广泛认可，但就现状而言，推行综合式艺术教育困难重重，不仅缺乏关键性的综合型教育人才，还遭遇到各种利益团体的排斥。不过，思想是实践的先导，观念扭转过来，改革才指日可待。

如今，年近八旬的滕守尧过起了半田园式的生活，闲暇时光他继续探寻着中华文化的传统之根。他说，"学者"意味着一种始终都在学和问的人，意味着一种不因暂时利益诱惑而轻易放弃学问的人，意味着一种把学习研究作为一种生活方式、从中得到最高乐趣的人。

2014年5月

考古人只不过是现代社会和现代人遣往古代探访信息的使者，使者要有自己的担当，为现代与未来社会服务，将考古明晰了的古代信息反哺社会。

——王仁湘

2014 年 7 月，韩国电视台的记者不远千里来到中国社会科学院考古研究所，为拍摄《随园食单》的纪录片，寻访退休多年的王仁湘先生。王先生玩笑地对记者说，做饮食文化研究，当初被视为"旁门左道"，没想到后来"旁门左道"的反响在海外比考古界还大。

王仁湘：叩访往古时代的使者

2014 年春，王仁湘在第三届李济考古学奖学金的颁奖仪式上作为评委代表在《致探访古代社会的年轻使者们》的发言中说："考古人只不过是现代社会和现代人遣往古代探访信息的使者，使者要有自己的担当，为现代与未来社会服务，将考古明晰了的古代信息反哺社会。"

王仁湘把在古与今中的流连纠结看成考古人的命运，认为除了化腐朽为神奇，通古博今地将人类文化的脉象呈现给世人，才是考古人更重要的责任。尘封地下的器物，记录着人类绵延的文化，考古不是高深的象牙塔式研究，而该是学术普及的桥梁，告诉人们衣食住行背后的历史与文化。

这也是他做考古却能在饮食文化界名扬海外的缘由。自入行，他就以文化的视野做考古，思考考古关联的问题。他自嘲不算合格的考古人，虽然从未懈怠，却几次"跳槽"未遂。若即若离的考古缘分使他从不拘泥于学院派，大江南北的野外考古"实战"则给了他纵横时空的宽阔视野，加之由始至终的人文关怀，他从业数十年一次次"僭越"权威，不但填补了早期新石器文化研究、边疆考古研究、彩陶研究、饮食考古研究、带钩带扣研究等诸多空白，更成为倡导"公众考古学"的第一人，提出考古学需要由封闭和神秘走向广阔与平易的学问之道，考古学家们需要从"尘土学者"转为科普教育者，担负起社会文化责任，"让每一个人都像爱护自己的家业一样去爱护历史遗产"。

误入"其"途

1950 年，王仁湘出生在湖北天门，一个城乡交界的小地方。小学成绩优异的他，在考入城里读中学后失去了优越感。一次语文课上，老师宣读了他的作文，不是因为出色，而是因为开头不合时宜的四个字"劳苦大众"，得了个"不及格"。要强的他，此后奋发图强，抄字典、背词条，练就了一手好文笔。加上画画的功夫，分配工作时他赢得了进入文化馆的机会。

在文化馆，他负责文物工作。一年后，上面下来指标，给了一个到四川大学考古系读书的机会。本来，这好事儿轮不到资历尚浅的他，叵阴错阳差，被推荐人迫于生活压力无奈放弃了机会。于是，他争取到了进大学读书的难得机会。

尽管考古不能算是他喜欢的专业，但求学心切，先入学再换专业成了他的打算。然而，学校取消了自主选系的制度，考古就此成了他一辈子的专业。幸运的是，童恩正先生时任川大考古系的一名讲师，在这位独树一帜的考古学家和科幻作家的影响下，王仁湘对考古这个神奇而又艰苦的专业少了几分排斥，种下了一颗致力考古科普的种子。

大学毕业后，王仁湘被分配到中国社会科学院考古研究所工作。1979 年，全国恢复研究生招考，年轻同行劝他一起考研，但老先生们却告诉他考古工作在实践中学就行。他认为有个深造的机会更好，于是根据自己的实践经验写了一篇一万多字的心得。早年主持半坡遗址发掘的石兴邦先生看了，鼓励他参加考试，最终接收他为硕士研究生。

硕士学习期间，王仁湘跟着石兴邦先生走江南、渡黄河，耳濡目染，收获很大。也就是从那个时候开始，他迷上了彩陶，一有空闲时间就一面描图，一面琢磨，后来提出了富有创见的地纹理论，确认了旋纹彩陶，构建起大鱼纹彩陶体系，在考古界产生了重大反响。毕业后，王仁湘先后被派去陕西、甘肃、四川考古，然后是新疆、西藏、云南、贵州，从中原到边疆，每年两季，马不停蹄。

那些年，风餐露宿，颠沛浪迹，路遇翻车，困顿无着，可王仁湘只记得一路走来令人忍俊不禁的趣事。有一回，他们困顿到使用毛驴当作交通工具。被征用的毛驴虽然个头不小，可是遇到身材高大的王仁湘，充其量也就算个门当户对。骑在毛驴身上如同坐纺车，迈出的每一步，都是与身体的一次撞击，痛苦颠簸的路程还没过半，毛驴就将他摔在地上，随后压在他身上起不来了。受了伤的王仁湘还没来得及诉苦，就被同行者关于一次车祸的讲述逗得开怀大笑……

做考古的人很容易局限于一个小区域，"啮食"狭窄的一块地儿，可王仁湘每逢春秋全国各地地跑，眼界自然开阔，很多感兴趣之处未必是主业，却因难以割舍，得暇而专，年头久了便在各个涉猎的领域都有了影响，哪个地方有新发现，同行们就会向他知会一声，而有他到场，则随时可能有意外的发现。例如千禧之年，中央电视台邀请王仁湘做文化遗产日的直播节目，在遗址发掘现场，他一眼发现了两个普通石片，他断定这两个没引起重视的石片是古代乐器石磬，便在直播过程中，找到导演商量，临时改变了原定的策划方案。事后，经当地音乐史研究者测音，这两块石片被确定为珍贵的早期乐器。王仁湘考古"嗅觉"的灵敏，一半靠天赋和眼界，一半靠人文关怀。介入饮食文化领域，则是他最为得意的"旁门左道"。

往"食"历历

当初做饮食上的学问，王仁湘受到过不少责难，因为饮食不该与考古发生直接瓜葛。当然，除了自己"不辨是非"，他还有一些引路人，那就是当年活跃在饮食研究领域的精英们。

初入考古学之门，王仁湘看到，学者们将大部分精力放到了出土器物的研究上，器物尤其是史前器物历来是考古学研究的重点，以此系统地建立起重要的类型学和年代学标尺。但是他发现，学者们倾注精力较多的是那些容器，而对其他器具的研究却用力甚少。直觉让他开始关注史前生产工具的考古研究，在广泛收集材料的基础上，他写出了几篇石器、骨器和蚌器方面的论文，着眼虽小，但用心甚专。就是在对这些生产工具进行研究的过程中，他旁及了一些生活工具，不少出土的进食器具进入了他的视野。从那些有着数千年古老历史的筷子、勺子和叉子上，他仿佛嗅到了往古筵宴上飘出的丝丝香味。

很快，他写成《筷子》一文，将考古发现的筷子做了一番梳理，由于觉得这东西难登大雅之堂，他小心翼翼地将稿件寄给了外地的一家刊物。结果泥牛入海，久无消息，他想大概是刊物不愿收留，也就不再作什么念想了。不承想，有一天突然收到来自《中国烹饪》杂志寄来的一封信，原来是《筷子》一文由人辗转带到北京，被送到不相识的杂志主编那里。

主编萧帆先生对《筷子》一文表现出大喜过望之情，希望王仁湘能在杂志上每期都写一篇饮食类的小文，这让他受宠若惊。于是他以知子为名，开了一个"饮食考古论丛"的专栏，写了几年，最后结集出版为《饮食考古初集》。

后来这些小文反馈回考古圈中，引起一些反响，他又将其中的一些问题进行了重新讨论，将包括筷子在内的中国古代进食器具的研究撰写成论文发表在《考古学报》上，小玩意儿终于登得大雅之堂。

不久，而立之年的王仁湘出版了《民以食为天》和《中国史前饮食史》，还有《饮食史话》和《珍馐玉馔》先后出版，特别是《饮食与中国文化》在人民出版社前后印行三版，并出了日文版和韩文版。另外一本部头不大的《往古的滋味》主流媒体也多有推介，曾在一年之中多次加印。

王仁湘的饮食考古研究，算起来已近40年，从八千年前的餐勺、四千年前的餐叉和面条、五千年前的煎饼，到菜名的学问、菜品的形状、厨师的掌故，再到茶之趣、酒之令，饮宴上的规矩礼节等，虽都是偶尔为之，没有作为主业，却惊喜连连，轰动不小。他曾用"盐卤"的滋味作比喻，说饮食研究对于自己是"不能没有又不能贪多"的宝物。21世纪以来，他由文物考古重新研究古代分餐制的成果再次于业内掀起波澜，连续两年为日本中国料理考察团做中国饮食考古专题讲座，在中央电视台《百家讲坛》叙说昨日盛宴。由此看来，"旁左"未必不能为之，也未必不能有所为。

"咸盐"碎语

2007年1月，有家出版社要与中国盐业总公司拍个纪录片，由于王仁湘在饮食文化研究领域已名声在外，所以主办方找到他，请他参与现场调研，撰写关于盐史的多集电视片文案。这是"旁左"带来的又一次华丽转身。

在此十多年前，王仁湘去海南做民族学调查，曾乘车穿过盐田村所在的西海岸，那个时节盐田村默默无闻，他与它失之交臂。这一回，在与摄制组踏上这座古代晒盐场时，在那些"大珠小珠落玉盘"般的盐槽映入眼帘时，王仁湘慨叹，古往今来，多少事物被岁月更替的历史击碎了，可远在天边的洋浦盐田，居然能从千年前的浪潮中日复一日地走到了今天的阳光下，这个千年之久的袖珍晒盐场，居然不仅完整保存在现代环境里，而且不间断地生产着海盐，实属难得一见的奇迹。

在盐田村，王仁湘做了古代海盐生产技术由"粗煎"向"日晒"转变的研究，不承想六年后，一次海南万宁之行，打破了他既有的观点，使他意外地识得了消失已久、尚待人考证的海南煮盐工艺实例，开启了新一轮的探"盐"

之旅。

2013年应讲座之约，王仁湘去万宁向读者介绍古代制盐的考古发现，他了解到，万宁至今还有个盐墩村保留着由古代传承下来的制盐旧迹，而且是煮盐遗迹，煮盐工艺早就被认为是消失了的海水制盐方法，真的保留到了今天，还能见识真迹吗？他心存疑惑。

抵达盐墩村后，在一座低矮的小棚子里他再一次展开了制盐工艺的调研。这座小棚子，是村民世代煮盐的场所，像是经历过多次修补，棚顶棚壁有很多缝隙，似乎不能抵挡风雨了。棚内一座灶台，在不过五六平方米的空间里占据着主要位置，方形，边宽不超过1.5米，砖砌泥糊而成。灶台上安放的铁质盐锅也是方形，边长1米有余，锅沿高约10厘米。灶台的一边堆满了木柴，还有几个满装着盐的盐包。棚门外立着一口大缸，是用于存放卤水的，旁边堆有不少木柴。

出了小棚，看到半人高的卤水缸，王仁湘心里涌出许多问题：卤水是如何制成的？盐民是怎样判断卤水浓度的？煎煮过程有多长？煮盐过程中如何提升成盐的纯度？延续到现代的这种海盐煎煮技术，难道在这一地区没有遇到阳光晒盐技术的挑战吗？采访盐灶的主人之后，这些疑问一一解开，两种制盐工艺在一地同时存在，日晒工艺竟然没有排斥火煎工艺。这是一个十分难得的调查标本，究竟是个例，还是曾经在历史上普遍存在过的现象，值得深入研究。

回京后，他查阅了相关资料，对海南自古延续到当今的制盐工艺有了更多的了解。原本以为洋浦那样的晒盐工艺，具有从"煎"向"晒"过渡的性质，由盐墩村见到的"煎""晒"并存的工艺看，两者确实同流，都是古法传承的活例。这是盐史研究上又一次突破性的发现。除此之外，借盐史考古的机会，王仁湘对盐商、盐路、盐灯、盐币、盐贡、盐官、盐战、盐歌等与盐相关的文化一并进行了探究，在各地考察时多了一份"盐"思，最终出版《中国滋味：盐与文明》一书，将盐文化研究向前推进了一大步。

"僭越"权威

王仁湘的主业是史前考古，"地纹彩陶"的概念就是他首创提出的，尽管对主业他时常保有理性的头脑，但"地纹彩陶"的重大发现是个例外。他第一次被出土的资料深深打动，茶饭不思，寝不能寐，如醉如痴，在端起彩陶用反观的方式观察到仰韶文化的旋纹以后，一连几天心情都不能平静，这个过程让他体味到一种从未达到过的境界，他亢奋地写下这样的话：

当我眯缝着双眼，用近乎观看三维立体画的方法再一次读到仰韶文化的这些彩陶时，我无法抑制自己的激动。面前的彩陶映出了与以往全然不同的画面，满目是律动的旋纹，我几乎没有看到前人所说花朵的构图。于是连续数日，它让我如入迷途，让我寝食不思。那感觉又像是一种顿悟，如释重负。

王仁湘觉得有一些彩陶，特别是庙底沟文化的彩陶，只有反过来看一看，看空白处的地纹，才可以看得更为明白。多数原来感觉布局毫无规律、图形不明确，特别是那些无从读起的图案，一下子豁然开朗，一目了然，画工要表现的纹饰是在彩绘图案间的空白之处，完全是另一番天地。仰韶文化彩陶中有相当一部分为地纹彩陶，地纹彩陶可能具有比一般彩陶更深邃的文化内涵，这是一个被忽略了的研究领域。

顿悟之后，他反思当下，认为现代人对彩陶的认识可能远没有到揭开谜底的时候，尤其是对庙底沟文化彩陶的研究，也许还没有真正入门，还没有找到解密的正确途径。大半个世纪的彩陶研究，成绩的背后存在大量问题，例如读法固定不变，对于大量彩陶标本采用固定不变的阅读方式；缺少综合研究，虽然有些彩陶母题受到了比较广泛的关注，讨论也深入，但对于彩陶面貌却缺少整体把握，学者们更多关注编年意义，而文化史意义讨论甚少；急于诠释，对于新出土的某一件彩陶或某一批彩陶，迫切地进行诠释，没有深思熟虑；孤立举证，孤立地分析某类彩陶纹饰，或者止于局部资料的考察，虽然也能自圆其说，却经不起时间的检验，结论很容易被新出现的资料否定。

彩陶界的问题也是其他图像类考古所面临的，王仁湘说，过去人云亦云，每个问题主流的观点，左右着学者，跟着主流走，错了也不算错，没有人深究，这很可怕。"地纹彩陶"的发现给了他崭新的考古认识，只有激发于心底情感，为挖掘出来的质料魂牵梦萦时，才会驱散"不可撼动"的权威，迎来突破和制高点。

联系"地纹彩陶"的规律纹饰和各个出土地点，放眼更高的文化视野，秦统一六国之前，华夏大地上或许早有了统一的文化脉象。一种艺术图案的纹样，其生命力主要依靠它的象征性维系，而象征性本身，包容着某种特定的认知体系，就是千年延续的文化。

基于深入钻研与发现的"僭越"往往是颠覆性的，2014年，享受"三休"生活的王仁湘在休息、休闲、休养之余，再一次被湖南的皿方罍回归事件煽动起"僭越"之心。他由大量商周青铜器上的兽面纹解构认知，兽面本体都是由两个侧视的兽形合成，很多兽面其实是带有左右两个身子的。我们能看到的许多饕餮纹，不过是双兽纹和双鸟纹。这应当是吉祥之象，如何与饕餮相提并论？从战国、从宋代流传的所谓饕餮纹之说，可能是一个历史大误解。祭鬼神敬先人的礼器不会铸上戒贪的饕餮，否则便是大不敬。如此看来，这项商周青铜纹饰的研究也是很有创意的。饕餮即将远去，中国青铜艺术研究还有很大的提升空间。

2014 年 8 月

走路总要看路标，可是路标又由谁来插？文化一直是我们这个文明古国的最大标志，也是中华民族前行的重要路标之一。但是没有什么先知先觉者可以给我们设置一个永恒不变的教条，我们能够依靠的，还是我们自己对于历史、现实、未来的研究考量。

文化守望者之新的守望

2007 年末，中华文化画报社请来了中国社会科学院哲学所和中国艺术研究院的著名学者，以其深思熟虑之大智大慧，深入浅出阐释文化的本质、内涵、功能及发展问题。

林琳（以下简称林）：在提倡文化发展繁荣的今天，现实生活中还存在大量"文化搭台，经济唱戏"的现象，那么我们应该如何正本清源，正确认识社会发展中政治、经济、文化之间的关系？

徐碧辉（中国社会科学院哲学所研究员、中华美学学会秘书长）：一个社会中，政治、经济、文化三个因素是相互依存、鼎足而立的。就像一个三角形，只有三个角都扎实了，它才能稳定，缺少任何一项，都是不稳定的。只有三者共同发展，相互协调，这个社会才能真正和谐发展。过去对历史唯物主义有一种机械化的理解，把生产力决定生产关系、经济基础决定上层建筑绝对化。其实，这种所谓决定是从非常长远的历史行程来讲的，是以人类社会的几千年的发展作为时间单位的。具体到一个狭小的时间段，则政治、经济、文化三者必须共同发展，相互协调。在这里，便无法说到底哪种因素是目的，哪种是手段。最多只能说它们互为目的，互为手段，而不能单纯说文化是手段。

20 世纪 80 年代，曾经有一个口号，叫作"文化搭台，经济唱戏"，把文化当作挣钱的桥梁，搞了各种名义的所谓文化活动，举办各种各样的"文化节"，结果是，各种粗制滥造的假古董盛行，唐突名胜，大煞风景；而真正的文化却在这种假古董中被淹没、被肢解、被毁灭。

滕守尧（中国社会科学院研究员、中华美学学会常务副会长）：在一个具有浓厚的文化色彩的社会里，人们都很清楚，物质的享受带给人的快乐是极有限的，精神的享受却是无限的。在银行里存有用不完的钱，固然能给人带来快乐，但这种快乐最多不过来自一种安全感；吃一顿美餐，人们感到很满足，但这种满足仅来自味觉的愉快。人们追求物质的丰富，固然可以吃好穿好住好，但这些东西带给人的快乐终究是有限的。高级的和无限的快乐来自文化领域和审美领域。

在文化与经济发展的关系问题上，西方 20 世纪 60 年代的那场文化运动对我们不无启示。20 世纪以来，西方国家已经转变为"公司化的国家"，政府的权力逐渐分流到整个国家的无数公司和组织中。公司化的国家创造了一种对生命充满敌意的文化，一种灾难性的、僵化的、生发焦虑的文化。它用虚假的东西代替了真实的经验，用拙劣的人造品取代自然的东西。比如，用坐在电视机前观看体育比赛代替人们亲自参与体育活动，用方便食品代替亲自烹调的乐趣。电视广告不断刺激人们的欲望，制造虚假的需求，而真正生命的需要却被遮蔽起来。针对这种反生命、机械化的文化现象，20 世纪 60 年代起，以青年学生和知识分子为主体，产生了一种全新的意识，它的主要内容是：消解公司国家强加给个人的种种虚假目标，代之以一种对智慧或精神本身的无限追求过程；把健康和自信的自我作为考虑问题的出发点，把世界看成一个由平等的个体组成的群体，抛弃那些外在的强迫性的人与人的关系；消除任何预设的组织或系统，对所有的可能性敞开。这些追求当然也是值得商榷的，并非拿来就可以为我所用的，但是他们的意图是值得我们深思的。

我们也走现代化道路，但我们一定要远离西方国家在文化发展上的误区。

聂振斌（中国社会科学院研究员、中华美学学会副会长）：我们要看到文化也有两面性。文化作为人类的精神活动，不仅包括意识也包括情感，它有自身的功能，对物质实践有引领作用，它的功能与生产力发展相互影响。教条的唯物主义者忽视文化，没有认识到文化是个庞大的独立系统，它对人本身起作用，进而指导甚至制约着物质实践活动。但我们一定要知道文化的功能是通过人来实现的，离开个体谈文化的功能就虚空了。并且文化也有两面性：一方面人有了文化才成了人，文化可以提升人，让人走向高尚；另一方面人有了文化也可能变得虚伪走向堕落。现代社会有很多人在利用文化谋取经济利益，把人引到物质官能欲望上，而忘了文化的本质目的是要提升人性，使人有理想有高尚追求。因此，文化必须与人本身结合在一起，不能只重视人的知识、意识，还要尤为重视人的情感，文化是人的意识化，也是人的情感化。我们知道科学本身是好的，是为了人类生活得更好，然而利用科学发明武器进行战争就造成了罪恶。文化同样存在这一问题，掌握文化的人如果只看重经济利益或官能欲望，那么就有可能走向恶和堕落。

徐碧辉：所以说从更长远的目标来看，以人为本的文化才应该是一个社会的真正的目的。中华文明之所以能够延续几千年，就是因为它有强大的文化传统，这种文化又是开放性的、胸怀宽广的，所以它能够经受一次次外来文化的冲击，并吸收这些外来文化中的精华。没有这种优秀的文化传统，也就没有中华文明。总而言之，决不能鼠目寸光地把文化只看作一种手段，而忘记了文化本身也是我们建设的目的。

黄裕生（中国社会科学院哲学所研究员）：人们说："一个拥有伟大思想的国家才能拥有伟大的文化，而拥有伟大文化的国家才能拥有不断前进的力量。"因此，如果一个国家或民族想要拥有持久而伟大的力量，那么，她必须拥有伟大的文化，而不能只拥有强大的经济。这等于说，一个要成为伟大国家的民族不能只重视经济而轻视文化，更不能把文化只当作发展经济的手段。任何把文化当作手段的做法都是对文化本身的损害与扼杀。因为文化不以任何其他事物的存在发展为目的，而只以人本身的自由发展、自我完善为目的。就人是在文化中进行自由发展、自我完善而言，我们甚至可以说，文化以人为目的就是以自身为目的。

一个典章齐备、秩序井然、各安其位的社会，孔子赞之曰："郁郁乎文哉！"文化首先就体现在完备的典章法则以及建立在这些典章之上的各种制度。

那么，这些典章法则其用何在？根本上说，一切法则的目的和用处都在于使人过一种真正人的生活。从某种角度说，各种法则都是对人的意志或欲望的约束与抑制，但是这些法则同时也是对人的意志的规定和提升，使人的生活和行动跳出当下的本能欲望，让人的生活意志不仅追求看得见的当下事物，而且追求尚未看得见的未来事物，并且关注曾看得见的过去事物。正是通过法则对我们的意志的规定与提升，从而使我们的生活世界，进入拥有过去、现在和未来三个维度的时间之中，从而进入历史。人不同于其他一切存在物的根本之处，就在于他是一个未完成者，因为他总处在不断的自我理解、自我超越、自我完善当中。历史就是人类自我理解、自我超越和自我完善的一个历程。简单说，历史就是进一步成为人自身的历史。这个历程是借助文化来完成的，因为文化的功用与目的就在于促成人进一步走向更完善的人本身。这意味着，整个历史和文化都是以人本身为目的，而不以任何的别的东西为目的。

林：是的，文化以完善人为目的，不能把文化仅仅看成舞台或谋利的手段。那么从学理上讲，文化的本质是什么？

聂振斌：就本质来讲，文化是精神性的东西，有了文化之后人才与动物有了真正的区别，工具、技术、制度等都是文化的产物而不是文化本身。文化有三种具体表象：首先，文化是客观化了的精神表现，是通过符号载体呈现出来的精神表象，例如书本、观念等；其次，现实层面，文化可以表现为伦理意识、风俗习惯、社会行为；最后，文化存在于人的心理层面，指人内在的意识思维、精神思想。

中国古代对文化最早的解释出现于《易经》："观乎天文，以察时变；观乎人文，以化成天下。"观乎天文以察时变，就是通过观察日月星辰的变化运转来体察自然，这其实属于科学知识范畴；观乎人文以化成天下，就是通过观察人的精神风气、生活方式来施以教化，提高人性，所以文化最早指人文教化。文化这个词在汉代基本形成，文化与武力相对，内部调剂人际关系为文化，强硬的政治征服为武力。中国文化从形成开始就是一种超越的精神活动、思想活动，它以"和"为最高境界。

滕守尧：文化的兴旺发达来自人以非功利心观察自身和世界时从中发现的种种深层特征和性质，当人试图将自己的发现用文字和符号表达出来，将它们传给别人时，便出现了艺术和知识。当这些深刻的观察、发现和传达能力传给整个社会时，这个社会便成了一个有文化的社会。自原始时代到先秦，人对文化之特性和对文化实体的经验已有了千万年的发现、体验和认识，老子在《道德经》中对这种文化特性的阐述则代表了这种伟大认识和体验的高度概括和总结。当老子说"上善若水"时，他把这种特性比作水是相当恰切的。水软，水冷，水趋下，水是世间一切阴性因素的代表，人如果能像水那样对待功利是非，就会变得冷静、容忍、宽恕和能上能下，从而更快地进入文化的领地。

林：党的十七大报告中说："中华文化是中华民族生生不息、团结奋进的不竭动力。"在现代化建设的今天，我们如何推动文化建设，发挥文化的伟大力量？

贾磊磊（中国艺术研究院文化发展战略研究中心主任、研究员）：任何一种思想的形成都不是偶然的，都必须经过一个社会历史的实践过程与文化精神的聚集过程。改革开放 30 年的历史，新中国创建 50 多年的历史，中国共产党成立 80 多年的历史，社会的风云跌宕起伏，历史的巨流循环往复，文化，在中国的大地上经历了一系列的颠覆、批判、革命、反思与重建之后，终于在 21 世纪的中国，从当代学术研究领域里的"高频词汇"变成了国家现实政策与策略中的核心概念，并且进入国家未来发展的宏伟蓝图之中。"提升国家文化软实力"作为党的十七大报告中提出的关于文化发展的重大战略思想，是当代中国文化建设的指导方针，是社会主义文化发展的根本纲领。报告中命名的"国家文化软实力"，并不是一般意义上对文化象征意义的另一种表述，也不是对文化社会功能的简单确认，我们对于"国家文化软实力"的认知应当从报告中确定的文化在整个国家发展战略中的核心地位的角度来完成，应当从文化在历史发展进程中的巨大动力的方向来理解。

我们现在应当于文化艺术领域建立一种文化的共享机制，用能够被不同接受群体所喜爱的感性内容，构筑文化消费的最基本的交流基座，不再从简单的社会政治的角度去对待观众，即不把他们当作国家社会群体里的一般公民来对待，而是要"把他们当作经济实体，当作消费市场的组成部分"来对待，这种对于观众文化身份的定位，就意味着充分地"让他们分享"文化艺术带给他们的快乐，并在这个基础上实现主流艺术样式的普遍文化认同，特别是在流行文化领域建立一种可以与海外同类作品同台竞技的力量，进而使中国大众的文化消费指向，从美国电影、韩国电视剧、日本动画片、中国香港流行音乐的版图中逐渐回到我们本土的文化市场中来，与此同时对主流艺术作品根据受众的审美取向进行时尚化"包装"，并且用传统文化资源与现实的表述题材进行整合，以此来满足不同接受群体的文化消费心理，建构主流艺术样式的文化共享机制。

滕守尧：现代化不仅仅是一种物质和技术性的东西，更重要的是一种人文的东西，是人的更为合理的生存和生活方式，更为完美的人格和人性。一种健康的文化最终是与真善美融为一体的文化。

文化总是从个人开始的，社会要进入文化的领地必须有一个前提：进入文化领地的个人能把自己的知识和对生活之深层意义的感受传达给别人。交换和传播可以使某一个人的一种知识或一种感受很快普及整个社会，使整个社会共享这种知识和感受，从而使整个社会进入更高级的文化的殿堂，但同时也为它带来一个不良后果，这就是：为了传播的需要，那些原来活生生的知识或感受被程式化和固定化了。这样一来，文化一方面容易成为死的东西，另一方面又不容人对其做出怀疑和批评。在这种情况下，就需要有一种巨大的怀疑力量时时冲击它。怀疑精神使文化成为一种能动的东西，缺少怀疑精神则使文化成为一种死的东西。

在一个文化高度发达的时代，知识从来就不等于文化，知识仅有一种无限的潜在性的价值，它是文化的食粮，但不一定能成为一种好的营养品。换言之，知识必须经由思想和想象力的吸取之后，才能变成一种正面价值的东西；它只有被加工之后，才能成为到达最崇高、最快乐之境界的直接手段。文化之道在于无价之价，知识只是人类达到一种目的的手段，这种目的便是文化的人或人的文化的生活。

聂振斌：当今现实中什么是最重要的文化，我认为是教育和学术，教育偏重传承，学术偏重创化。从历史上看，中国比西方更为重视人文学，西方有独立的本体论、认识论和价值论，认识论以科学为主，中国古代本体论、认识论和价值论却是一体的，并且更看重与人们意志情感相连的价值论，"六艺"中礼、乐、射、御、书、数，只有数属于科学，另"五艺"均属于人文学。

总之，文化是精神性的，它包括靠物质载体外化了的精神表象，包括意识形态、风俗伦理、社会行为，包括人内化的思维、心理。凡文化都要和人发生关系，只有与人发生关系文化才能产生意义、价值和作用，因此不论是偏重传承文化的教育还是偏重创化的学术，都要以人为本，加强知性与感性相统一的教育，重视和深入科学与人文学研究。

刘梦溪（中国艺术研究院中国文化研究所所长、研究员）：中国社会正处于社会转型期，其中包括传统向现代转型、计划经济向市场经济转型、社会运行机制与国际接轨。转型期就是过渡期，是未完成式，是一切都处于建构的过程，是"人在旅途"。在这个旅途中，存在许许多多的问题，有人说"现代化是陷阱"，问题是在当今世界，即使是"陷阱"——如果这个"陷阱"可以让中国走向现代化——我们也会毫不犹豫地往陷阱里跳。现代化是几代人的梦想，实现梦想需要代价，正如1991年诺贝尔文学奖得主、墨西哥诗人帕斯（Octavio Paz）所说，是"命定地现代化"（Condemned to Modernization）。中国是被迫放弃自己的模式和传统，开始向现代迈进，这是一个艰难的旅程，中间一再被打断（甲午战争、抗日战争），现在仍然在这个过程之中，只不过看出了眉目，收获了成果。现代化进程中，诸多文化问题也随之出现，文化要走向现代，那么传统呢？走向世界、一切方面都试图与国际接轨，那么自己呢？不能丢掉自己的传统，不能找不到回家的路！社会转型过程中出现的许多问题常常离不开文化的思考，社会的问题在经济，经济的问题在文化，文化的问题在教育，教育的问题在文化，包括师资力量、教育者素质以及教育方式。

中国是一个有着悠久历史文化传统的国家，创造了辉煌灿烂的古代文明与文化，拥有令国人自豪的没有间断的文化传统：先秦的百家争鸣—秦汉的制度文化—唐的多元繁荣—宋的深邃的思想—明代的城市生活—清中叶的学术。然而从清朝中叶以后中国的发展落在了世界的后面，中国传统社会的核心价值发生了危机，20世纪的百年中国是中国固有文化传统的解体和重建的过程，因此一直隐含着、存在着两个真实的问题：第一，如何重新诠释文化传统的价值；第二，民族文化的认同问题。重建传统，就必须重新衡定传统的价值，通过重新诠释使传统得到再生；民族文化的认同问题似乎令人费解——难道作为中国人，对自己的民族文化还要提出认同的问题吗？然而的确存在这个问题，因为清末民初到五四，再到后来，一切都唯西方是举，只知有西，不知有东，中国的固有文化传统严重流失，流失到自己不能辨认自己。

改革开放以来，随着国家经济实力的增强，做了许多重建传统的努力，也取得一些成效。但由于长期与传统文化脱节，似乎一时还不能完全找到与传统衔接的最佳途径。"病笃乱投医""事急乱穿衣"的现象，每每有之。人们看到的大都是比较浅层的模仿或没来由的怀旧，而缺乏民族文化传统的深层底蕴。

传统不是怀旧的情感，传统是生存的必要。至于如何重建传统、应该采用一些什么样的措施，关键在教育，例如中小学课程内容的设置、家庭成员的言传身教、文本的经典阅读、文化典范的保护和开放、礼仪文化的训练与熏陶等，特别是礼仪，它们可以帮助人们恢复对传统的记忆。

但比所有这一切都重要的是，我们要对几千年的文化传统保留一份敬意与温情。

范曾（中国艺术研究院研究员、南开大学终身教授）：我几乎同意上述所有大儒硕彦的关于文化大发展的言说。其中包含着他们的广大慈悲和慕道沉痛，这都是从千百年的悠远记忆中闪出的智者之光。中国社会科学院和中国艺术研究院当然是责无旁贷的中国文化的守望台，而中华民族的文化需要"常思奋不顾身，以殉国家之急"的忠实守卫者。

对于文化人，当下所急之事是什么，我想它所涉及的范围不能仅囿于文化之一事，我们在党的十七大的光照下，正在建设一个理性的（科学发展观）、契约的（健全的法制、行为的准则、荣辱观的判断）和心灵自由的（呵护所有社会公民的符合理性、契约的意志和尊严）社会。我们满怀着一种真诚的渴求，指望着中国成为一个经济大国、科技大国和文化大国。

对传统文化的"热"，或者正是这种渴求的表层反映。然而文化是炒作不起来的，"飘风不终朝，骤雨不终日"，我们曾经历过太多的文化挫折，其结果是文化的失落。因为对待传统的文化，除去细心地呵护它，别无使之繁荣的途径。同时，我内心仍保留着一种神圣之自尊，那就是，中华民族的文化历尽千劫万劫而永葆厥美的原因，是它内质的坚韧。一切万花筒式的粗糙的文化游戏、鄙俗的影视节目、婆婆妈妈的电视剧都有存在的理由，因为我们不能要求所有的人一个晚上都变得高雅起来。但这些东西和我们所追逐的不是一回事。"天而未厌中国也，必不亡其学术。天不欲亡中国之学术，则于学术所寄之人，必因而笃之。"（王国维语）这是一个有良知的知识分子对自己的策勉。

2007 年 12 月

下 篇

守望艺术

洗净胭脂落落梅，天生侠骨倚栏栽。风流极尽汤家曲，画里盈盈欲下来。

——郭汉城观石小梅《拾画叫画》赠诗

著名戏曲理论家、评论家郭汉城先生勤奋一生，著述等身，门下桃李三千，在文化界、艺术界享有隆誉。在逾一个世纪的风雨人生中，先生结交认识了众多人，他们之间或师或友，亦师亦友，山陬海澨，旧雨新知，还有不少书画相赠者，将一段段与郭先生的友情和事业交往，印证在笔墨书画之中。

郭汉城与石小梅：台前忘年　诗里知音

在《郭汉城收藏书画选印》中，有两幅关于昆曲表演艺术家石小梅的作品，一幅为戏画家马得先生所画石小梅为中国戏曲艺术国际学术研讨会演出《牡丹亭·拾画叫画》，另一幅为书法家苏卫东先生所写"郭汉城观石小梅演出《桃花扇·题画》赠诗"。郭汉城说，在与表演艺术家的交往中，他和石小梅接触时间最长，活动最多，而这两幅书画，恰巧一幅记录了两个人的正式结交，另一幅则出自他们志趣相投的戏剧友情。

郭汉城第一次见到石小梅是 1982 年在苏州搞昆曲传习会时，大会为全国代表、各地专家学者组织了一次曲会，石小梅出演《玉簪记·琴挑》，饰潘必正，另一位来自浙江昆剧院的演员王奉梅饰陈妙常。那时她们年轻漂亮，嗓音亮丽，戏扣得紧，珠联璧合。郭汉城看了十分激动，当即作下一首绝句，现在他还记得诗的最后一句——始信江南有二梅。

也是在 20 世纪 80 年代初，石小梅受邀到北方昆剧院教戏，到了北京后，除教课外，她一心想去找郭汉城。可只知道郭先生住在文化部分在红庙小区的房子里，至于七栋楼中到底哪一间才是，怎样找，她一点儿概念都没有。金台路红庙北里是一个新建的小区，没有路，没有树，也没有门牌编码，下雨后满地是水，泥泞难行，她一个挨一个地找，一户挨一户地问，却未能遂愿，可她

123

心不死，第二次再来；第二次又失败，第三次再来。这一次，她找到江苏昆剧院的导演周世宗一起，终于如愿走进了郭汉城的家。

第一次走进郭汉城的家，石小梅的兴奋溢于言表。郭汉城回忆，石小梅当时穿了一条马裤，衣着很朴素，身材高挑，大眼睛，眉宇间透着一股英武之气。郭汉城很喜欢这个客人，又有点惊讶，她三次跑来，却没有具体目的，如此执着，莫非仅仅是如所闻"她喜欢与文人认识"吗？事实并不那样简单。

石小梅是江苏昆剧院的主要演员之一，另一个主要演员是张继青。张继青以"三梦"（《惊梦》《寻梦》《痴梦》）著名，而石小梅的《拾画叫画》《见娘》《看状》《寄子》《游殿》等，在当时社会上也颇有影响。人们称赞石小梅"没有脂粉气"，不仅指她的外形，更是说她的唱有力度、有节奏、有阳刚之美。

1987年，中国艺术研究院举办首届中国戏曲艺术国际研讨会，张继青、石小梅凭借优秀的艺术造诣受邀为大会演出，张继青演《寻梦》，石小梅演《拾画叫画》，反响热烈，尤其一些外国专家，为她们的表演而惊讶、钦佩、喜悦。郭汉城见此很兴奋，即兴创作两首诗。一首送给张继青："月暗花凋为所思，动人寻梦写真时。平生爱听还魂曲，肠断金陵第一枝。"另一首送给石小梅："洗净胭脂落落梅，天生侠骨倚栏裁。风流极尽汤家曲，画里盈盈欲下来。"这两首诗由张庚写成条幅，当场拍照相赠。郭汉城后来谈起此事总不免激动，认为这首诗不但是他独为石小梅写的第一首诗，更是他与石小梅交往的开始。而交往总带有"传染"性，由一份缘，生出更多份缘。一次，石小梅的义父陈啸源先生在石小梅家里看到了挂在墙上的这首诗，大加赞赏，两位老人也就此结缘，陈啸源还把自己的一首诗和一部珍藏的《文心雕龙》送给郭汉城，在北京常有往来。

说起郭汉城与石小梅的艺术交往，不能不提石小梅获得"梅花奖"的演出《桃花扇·题画》。《题画》也叫《后访》，写侯方域第二次到秦淮河媚香楼访李香君，李香君已被阮大铖扣留宫中，未能相见，剧情凄婉，悲剧性很强。这出戏在舞台上早已消失，是由张弘、石小梅夫妇在无可参照的情况下，根据对剧本、人物的理解共同"捏"成，搬上舞台后大获成功，还摘得了"梅花奖"，郭汉城写了两首诗，称赞她精彩的表演：

一

石头寒月照疏梅，
带得江声潮势来。
一曲南朝惆怅事，

桃花扇底有余哀。

二

豪情老去杳无端，
世事于今冷静看。
昨夜江梅清怨绝，
又为兴废一潜然。

这本是石小梅艺术道路上的一件大事，值得庆贺，但石小梅在此之前之后，心情并不止如此。在获"梅花奖"不久，郭汉城收到石小梅寄来的一篇题为《我的老观众郭汉城》的文章，原载于1988年的《南京日报》，文中写道："每个演员都有自己的老观众，这个老字，包含着信任、熟悉和期待。我有一位老观众，他就是中国艺术研究所德高望重的学者郭汉城先生。作为老观众，他对我的关怀是多方面的，其中有一件事更让我终生难忘……"

获奖前不久的冬日里，文化部在北京举行昆剧抢救传承剧目的汇报演出。石小梅的汇报剧目正是《桃花扇·题画》，当剧目选定后，她的心反倒不安起来。演这出戏，石小梅虽然自我感觉良好，但征求意见时却听不到具体批评，回答大多是"不错"，这让她心里没了底。于是到北京后，她特别希望老观众郭汉城能来看《题画》的首场演出，给她"量一量'尺寸'，照一照'镜子'"。可是到临演出前一天，她得到消息：郭汉城因劳累过度，心脏病又犯了。一种不可名状的失落感涌上她的心头。在北京首场演出降下了帷幕，谢幕时，她突然看到戏剧界的两位领导同志携扶着郭汉城先生来到了她的面前，这意想不到的情景使她一下子惊呆了。"小梅，你演得很好，就这么演，要自信，要有信心……"郭汉城向她伸出手说。石小梅紧紧握住先生的手，顾不得卸妆，穿着戏衣，噙着泪一直把他送到剧场门厅，当郭汉城走下台阶返身向她挥手时，借着场灯，她看到先生的一头银丝下，脸比以前更清瘦，只觉得喉咙口微微发烫，眼前的一切渐渐模糊……

这件事使郭汉城对石小梅有了进一步认识。他们之间的交往没有虚荣，没有世俗功利，只有艺术上的追求，和共同精神理想下促进彼此交往的执着，也就是石小梅文中提到的那份"信任、熟悉和期待"。

世界上的万事万物，其发展总是曲折的、起伏的，没有平坦的、直线的。石小梅在艺术创作成功的激动、兴奋、喜悦，渐渐被空虚、茫然所代替，今后的路怎么走？好像在大海中无边无际、没抓没挠似的。石小梅把这种矛盾的、痛苦的、在成功后突然袭来的思绪，写信告诉给了郭汉城。郭汉城回信给她说，产生这种思绪是正常的，是艺术创作上永不满足的表现，没有这种不满足，艺术发展就停止了。同时鼓励她，要克服这种消极影响，创作出更好的作品来。事实果如郭汉城所料，经过较长一段时间后，郭汉城再次接到石小梅的来信，字里行间溢出的情绪与之前一封信大不相同。信中石小梅说，她要排演全本《桃花扇》，张弘已经写出了剧本，这个剧本最大的特点在《桃花扇》总收之笔《余韵》一折，既不同于原著主人公双双入道的结局，又与其他改编不同，希望能够得到郭汉城的鼓励。改编原著《桃花扇》的压力不是改编一般明清传奇可以想象的，此剧本身脉络线索极为复杂，一一厘清已非易事。之前戏剧家欧阳予倩出于抗战需要改写了原剧，侯方域投降清朝，李香君愤慨而死。这个新剧版本广泛被电影、话剧和京剧搬演，故而《桃花扇》的原貌已少有人问津。

后来，石小梅、张弘带着改本《桃花扇》，来到了郭汉城的家。由于家里房间不多，郭汉城就把自己和老伴儿的一间腾出来给石小梅、张弘住。郭汉城很同意改本《余韵》一折的悲剧结局，即侯方域入道，李香君没有入道，两人在道观前失之交臂。他认为改本使李香君没有入道，给人留一点"故国之思"，是积极的，也是可能的。

对于侯方域，历来看法不同，自然会影响文艺形象的塑造。郭汉城是不同意把侯方域写成没有民族气节、最终投降清朝的。最重要的证据是与侯方域同时的吴梅村的看法。吴梅村是明末清初著名诗人，与钱谦益、龚鼎孳并称"江左三大家"，又为娄东诗派开创者，他有一首《怀古兼吊侯朝宗》：

> 河洛风尘万里昏，百年心事向夷门。
> 气倾市侠收奇用，策动宫娥报旧恩。
> 多见摄衣称上客，几人刎颈送王孙。
> 死生终负侯嬴诺，欲滴椒浆泪满樽。

诗中借"窃符救赵"的历史故事，说自己曾与侯方域有约，明亡后不做清朝的官，以表示不忘故国。事与愿违，清朝政府为了收买汉族文人，强迫他们出来考官。被迫应试时，侯方域草草了事，终未做清朝的官；吴梅村则顶不住清政府的压力，做了清朝的官，成了终身遗恨。他感到愧对老友，在人生道路上留下了永远洗不去的耻辱，因此悲痛地写下"死生终负侯嬴诺，欲滴椒浆泪满樽"。如果侯方域真是个民族变节分子，这位以"冲冠一怒为红颜"的诗句讽刺引清兵入关的民族罪人吴三桂的诗人，怎会如此曲为掩护。还有一件事，吴梅村死的时候，嘱咐家人在墓碑上什么也不要写，只写"诗人吴梅村"五字，这五个字也可以看作他"百年心事"的另一种表现。所以郭汉城欣赏张弘、石小梅对《桃花扇》的改编，认为它尊重历史、尊重古人，也尊重原著《桃花扇》的现实主义精神，不对侯方域过分责罪，也不曲意加以美化，改本使李香君不入道，用形象对比衬托出侯方域的不足，是一种合理的发展。

大概是除夕前一日，石小梅、张弘要回南京，郭汉城为他们送行，并写了一首诗，祝贺他们改编成功，希望他们排演出彩：

> 且尽临行酒一杯，
> 江南岁暮欲催梅。
> 暗香自爱秦淮好，
> 还向波涛阔处开。

此诗最后一句曾引起夫妇两人的一些议论、猜测，其实郭汉城所言，主要指侯方域形象塑造上的变化，使《桃花扇》的爱国主义精神得到了弘扬和拓展。

评价一个戏，光看剧本是不够的，更要看舞台演出。《桃花扇》到北京上演后，郭汉城觉得总体效果与剧本创作意图基本相符，有的地方还很精彩动人。如《沉江》一折：南京城破，侯方域逃到江岸，看见史可法死了，支撑明朝的"左、史、黄"三根支柱的最后一根折断了，也就此折断了侯方域心中的精神支柱。他立身江边，四顾茫然，当远处道钟的钟声在夕阳中响起，他感悟到人生的空虚、无奈，决定跳出红尘，了结余生。这出戏被石小梅演绎得惟妙惟肖，真实感人。可是，接下来《余韵》一折，郭汉城与石小梅在处理上产生了分歧。郭汉城觉得，在道观前侯方域与李香君失之交臂的时候，侯方域反应冷静，看不到情绪的波澜，心理上出现一片"空白"。可石小梅认为"空白"也是一种艺术表现手法，可以刺激观众的想象，起到"此时无声胜有声"的作用。虽然郭汉城在当时指出了问题所在，却也没有想出一种补救"空白"的表演方法，所以未能深入讨论。

不想 20 年后，2014 年石小梅应北京大学邀请演出《桃花扇》时，《余韵》一折大不相同。戏还是门里门外的戏，但情绪表现一反从前，侯方域仍没有走出道观，却感受得到他强烈的自我压制。当听到李香君、苏昆生离去的时候，侯方域走出门外（台前），无限深情地望着远处，掏出二人过去的信物，举起端量，两手贴在胸前，信物从手中滑落，大幕渐渐合上。

看到这里，郭汉城心里不禁大声叫"好"，这是神来之笔，不但让观众重新经历了这对恋人在风尘苦旅中建立起来的忠贞爱情，也在悲剧人物侯方域的身上抹出一道"亮色"。他感慨地说："别看仅有几分钟的戏，却是石小梅用了几年的时间寻找出来的答案。这个答案不仅说明石小梅在与人交往中的艺术追求和真诚执着，也教育我对'中国戏曲的内心刻画必须找出最好的程式化表演的外在形式'这一规律特点，有了更自觉的认识。"

郭汉城看石小梅的戏，必有赠诗，这次他写了一首《浣溪沙》：

黄鹤不归何处游。
傍山日落俯奔流。
秦淮河上小清幽。

生死情缘结今古，
雷梅潮势涨石头。
江山余韵足千秋。

上片三句，第一句指黄鹤楼，第二句指鹳雀楼，第三句指媚香楼。前两楼起兴，引出媚香楼入正题，三楼风格各异，但都寄托着人们美好的愿望。下片歌颂《桃花扇·余韵》，把侯方域、李香君的生死情缘与今人的思想情趣在审美中结合起来。

因为同样拥有高尚的人生向往和不舍的艺术追求，才有了郭汉城与石小梅这段忘年之交、戏剧之交和诗歌之交。

2019 年 9 月

戏曲艺术是综合艺术，是集体艺术，它的提高必须是全面的提高，但是无论编剧、导演、表演、音乐、舞台美术等方面归根结底都要依靠人才，所以中国戏曲的复兴根本任务在于提高戏曲工作者的文化素质和艺术修养。

——刘厚生

中国戏曲是中国文化重要组成部分之一，在世界剧坛上独树一帜，具有鲜明的民族特色和审美特征，是华夏文明的瑰宝。然而，在当代社会生产和生活形态极大变迁的背景下，这种古老的艺术形式出现了种种令人焦虑的复杂情势。习近平总书记在文艺工作座谈会上指出，中华优秀传统文化是中华民族的精神命脉，是涵养社会主义核心价值观的重要源泉，也是我们在世界文化激荡中站稳脚跟的坚实根基。我们要结合新的时代条件传承和弘扬中华优秀传统文化，传承和弘扬中华美学精神。那么，作为体现千年传统文化、审美趣味，再现中华美学精神并延续至今的重要载体，中国戏曲应该如何抓住机遇、迎接挑战？对此，一生情系中国戏剧事业、95岁高龄（2017年）的著名戏剧评论家刘厚生先生给出了诸多创建性思考。

刘厚生：中国戏曲发展的困境与对策

一、中国戏曲的现状与危机需要从社会角度历史地看待

林琳（以下简称林）： 您认为中国的民族传统戏曲存在哪些令人忧虑的现实问题？

刘厚生（以下简称刘）： 戏曲的具体化是剧种。戏曲剧种中，京剧作为全国性大剧种，虽然现状比它从前繁盛高峰时期业已大为衰落，问题不少，但仍然实力较强，艺术比较成熟，观众基础较厚。昆剧作为有全国影响的"百戏之师"的古老剧种，近些年情况较好，但也有着自己特殊的问题。这两个剧种现在都已进入联合国"非物质文化遗产"队列，受到国家的特殊照顾。关于对它们的忧虑，需要单独探讨。当前更应当关注的是广大的地方戏曲剧种。

　　首先，地方戏曲剧种剧团大量衰减，剧团体制混乱，优秀剧目和优秀演出渐少。20世纪50年代中的第一次统计显示，地方戏有360多种，其中大多数剧种积累了相当数量的剧目，出现了或多或少的代表性艺术家，广受群众喜爱。新中国一开始，党和政府就给予了特殊的重视：三年之间，建立了一个负责戏曲工作的政权机构戏曲改进局（后并入艺术局），建立了一个国家级的中国戏曲研究院，举行了一次全国戏曲工作会议，发布了一份由周恩来总理签署的政策文件《政务院关于戏曲改革工作的指示》，举办了一项全国第一届戏曲观摩演出大会。全都是中国历史上的第一次，称得上是宏伟的"五个一工程"。由此地方戏受到普遍重视，发掘整理、改进，全面开花。一直到"文革"前的17年，可以称为戏曲——特别是地方戏的黄金时代。

　　"文革"后，地方戏曲伤了元气，观众断了层，一到改革开放新时期，国门打开，社会环境大变，文艺竞争激烈，许多地方戏剧种迅速衰落下来。不仅剧种减少，更严重的是剧团数量大减。同时，为了适应社会经济发展，剧团体制变化频频。有国办、集体办，主角承包，家庭承包，老板制，演艺集团，剧团公司，不同剧种的剧团合并组院，委托大型传媒代管，等等。这种混乱不仅拖了艺术创作的后腿，显然已引起地方戏工作者的惶惶不安和实际困难。

　　林：也造成了人才流失？

　　刘：是的。主创人才流失，尤其是优秀剧作家流失严重。"文革"以前，稍大一点的地方戏各剧种剧团都有自己的专业作者，或整旧、或创新，为自己剧团剧种服务，现在大都转向电视连续剧了。导演情况差不多。地方戏音乐家本来就是稀缺资源，现在更是凤毛麟角。

　　从前戏曲剧种表演人才主要来自两方面：一是艺人子弟，世代相传；二是剧种学校或剧团招生培养。现在两方面都出现了生源紧缺状态。家长很少有愿意自己的子女花几年时间吃苦练功，能够出类拔萃的很少，即便成材，工作也难找，即使有了工作，收入远赶不上歌星、影视明星。一个剧种或剧团，上游缺少生源，下游缺少观众，如何能办得下去。

　　人才缺乏，且地方戏工作者文化素养平均水平不高，直接影响了地方戏的艺术竞争力。这是一项集中性的忧虑点。所谓艺术竞争力，大体上是指剧种艺术成就的历史积累，全体创作人员的艺术水平，特别是主要剧作家、艺术家们的艺术功力、创造性和艺术见解，乃至整个剧种剧团的艺术风格、作风，等等。而所有这些，又必须能够适应其所生存的时代与环境，能够同其他艺术样式争夺观众。有了强大的同生态环境相适应的文化底蕴和艺术竞争力才有生存权。

二、地方戏曲的根本出路在于自强自立

林：针对这种不容乐观的发展现状，有专家认为，今后二三十年是中国一二百种地方戏生死攸关的关头。在这种关头下，您认为地方戏曲应该如何迎接挑战？

刘：不是危言耸听，面对全球化文化浪潮的竞争、挤压，今后二三十年是地方戏生死攸关的"最后关头"。一种可能是再度振兴，成为社会主义民族文化的重要组成部分，迎接未来；另一种可能是越滚越快的滑坡路，走向博物馆艺术。

面对这一态势，地方戏曲要树立自强自立的发展精神。2013年，文化部发布了《地方戏曲剧种保护与扶持计划实施方案》（以下简称《方案》），表明了文化领导部门对地方戏曲当前严重情势的真切关注。我认为，这个《方案》应该是1952年政务院《关于戏曲改革工作的指示》发布以来，60多年中关于戏曲工作最重要的文件之一。

一般来说，地方戏曲剧种舞台艺术和经营运作的繁荣发展，需要三方面的努力：一是党和政府的正确领导，二是各种社会力量的支持，三是各个地方剧种工作者的自身奋斗。文化部发布的《方案》，高度肯定了地方戏曲剧种的文化价值、历史地位和群众影响，明确提出保护与扶持地方戏曲剧种的指导思想和基本目标，更具体规定了多项主要措施。这些措施对地方各级文化领导部门和地方剧种剧团来说，都是切实可行而且必须执行的。这样才能保证《方案》的有效性。

不久前，在习近平总书记主持召开文艺工作座谈会一周年之际，中央政治局审议通过了《中共中央关于繁荣发展社会主义文艺的意见》（以下简称《意见》），新华社又全文发布了习近平总书记《在文艺工作座谈会上的讲话》（以下简称《讲话》）。《意见》和《讲话》深刻阐述了文艺和文化工作的地位、作用和重大使命，《意见》中明确针对戏曲工作提出，要实施地方戏曲振兴计划，挖掘整理优秀传统剧目，推进数字化保存和传播；推进基层国有文艺院团排练演出场所建设，政府采购戏曲项目，提供公共文化服务，推进戏曲进校园；扶持中华文化基因校园传承工作，建设一批中华优秀传统文化教育基地。党和政府对文艺工作的重视，给了地方戏曲发展更有利的环境。但是，问题的核心还是地方戏曲工作者的自强自立、谋求发展出路。

林：对此您有哪些建议？

刘：对于地方戏，最高理想应该是成为全国性剧种。有例在先，京剧、昆

剧就是由地方戏发展而来。但是京昆先天条件特好，比如语言易懂、音乐好听、剧目繁多等，机遇相对更好，其他地方戏未必都能做到。另外，要成为流行较大地区的大地方戏，不少地方戏做到了。无论是单声腔还是多声腔都有可能，如秦腔以陕西为根据地，出入于甘宁新青广大西北地区；如豫剧占领河南全省，并在陕晋冀鲁等地都有影响。如川剧、评剧、越剧、粤剧等都是如此。不过应该说明，现在所说"流行"，恐怕很难像过去那样一个剧种到外地落地生根，而是说能够经常到外地巡演。这是因为今天的交通条件大不相同了。

中小地方戏发展成大地方戏，多能坚持自我，又善于吸收外来因素。尤其是地方音乐、特色声腔在发展过程中要不断适应较大地区的情况，不断丰富、提高，如豫剧出现了豫东与豫西的大同小异。越剧如果坚持原始的小地方性，就只有绍兴嵊州的吟哦调等几个简单小调，《卖婆记》《相骂本》等几个小戏，由于广泛吸收，自我改造，它的小地方性扩大成浙江甚至江南的大地方性，它的艺术共性则可以同昆剧等古老前辈交流互补。这是这类地方戏的一条成功之路。

再一条可走的是剧种合流之路。有不少地方戏，语言基本一致，音乐同属一种声腔，基本剧目通用，表演样式相近，流行地区相邻，比如南方某些省份的采茶戏、花鼓戏、花灯戏、滩簧戏等，在我看来，是可以在一定条件成熟时进行合流的。如果只因某些极少的差异，或者为了表示"我这个地方有我自己的剧种"，坚持独立，应该说是一种保守思想，若是戴个帽子，或可称为地方主义。山东的拉魂腔、江苏的淮海小戏和安徽的泗州戏实际上是同一种地方戏，只因分处三省，叫了三个名字，成为三种地方戏。作为新兴剧种的吉剧、龙江剧等，都是二人转的提高发展，为什么不能算作一种地方戏，非要各自独立呢？有些古老大剧种，在流传过程中形成几个分支，可以称为地方流派，现在却成为独立剧种，比如蒲剧、晋剧、雁剧、上党梆子都是山西的，都是梆子系统，语言相差不大，现在分别自立门户，虽是历史造成的，也不妨从发展角度考虑考虑。类似的还有吴语地区滩簧系统的沪剧、锡剧、甬剧等。还有某些地区，有古老大戏剧种，也有民间小戏，语言完全一样，只因声腔系统渊源不同，年龄不同，分为两种。联想到京剧既演袍带大戏，也演《小放牛》《小上坟》《一匹布》等小戏，联想到川剧的灯戏与昆高胡弹同为组成部分，为什么湘剧同花鼓戏、赣剧同采茶戏就不能同台演出，同室合住？

中国戏曲300多种，力量分散，交流难，艺术易保守，不易形成合力。如果经过一定步骤，经过实验，由少到多，某些剧种合流，其成果是，剧种少了但没有消亡，剧种的剧团多了，队伍大了，剧目丰富了，音乐表现力强了，演员可以互通互用，小的地方性发展成大地方性，小地方戏成为大地方戏，有困难时互助的机动能力增加了。我不觉得我的这些想法是虚妄难行的。戏曲剧种史早已证明多个剧种是在不断裂变或聚变中分化改组的过程中发展提高的，近代的明显例证就是川剧，现代的明显例证就是越剧。

剧种地方性是由地方（或大些说地区）的社会经济文化凝聚提升而来，各个地方的经济建设、风土人情、交通来往诸方面的原有地方性都在或多或少或快或慢地发展变化，作为上层建筑的地方戏当然要与时俱进。例如上海，我听说现在沪剧招学生，很多青少年已说不好标准上海话。我听到许多上海人同上海人说话时，确实常常沪语夹杂普通话或普通话夹杂沪语。

剧种合流应是漫长过程，不是行政命令即可解决，不妨作为剧种发展问题争鸣讨论。如果这个想法可以成立，则有两方面的工作可做应做。一是，实验是必不可少的。政府不能下命令合流，但政府可以从思想上经济上帮助和鼓励某些有条件的剧团，比如国办大院团，有计划地具体实验。失败了帮助总结，成功了逐步推行。在此基础上形成政策，积以时日，用上多少年的努力，应该会有所成就。二是，同时提倡地方戏院团在自己力所能及的范围内进行小规模的润物细无声的实验。当年越剧吸收绍剧曲调，并不大张旗鼓，只是不声不响地认为适合，拿来就用，丰富了越剧的音乐表现力，现在已成为常态了。

林：在剧种合流之路上，关键的要素是什么？

刘：剧种的主要艺术家（一般是主要演员，也可能是导演、剧作家、音乐家）在这方面负有重大责任。主创人员都是艺术上的权威人士，他们如果思想解放，愿意带头实验闯关，以他们的权威地位和艺术能力，就可能做得更好，高朗亭、程长庚之于京剧，成兆才之于评剧，康子林之于川剧，袁雪芬之于越剧等前辈大家的业绩说明，一个剧种的领军人物在条件基本成熟时登高一呼，身体力行，剧种和艺术就会迈一大步，登上新的高度。应当看到，现在许多剧种不少知名演员，都能演唱姊妹剧种曲调并作为一种资源引来为我所用，早已不足为奇了。有文章曾经报道三种地方戏合演一出剧的情况，我觉得这都是一种迹象，表明地方戏发展的某种思路在萌动。我看过一份材料，曾有人向梅兰芳、程砚秋请教，昆曲咬字吐音应该用中州韵还是偏重苏州土音，梅、程都认为应以中州韵为标准，有利于昆曲推向全国。俞振飞更指出，他父亲俞粟庐就要求念中州韵，反对用苏州的土音。有人主张多用苏音，反而不是传统正宗了。于此我想到，昆曲敢于舍弃苏州土音这个重要的地方特性，改用中州韵，但坚持音乐特性和艺术风格特性，是昆曲成为全国性剧种的关键所在，很值得深入研究。

当然，我并不主张现在就制订一个计划，让地方戏在三五年内纷纷合流。那样做是不可能的。地方戏剧种情况复杂，有不少剧种都有特殊问题，只能用不同方法解决。我也不认为某些地方戏合流是万应灵丹，是"一卡通"。前面提到，所有戏曲的发展，最终只能是艺术实践和实验，即拿出优秀剧目，培养出优秀主创人员，出人出戏，人戏互动。某些地方戏合流，应有助于优秀剧目和人才的出现而不可能代替优秀剧目的创造。因此，当前还必须对那些弱势剧种包括新兴剧种给予应有的特殊的多方面照顾。不仅不能行政命令合流，也不能行政命令企业化。

林：在地方戏曲发展上，很多人认为"非遗"是利器或保障，您怎样看？

刘：现在地方戏诸多剧种中已经出现一种分化，即有100多个剧种成为非物质文化遗产，其余剧种则不是。"非遗"的剧种受到特殊保护，建立传承人制度，很明显是不使其消亡灭绝，那么非"非遗"是否就听其自生自灭呢？即使"非遗"剧种，据说各地之照顾也很不相同，基本上就有真照顾与假照顾之别。可以说，所有地方戏，大的、小的，兴的、衰的，"非遗"的、非"非遗"的，一个共同的问题就是应有一个全面的完整的剧种政策。

提高发展地方戏曲，出人出戏，扬眉吐气，归根结底只能是各剧种工作者当仁不让、义不容辞的责任。政策是必需的，支持是必要的，帮助是欢迎的，但如果不自立自强，一切都是空话。因此，要走出当前的困境，每个剧种的从业人员都应树立责无旁贷、"命运在我手中"的自强自立精神。不能一味依靠"申遗"。

三、中国戏曲的复兴发展应该标本兼治

林：您曾说，在今后相当长的一段时间，中国戏曲的历史任务应是走上标本兼治全面提高之路，即在每一部戏上下功夫，提高整个队伍的文化素质和艺术修养。在戏曲队伍建设和优秀剧目创作方面，您有哪些建议？

刘：戏曲艺术是综合艺术，是集体艺术，它的提高必须是全面的提高，但是无论编剧、导演、表演、音乐、舞台美术等方面归根结底都要依靠人才，所以中国戏曲的复兴根本任务在于提高戏曲工作者的文化素质和艺术修养。在戏曲人才培养和队伍建设方面，第一，我希望有关单位制定一个提高戏曲工作者文化水平的规划，如果困难可由各省市分担。号召戏曲工作者学好几门必修课，如中国简史、中国文化艺术简史、中国戏曲史、文艺概论，还要学习社会科学常识、世界大事和世界戏剧大体情况，规定几种必读典籍，熟读几十首古诗词散文等，中层以上人员必学，主创人员应要求更高些。自学为主，各地各单位

（如剧协）协助办一些讲座、研讨会等。第二，加建几个戏曲高级院校，扩大本科、研究生班招生，培养高端人才。一些有规模条件的中专戏校也可试办某种高级班。第三，在戏曲院团、剧团中，要有负责文化学习的专职领导，大力帮助主创人员提高文化水平，特别是初露头角的年轻主创人员，帮助他们向高水平创作人才发展，这是提高戏曲艺术的重大举措。第四，中国剧协所办各种专题短训班应继续办好，改进扩容。

对于戏曲传统剧目，新中国成立初期曾提出"整旧"任务，整理出不少优秀剧目比如《杨门女将》《白蛇传》《梁祝》《西厢记》等，还有许多折子戏，都成为保留剧目延演至今。整旧的工作有很多好处，比如：资源丰富、大有可挖；整旧的过程本身就是向传统学习的过程；整旧并不容易，但比原创终是有一定基础；增加演出剧目，减轻剧团乱找新戏负担；等等。我希望今后戏曲评奖中有一个"整旧奖"。

我建议各个有丰厚传统剧目和优秀新戏的大剧种，都可建立"剧种代表剧目"制。不少古老剧种原就有诸如湘剧"八大记"、川剧"江湖十八本"、梨园戏"十八棚头"等说法，年轻的越剧业已有《梁祝》《西厢记》《祥林嫂》《红楼梦》四大代表作的共识。代表剧目是剧种的光荣，是剧种的名片。多演出可以取得观众信任，也提高观众对民族优秀文化的认识。不仅传统剧目是公共财产，任何剧种剧团都能演，就是新改新编的优秀剧目也应积极推广移植演出。另外，推广优秀好戏，扩大戏曲影响，组织巡回演出也是传统有效方法。这也是剧种交流互学、剧团开阔眼界所必须做的。

林：中国戏曲是传承和弘扬中华优秀传统文化的重要载体，在振兴和发展中国戏曲的道路上，戏曲理论研究及评论工作应该有怎样的担当？

刘：早在1951年，新中国诞生不到两年，国家就建立了中国戏曲研究院（今中国艺术研究院戏曲研究所），东北、西北、华东等大区也都陆续建院，几乎所有省市都有了自己的研究所或研究室。20世纪50年代中期，戏曲史论研究之风大盛，成就显著。但是近些年来，随着戏曲整体逐渐衰落下滑，戏曲研究只有少数力量还在苦战，大部分都已边缘化了，这是十分危险的事。戏曲百年兴衰有大量理论问题亟须研究。比如袁雪芬多次提出的中国戏曲表演体系问题，比如张庚、王元化两位权威专家对戏曲根本特征有不同观点问题，比如新环境中戏曲观众的审美观念发展、改变问题，比如探讨社会力量对戏曲的作用和戏曲如何适应新的社会生态环境等戏曲社会学问题。当前戏曲不景气状态更需从理论上追寻原因，今后走什么路、如何振兴，更应有大型讨论，如今理论学界远没有发挥出应有的作用。

现代人们思想认识日新月异，戏曲许多剧目评价、审美观念以及历史认知等，常是言人人殊，各领风骚三五年。这也许是百家争鸣的气象，但我觉得戏曲艺术的若干基本原则还应肯定是我们的主流。为人民服务、为社会主义服务的方向，是不能更改的。对传统的批判继承、加工改革、创新发展的基本政策是应该贯彻的；传统剧目、新编历史（或古装）剧和现代戏的三者并举是必须坚持的；真实地反映生活，探讨人生和社会价值，以人为本，培养人们思想情操的现实主义道路是必须提倡的。戏曲评论工作者、戏曲理论工作者需要坚守这些"底线"，为推进中国戏曲事业发展发出声音、献计献策。

2017 年 3 月

附文

刘厚生：一生情系中国戏剧

2015 年，94 岁高龄的著名戏剧评论家刘厚生先生回想起当年参加抗战戏剧活动的情景时，内心中仍然激荡着火热的爱国情怀。那是一个硝烟四起的年代，也是中国戏剧欣欣向荣、蓬勃发展的时期。

九一八事变爆发后，年轻的剧作家田汉很快在上海写出了独幕剧《乱钟》，舞台上东北大学生与日寇战斗的义愤填膺，点燃了台下无数热血青年的斗志。那年，10 岁的刘厚生在父亲去世后，随母亲和姐姐投奔兄长，移居中国左翼戏剧家活跃的上海，与戏剧的缘分像种子一样落进了泥土里。

正是在抗战戏剧如火如荼不断出新的上海，刘厚生第一次接触了戏剧。读初中时，一大批抗日戏剧相继出现在舞台上，会说北京话的他，幸运地被一位老师和一个同学带着，看了不少著名剧团的话剧，一下子迷上了业余剧人协会的《大雷雨》《钦差大臣》。

喜欢上戏剧的刘厚生，原本对未来没有做任何打算，但准备报考高中时，家里没钱，上不起好学校，正巧一次去南京，在马路边看见一个国立戏剧专科学校在招生，不收学费，就去报了名，于是不期而遇地与戏剧结下了终身情缘。

南京国立戏剧学校是当时唯一的一所戏剧专科学校，也是中国当时的戏剧最高学府，校长是著名戏剧家余上沅，拥有最一流的师资力量。可没等报到，卢沟桥一声炮响，随即南京失守，国立剧专迁至长沙。刘厚生进入国立剧校学习不久，学校再次从长沙转移到重庆，那时，沿海大批戏剧人也汇聚于此。

1938年10月，重庆举行首届戏剧节，各话剧单位联合演出了由国立剧校老师曹禺与宋之的合作的《全民总动员》，导演应云卫也曾供职于国立剧校，组织了包括重庆几乎所有优秀演员等200多人参加工作。这部戏上演不久，刘厚生由同学方琯德介绍加入了中国共产党，一面学戏，一面做起了党的工作。

戏剧家转移到后方，演戏多了。中国第一届戏剧节上，25个戏剧单位各自上演剧目，特别是还举办了每张票只卖五分钱的"五分公演"，大大吸引了市民观众，对话剧基础不厚的重庆和大后方的抗战戏剧产生了重要影响。年轻的刘厚生就在学校的剧团里工作，做群众演员、当剧务、跑龙套，接触过的剧目有吴祖光的处女作《凤凰城》、洪深的四川方言话剧《包得行》、阳翰笙的《塞上风云》、于伶的《夜光杯》、夏衍的《一年间》、陈白尘的《群魔乱舞》、老舍和宋之的的《国家至上》、曹禺的《蜕变》等，一演出，观众就很多。

后来，重庆遭到轰炸，国立剧校被迫迁到四川省江安县，刘厚生担任起学校地下党支部委员。毕业后，刘厚生留校做了半年助教，竭尽全力与中共江安县委地下党组织做好联络和统战工作，在短时间内迅速恢复学校的教学、生活秩序，与江安县抗敌后援会、戏剧协社等群众组织密切配合，坚持排演抗战及进步戏剧，积极投入抗日救亡运动。

他同方琯德、蔡松龄等党员学生动员教师张定和教员金韵之、进步学生李恩杰等积极排演街头剧和流亡三部曲，组织学生到街头演出，募集寒衣捐献给抗日前线的战士，还作为第三届毕业生，参加了反封建剧《以身作则》的公演。"那大成至圣先师鼻子底下（指江安文庙）的舞台，在他耳边两间简陋的教室和他身后的图书馆"都是刘厚生难以忘怀的。他几乎天天要去那窄窄的烟巷子，到城中心的十字路口，一望就可以看到四座城门，还有那躲警报的南城外红佛寺，北门外的竹器街，小木船摆渡……一切像眷恋儿时故乡那样常萦回在他的心头。

在江安的岁月是他的成长历程中最丰富的一段：授课上名师荟萃，演出上从莎士比亚经典之作到学生的习作剧稿，古今中外。虽然生活艰苦，吃"八宝饭"，点桐油灯，但弦歌之声不绝，读书风气很盛。学校举行"实物公演"也是一道风景，实物公演就是凭物看戏，来的人不少是农民，或拎一大块猪肉，或提一篮鸡蛋，或背一筐蔬菜以及其他各种食物，与其说他们对看戏有兴趣，不如说更是他们对青年娃儿的关爱。

两年半后，国统区的革命党人发现，每年的秋冬，重庆有雾，飞机来不了，可以趁机演戏，等天一热，飞机来了，再停演下乡。于是，刘厚生辞去学校的职务，到重庆参加了由熊佛西、张俊祥主持的中央青年剧社。其后的几年，国民党加强反共，集中在重庆的大量戏剧名家被迫疏散，不少人去了中国香港，还有些去了桂林、昆明等地，戏剧力量有所减弱。但是留在重庆的剧人，依然在奋斗。这一阶段，刘厚生先后在重庆、成都、上海等地的话剧团体任演员、剧务、导演等职，认识了很多人、很多老师，结下了一段段珍贵的友谊，也更加明晰了一个革命戏剧工作者肩上的社会责任。

戏剧是要为抗战服务的，但不能认为，只有直接表现抗日战争的现实题材才是为抗战服务，戏剧的根本意义原应该是真实地反映多方面生活。刘厚生在思想上对戏剧有了新的认识，他认为，不仅直接表现抗战的戏是为抗战服务，凡是以先进思想和真实形象表达爱国主义、人道主义，鼓舞人们向上、追求真善美、反对假恶丑的戏都是为抗战服务。揭露和批判日寇是为抗战服务，而揭露批判统一战线内部的阴暗面或反动人物，甚至揭露进步阵营内部的某些不良倾向和落后人物，当然也都是为抗战服务。那些写批判旧社会，批判腐朽人物和思想，鼓励与旧社会旧礼教决裂，争取光明前途的青年的戏，也对抗战胜利有积极的作用。重庆当时剧坛上这方面突出的作品逐渐增多而且水平很高，比如曹禺的《北京人》《家》，老舍的《面子问题》，郭沫若的《屈原》《虎符》，吴祖光的《风雪夜归人》，沈浮的《金玉满堂》，以及英国和沙俄作品《哈姆雷特》《大雷雨》《钦差大臣》等。这些优秀新作加上继续原创和复演的抗战题材作品，如夏衍的《法西斯细菌》、于伶的《杏花春雨江南》等构成了重庆乃至大后方不少城市戏剧舞台的风景线。

这几年中抗战戏剧的成就在中国戏剧史上无与伦比，也使刘厚生有机会接触到了整个蒋管区戏剧运动的领导者周恩来。抗日战争后期，他曾多次来到重庆曾家岩五十号的"周公馆"，聆听周恩来的讲话和指示，实际上那里也是蒋管区进步文艺界的司令部。抗战胜利后，蒋管区的办事处搬到了南京，但在上海也设立了一个周公馆。

这时，上海以袁雪芬为代表的越剧人为了适应时代的要求开展了艺术革新运动。1946年，他们在进步文艺工作者的支持下，演出了由鲁迅原著《祝福》改编的《祥林嫂》，取得了轰动性的社会效应。越剧界追求进步的现象引起了上海戏剧界地下党领导人于伶等人的重视。国共和谈破裂、中共代表团撤离前夕，周恩来在中共上海办事处举行文艺界座谈会，讲解形势，会后留下于伶和刘厚生，在思南路的周公馆，三人进行了一次深入的长谈，正是这次谈话改变了刘厚生后来的事业重点方向。

周恩来那时指出党应当关心越剧和其他戏曲剧种的问题，指示应当选派和动员一些党员和进步人士深入戏曲剧团，帮助、引导他们逐步走向革命道路。

在这种情势下，刘厚生于 1948 年底接受了袁雪芬雪声剧团的邀请，担任了雪声剧团的导演和演出部主任，先后为雪声剧团导演了《万里长城》《李师师》两个戏，并以之迎接上海的解放。从此，他将工作的重心转向了民族戏曲。

其实，话剧出身的刘厚生此前对戏曲并不熟悉，幼年在北平大约只随大人看过两次京戏，跟没看差不多。从事了话剧工作，更是满脑子希腊悲剧、莎士比亚、斯坦尼斯拉夫斯基，以及《雷雨》《日出》等。参加了地下党也只是梦想将来有一个公平合理的社会，能建设如莫斯科艺术剧院那样的团体，如此而已。传统戏曲，连轻视也说不上，只是不看、不懂、不喜欢，就记得鲁迅说的"咚咚喤喤之灾"。

然而，命运领着他撞向戏曲。1946 年上半年，上海的反动当局为了加强法西斯统治，先是要提高演戏的"娱乐捐"，由原先票价的30%提高到50%，接着又要办"艺员登记"：所有戏剧演员都要同歌女舞女一起登记领证，挂上一枚"桃花章"。这引起了整个戏剧界的公愤，党的地下组织发动群众抗争，取得了胜利。斗争的领导者是于伶，刘厚生也代表了一个剧团参加。在斗争过程中他接触了许多戏曲界的人物，如周信芳、梁一鸣、董天民等。他们的昂扬气概和坚持到底的精神使他大为惊异和感动。他于此也具体感受到在话剧队伍之外，还有一个品种和人数远多于话剧的戏曲大队伍，话剧不过是个小老弟。

正是这一年 10 月间，周恩来同志对戏剧工作作了部署。两年后，刘厚生进入雪声剧团。虽然导演了两部越剧的戏，刘厚生仍不明白戏曲妙处何在，而完全是搬用话剧那一套。他的老师黄佐临听说他去搞越剧，问他为什么，他赧颜以对，觉得比干话剧低人一头似的。

上海解放以后，刘厚生被分配到军管会文艺处的剧艺室做戏曲改革工作，知道自己的命大概是定了。工作所需，他才开始学习一些戏曲的 ABC。这时上海有过两次劳军大活动。梅兰芳、周信芳联合演出《打渔杀家》，刘厚生形容自己是土老帽吃大菜，觉得味道好极了，却说不出好在何处。

真正让刘厚生爱上戏曲的是 1952 年的第一届全国戏曲会演。新中国成立后，戏曲领域里出现了一系列"历史上第一次"，如新中国一成立，就在文化部下设立以田汉为局长的戏曲改进局；1950 年，文化部召开了 200 余人参加的全国戏曲工作会议；1951 年建立中国戏曲研究院（中国艺术研究院前身），院长是梅兰芳，毛主席为建院题词："百花齐放，推陈出新"；同年政务院发布由周恩来总理签署的《关于戏曲改革工作的指示》；1952 年，举行了第一届全国戏曲观摩演出大会。

一个政权机构，一次全国性会议，一份政策文件，一个研究机构和一次大规模会演，让刘厚生这批刚刚投入戏曲工作的"新文艺工作者"的腰杆子硬了起来，它们不但体现了国家对戏曲的高度重视，更铺开了戏曲工作的大架势，改变了中国戏曲的历史命运。在为期 38 天的全国首届戏曲会演上，京、昆、秦、豫、川、汉、评、越等 23 个剧种的大小 81 个剧目的演出令刘厚生眼花缭乱、目不暇接，京剧的梅程荀尚、周马谭盖，越剧的袁范傅徐，豫剧常香玉，汉剧陈伯华，川剧袁玉堃等无一不在，很难想象当年那一代年轻人看到这些名家名剧时何等兴奋。

虽然刘厚生在上海已看过不少精彩好戏，但终是没有像这次倾盆大雨似的痛快淋漓。特别是过去很少或没有看过的川剧、秦腔、晋剧、汉剧等古老剧种，让他看到了传统戏曲深厚的文化意蕴和艺术风采。大批著名演员光彩照人的形象塑造，从里到外地感染了他，他也从心底里对祖先在艺术方法和风格上的独特创造生起由衷的崇敬。真正是"爱上了"！

那时，政府把所有参演剧团接到北京，全都从头看到底，以更好地交流和学习，不像现在剧团来了就演，演完就走，无法彼此观摩。很多边远地区的剧团演员都是一辈子第一次到北京。这次会演用一个个具体的鲜活的戏雄辩地告诉了刘厚生，中国戏曲是何等精美华贵、何等丰富浩瀚，又是何等独树一帜地傲立于世界戏剧之林。能为这样的艺术奋斗一生他感到无上荣光。

此后，除了"文革"时期，刘厚生的工作从未离开过戏曲。虽然对话剧并未忘情，也看了不少戏，写了不少文章，但是他心中的重点始终是戏曲。几十年来戏曲发展的道路曲折起伏，荣辱兴衰，至今又置身于社会大转型时期、被时代的风浪摇晃颠簸，他一直像坐在小舢板上似的，不断为戏曲事业的发展殚精竭虑、出谋划策。一阵子为戏曲前途忧虑；一阵子看到还有要戏曲为政治服务的现象而着急；一阵子出现几台好戏，又喜上眉梢。恒久不变的是他的那颗热爱戏曲的心。

戏曲发展必须"推陈出新"，必须不停地革新、创造。这是刘厚生戏曲理论的一个核心思想，他认为毛泽东同志在中国戏曲研究院成立时所题的"百花齐放，推陈出新"正是中国戏曲艺术历史发展的最根本的概括。然而，20 世纪 50 年代后期，由于"左"的思想的出现，戏曲的发展渐渐偏离了这一方针。而这时，从事了十年戏曲改革工作的他被调任中国戏剧家协会上海分会的领导工作，并负责创办《上海戏剧》月刊，这份杂志上刊登了一批优秀学术成果，加之创新的特色，很快成了全国较有影响的刊物。因此，"文革"前两年，组织上又把他调到北京，在中国戏剧家协会办的《戏剧报》任副主编。

然而，随着一场以批判《海瑞罢官》为开端的政治运动迅速在全国展开，戏曲艺术上以"一花独放"代替了"百花齐放"，戏曲舞台一片衰败景象。历经浩劫后，革新创造在戏曲界显得尤为迫切，"振兴戏曲"很快成为全国戏曲工作者奋斗的一个目标。实际工作中，刘厚生深深体会到，戏曲为政治运动服务，把古装戏当作历史教科书，把现代戏当作形象文件，片面强调戏曲的宣传作用、思想教育作用，忽视戏曲艺术自身的特点和规律，忽视戏曲的娱乐作用是错误的。

为此，1979年底刘厚生写了《"推陈出新"十题》一文，根据当时的实际情况具体地论述了戏曲改革的基本要求。文中提出戏曲的文学、表演、音乐、舞蹈和武打、艺术思想、艺术制度必须"推陈出新"，建立戏曲的编导制度和提高戏曲工作者的文化艺术水平。他从研究戏曲发展的历史全面评述了戏曲发展中的新问题，提出了具体措施，并特别强调了剧本文学是其他改革的基础，对正处于恢复期的戏曲艺术具有实际的指导意义。

十几年后，戏曲面临各种姊妹艺术激烈竞争的局面，在纪念毛泽东诞辰100周年之际，刘厚生又写了《"百花齐放，推陈出新"是戏曲的生命》一文，重申了"推陈出新"的现实意义，认为如果因循守旧、自我封闭，只会使戏曲艺术失掉更多的观众，戏曲艺术必须与时俱进，扎扎实实地创造一批好戏，用好作品显示戏曲艺术的独特魅力。

除了在戏曲改革和戏曲事业发展上的卓越理论成果，刘厚生对梅兰芳、周信芳、盖叫天、俞振飞等戏曲艺术家都有不同程度的研究，并将历史研究和现状研究相结合，在京剧、越剧、昆曲、沪剧等研究论文中揭示各自的优点和不足，总结它们的发展规律，指出它们前进的方向。他认为，由于历史的原因，京剧的血管里流的主要是民间的、通俗的血液，因此京剧的文学性有待提高；昆曲在发展过程中吸引了许多知识分子参与，却形成了用典深奥、雕琢过分、相对凝固、封闭的弱点；越剧在20世纪40年代是改革的先锋，而当今需要新的改革家，同时克服自身的小市民气，才能扩大题材……另有，知识分子与戏曲艺术发展之关系，儿童剧的创作和演出问题，地方戏曲剧种的存亡等无不在刘厚生的思考范围内。老同学赵韫如说，他是个工作狂，其生活常常是"出去看戏，回家看书写文章"。

正是刘厚生秉持的那份对戏剧事业的挚爱，以及他勤奋践行的累累硕果，使他在文艺界享有盛名，曾任中国戏剧家协会秘书长、书记处书记、副主席、中国文学艺术界联合会荣誉委员。收获了全国离退休老干部先进个人、中国文联机关优秀共产党员、全国创先争优优秀共产党员等众多荣誉，2012年获"白玉兰特殊贡献奖"，成为22年来获此殊荣的首位戏剧理论家、评论家。

对落在自己头上的各种荣誉，刘厚生自谦"愧不敢当"，因为在他看来，自己是组织工作做得多，艺术实践却太少，心存些许"遗憾"。而事实上，正是他在戏剧领域的组织得力，做了大量卓有成效的工作，才助力中国戏剧迎来了一次又一次发展机会。在任职期间，他首先倡议并和中国戏剧家协会的同志们于1984年组织了一年一度的"梅花奖"的评选活动，产生深远影响，又在戏剧界需要加强交流、相互观摩学习时，组织中国戏剧家协会于1987年开始举办中国戏剧节。

怀揣高度的责任感和强烈的事业心，刘厚生笔墨纵横70余年，撰写的剧本、剧评、戏剧研究及散文等发表在各大报刊，《刘厚生戏曲长短文》《话剧情缘》《戏边散札》《剧苑情缘》《我的心啊在戏曲》等著作备受称道。与戏剧事业上的孜孜以求相比，生活上的刘厚生与他的妻子、同为国立剧校毕业的中国电影表演艺术家傅惠珍却无欲无求，粗茶淡饭、粗布旧衣，以书为友。年逾九旬之际，这对艺术伉俪除了请人做做饭，其他事情仍亲力亲为。生活中，一件呢子大衣刘厚生一穿就是几十年，但对别人、对社会却慷慨大方。2008年以来，他和老伴曾多次向灾区捐助。2010年，刘厚生将从家里图书资料中整理出来的两三千册藏书捐给了中国剧协图书馆资料室，为戏剧艺术留下了珍贵资料。第二年，夫妇二人又向中国剧协捐款50万元用于扩建剧协小型图书馆及推动戏剧界读书风气……

刘厚生说自己和老伴儿年事已高，没有什么开销负担，人老了，也读不了多少书，捐给戏剧事业这是很自然的选择，甚至严肃地说这就是处理后事了。刘厚生说，安贫乐道，甘于清贫，这是戏剧界的优秀传统，也是一个老共产党员应有的美德的表现。

2015年2月

我没有别的办法来回报，唯有更加努力，为中国舞蹈史学的发展，加一把土、加一块砖，让后来者踏着这些砖和土，构建伟大中华民族舞蹈文化的大厦，屹立在世界的东方。

——王克芬

1956 年中国艺术研究院成立"中国古代舞蹈史研究小组"，29 岁的王克芬成了第一批组员之一。此后 60 余个春秋里，她先后创作、主编了 20 余部舞蹈学著作，其中专著《中国古代舞蹈史话》被翻译成英文、日文、法文、韩文，享誉世界，她的名字也先后被收入中国、英国、美国、印度、新加坡、澳大利亚等国家的多部《国际名人录》，成为第一个列入英国伦敦欧洲出版公司出版《国际名人录》的中国舞蹈史学家。

王克芬：人生随时代起舞

王克芬与舞蹈的缘分是天定的，对舞蹈的爱和灵感与生俱来地沸腾在她的血液里。她从小喜爱文艺，小学时上"唱游课"，跟着大城市来的专业老师学习唱歌跳舞，就像过节一样快乐。一次课上，她跳《小小画家》中的猫，因为演得太像，还得了"王猫儿"的诨名。

天赋与努力使她成了学校音乐舞蹈活动的佼佼者，不仅在《麻雀与孩子》《三蝴蝶》《明月之夜》等儿童歌舞剧中担任了重要角色，而且每个学期联欢晚会上，她都会演出自己编创的舞蹈。那时，她经常在月夜里，看着映在地上的影子舞蹈，或在堂屋昏暗的灯下，对着影壁上的影子编动作。老师对她的自编自演很夸赞，于是只给她指定某个角色或者选一首歌，让她自由发挥。为了把角色跳得更好，令老师更满意，她自觉地练起了劈叉和下腰。

小学毕业那年，抗日战争全面爆发了。一些思想进步的老师组织学生走上街头，宣传抗日，王克芬参加了儿童剧团。在歌舞剧《流浪儿》中，她扮演了一个从东北沦陷区流浪入关的孩子，演出时竟泣不成声，好像自己就是那个可怜的孩子，街上围观的人也泪流满面，一股浓烈的爱国主义情怀就此深深地印在她幼小的心灵中。

不久，她以优异的成绩考上四川省立万县高级师范，加入了学校的文艺社和剧艺社。在地下党组织领导的抗敌演剧队的指导下，他们开始接触和排演一些话剧，包括宋之的和老舍创作的《国家至上》、夏衍的《花烛之夜》和曹禺的《北京人》。这些宣传抗战和进步的戏剧不仅使王克芬第一次登上大众舞台，更使她有了崇高的人生向往。

1944年冬天，临近毕业时的一个假期，母亲给16岁的王克芬定了一门亲事，男方是有钱人家的阔少爷。可读过《家》《春》《秋》的她，对社会和婚姻有自己的理解，她渴望自由，毅然地留下一封信，离家出走了。

无援无助的她只身一人来到重庆，投奔了抗敌演剧宣传第六队——由周恩来同志组建的十个抗敌演剧宣传队之一。这是她人生中的第一个转折点。

王克芬记得，只要不忙，每次演出时，周恩来同志都会来看，演完的时候还会亲自到后台慰问，不过通常一谢幕，演员们就迫不及待地围坐在他的身边了。一次，他特别表扬了王克芬，要她为国家好好学习。十几岁大的王克芬人小志气大，立刻回答：为了国家就算赔上命也要好好做。演剧队对她而言，是"最干净的地方"，也是"一个解放区"，人与人之间平等、友爱。在那里，她读了《大众哲学》《钢铁是怎样炼成的》《静静的顿河》等，立志"做有益于人类、有益于社会、有益于后代的事业"。

演剧队的生活十分艰难，有时候连饭也没得吃，但大家的心中有着共同的理想和对真善美的追求，充满了团结、乐观、无私的精神。为了给一个队友治病，王克芬当掉了自己的戒指和项圈，那是姐姐留给她仅有的纪念品。可她没有犹豫，她说："这是在演剧队里学到的，我一辈子都不会忘。"

三年后，著名舞蹈艺术家戴爱莲从美国返回上海。幸运的王克芬在隆征丘老师的引荐下见到了戴先生。在审看了她一次练习后，戴爱莲当即收她做了自己的学生，免收学费，并吃住在她于上海创办的中国乐舞学院。

离开上海到北平执教前，戴爱莲介绍王克芬和传瑾去白俄舞蹈家苏柯尔斯基办的芭蕾舞班学习，这个班学费非常贵，经过戴先生的努力她们得以少交或不交学费。大概这个时候，王克芬接到已经出嫁的姐姐寄来的一点钱，为了感恩，她捧着钱送给生活也很困难的戴爱莲，但被拒绝了。在王克芬眼里，戴先生是一个率真、执着、质朴的舞蹈艺术家，她对学生的爱从来不带任何功利色彩，总是尽最大可能帮助那些穷学生。此后半个多世纪里，她们的师生情缘从未中断过。

王克芬说自己是幸运儿，紧要关头常有贵人相助。上海解放前夕，长期营养不良的她突然病倒。出生时父亲已过半百，她是母亲的第 13 个孩子，所以先天不足，加之刻苦训练，身体完全受伤了。这一病她高烧不退，一连几天几夜。而此刻中国乐舞学院基本上处于解散的边缘，她举目无亲又身无分文。幸好在上海做地下文艺工作的作曲家张文纲得知了她得病的消息，四处找人找医院，没日没夜地照料，才使她渡过难关。后来，经过了多次生死磨难，两个人终于在上海音乐家协会成立的当天喜结连理。

王克芬夫妇

婚后王克芬随丈夫来到北京，在民族歌舞团担任舞蹈演员和编导。这期间，她去过很多偏远山区，义演采风，与当地少数民族同吃同住。然而几年后，一次带团到云南昆明排练舞蹈时，她再次突然病倒，住进了医院。此时，她的身体状况已经不再适合舞台，可她又万般舍不得离开心爱的舞蹈事业。两难之际，著名舞蹈艺术家、民族歌舞团团长吴晓邦先生给她指了一个方向，鼓励她做舞蹈研究工作，调她到中国舞蹈艺术研究会工作。

早在演剧队的时候，王克芬就曾听过吴晓邦和盛婕的名字，常常入神地听着、看着老同志们比画着向吴晓邦老师学的动作，暗自埋怨自己没能早一点参加演剧队，不然，也有机会向他们学习了。想不到，这回调动她能在吴晓邦和盛婕同志的领导下工作，朝夕相处近 20 年。

1956 年秋，中国艺术研究院正式成立"中国古代舞蹈史研究小组"，吴晓邦任组长，著名戏剧家、文艺理论家欧阳予倩任艺术指导，王克芬成了第一批组员之一，那年她只有 29 岁，是学术研究的新人。

王克芬搞舞蹈史研究，有两个有利的先决条件，除了舞蹈实践，还有深厚的家学渊源。她出生在四川省云阳县一个不算富裕的书香门第，父亲是清代科举考试的最后一届秀才。学龄前她便混迹于父亲在家开设的私塾，似懂非懂地读起了古诗词，而躺在父亲怀里听《诗经》作摇篮曲成了她儿时最美好的记忆。

在这种熏陶下，王克芬对传统文化产生了浓厚的兴趣，所以研究舞蹈史阅读大量古文资料时，她也不觉得枯燥，加上欧阳予倩先生的悉心指导，她很快立下了终生从事中国舞蹈史研究的志愿。此后几十年中，无论遇到任何情况，包括"文革"她也从未动摇过，被誉为"中国古代舞蹈史研究"四大家之一。

初见欧阳予倩，王克芬有些忐忑，那是她仰慕已久、备受尊崇的前辈。盛婕同志推荐她做欧阳先生的助手，交流中先生短短的几句话影响了王克芬一生从事研究工作的基本态度：研究舞蹈史，要掌握大量的资料，要下大功夫，坐冷板凳。不掌握资料就没有发言权，写舞蹈史，要用资料说话。要老老实实做人，踏踏实实做学问。从那时起到欧阳予倩仙逝，近7年的时间里，王克芬一直在先生身边，随时随地向他学习，努力完成他分配的工作。

舞蹈史研究小组成立后，第一项中心任务是查阅收录近5万首诗词的《全唐诗》，从中摘抄、分类、编辑、出版《全唐诗中的乐舞资料》。为了完成这项浩繁的史料整理研究，王克芬每天浸泡在资料室，以至于博物馆和考古所的人都记住了这位年轻好学的女同志，为她提供了各种便利，吴晓邦、阴法鲁、杨荫浏、周贻白等先生与戴爱莲、欧阳予倩一样，都成了她一生的老师。

中国古代丰富的舞蹈资料使王克芬陶醉了。她的思想越来越开阔，也更加清楚——中国现代舞蹈艺术多么需要从民族艺术的传统中汲取营养。很快她完成了《兰陵王》《九部乐》《十部乐》《绿腰》等专题研究，在欧阳予倩的主持下，我国现代第一部舞蹈史专著《唐代舞蹈》问世。

很多人曾被王克芬执着的敬业精神打动。在二十四史、唐诗、宋词里，王克芬下功夫爬梳乐舞资料不止一遍，不少材料烂熟于心，因此能够做到用起来得心应手。所以她写的书，从不会让人读起来感到枯燥晦涩，这在史学类著作中十分少见。每当引用古籍，她都会先把古文钻研透了，再用通俗的语言进行阐述，用她的话说，读不懂不愿意看的书，写它又有何用。

至于文物图像资料，她更是不满足于现成出版物上的挑拣，而是不辞辛劳，尽力到存有这类文物的遗址现场去查访寻觅。据著名敦煌学研究专家柴剑虹讲，王克芬亲临敦煌莫高窟八九次，有时一住就是二三十天。在敦煌研究院的帮助下，她考察了492个洞窟里所有的壁画，生活条件的艰苦不必说，就是早出晚归上下洞窟在体力上也经受了考验。她寻访乐舞资料的足迹，不仅遍及祖国的大江南北，还到了日本和韩国、印度、北欧各国，每找到一条新资料，她都由衷地欣喜，并注重辨识工作，保证了资料的翔实和考订的严谨。

一个甲子以来，王克芬发表了百余篇论文，先后创作、主编了20余部舞蹈学专著，多次获得国家级奖项，其中专著《中国古代舞蹈史话》被翻译成英文、日文、法文、韩文，享誉世界，她的名字也先后被收入中国、英国、美国、印度、新加坡、澳大利亚等国家的多部《国际名人录》，成为第一个列入英国伦敦欧洲出版公司出版《国际名人录》的中国舞蹈史学家。1992年她被评为国家有特殊贡献的专家，享受国务院特殊津贴，2000年获美国中西部中国科技与文化交流协会授予的"杰出艺术家贡献奖"。

王克芬说，那么多奖背在身上感觉担子很重，一点儿懒也不能偷。几十年来，她几乎没有享受过节假日的休闲：写作、考察、讲学、出访、参加各种学术会议，日程排满了365天。即便是在她患病、手术、疗养的日子里，还带着装了舞蹈史研究材料的纸袋、笔记本，挤出时间来查阅、思考、写作。

工作对王克芬而言超出了一般的意义。离休两年后，与她相依为命40年的伴侣张文纲由于过度劳累病逝，工作就像一个救生圈把她从悲痛欲绝的大海中托起。她把心全部扑在《中国舞蹈词典》的编撰上。几年后，这部中国舞蹈史上里程碑式的作品问世，标志着中国的舞蹈理论领域和实践领域都已经发展到一定的高度，也表明我国的舞蹈学科建设更加规范化和系统化。后来，由于广大读者和时代的需要，《中国舞蹈词典》的修订版于2003年提出，修订版的《中国舞蹈大辞典》从提出到出版又经历了一个8年。

20世纪80年代初，中国艺术研究院在舞蹈研究室的基础上成立了舞蹈研究所，在研究生部建立了具有授权硕士和博士学位资格的舞蹈系，并开始招生，王克芬随即承担起舞蹈史学研究与教育传播的两项工作。除了院内的工作之外，在时间允许的情况下，她还经常不顾身体状况到中国及世界各地讲学，传扬中国舞蹈文化，倾其所有奉献于中国舞蹈史学研究的发展与繁荣。

在后学眼里，王克芬对每一位跟她学习的本科、硕士、博士研究生，包括韩国、日本及我国港台地区的年轻舞蹈家，都像慈母般地关怀备至，恨不得把自己掌握的全部材料和心得毫无保留地倾囊相授；同时，在做学问的态度上，她又是不折不扣的严师，治学上有缺点，常不讲情面地批评。舞蹈理论家欧建平至今难以忘怀，当年参加中国舞蹈专业首批硕士考试复试前，王克芬含泪对他和冯双白语重心长地说：我们自己的孩子都不愿意搞舞蹈，更不愿意做舞蹈研究，可是你们大学毕业了，却愿意来研究舞蹈，真是太好了！我们的舞蹈研究后继有人了！

从1952年开始，王克芬见证了中国舞蹈史研究的成长。21世纪以来，她更加关心民族舞蹈的保护和传承，她感叹戴爱莲先生当年创作的《荷花舞》《飞天》已经淡出了人们的视野，感叹《丝路花雨》这样的舞蹈经典剧目演出得越来越少。她说，非物质文化遗产的保护已经逐渐受到重视，但是对于近现代出现的经典舞蹈的保护还远远不够。一些经典舞蹈是在精心的编排和严格的训练表演体系下才成就的，每一代演员都下了很大功夫，这些宝贵的文化必须受到重视和传承。

2016 年，年近九旬的王克芬先生，眼神里依然透着婴孩般的纯真和美好，案头上、床榻上散落着一沓沓小卡片，上面画着各式各样的舞蹈动作、纹饰，那是她多年来从各种文献里一点点爬梳出来的，上面细致地注明了出处和内容。对她而言，舞蹈研究是生命不可或缺的一部分，也是她感恩的一种方式。她始终念念不忘所有教导过她的前辈们，她说，自己没有别的办法来回报，唯有更加努力，为中国舞蹈史学的发展，加一把土、加一块砖，让后来者踏着这些土和砖，构建伟大中华民族舞蹈文化的大厦，屹立在世界的东方。

2016 年 2 月

《中国少数民族戏剧通史》是我的生命价值，不惜一切地完成它，只为了把中华民族的戏剧史更加完整地留给后代。

——曲六乙

2013 年，戏曲理论家曲六乙先生百万余字的三卷本巨著《中国少数民族戏剧通史》面世。这部几乎耗尽他心血的鸿篇巨制，集史学、艺术学、宗教学、民俗学等学科于一体，填补了国内对少数民族戏剧史研究缺乏通史的空白和缺憾，也是中国"戏剧戏曲学"学科建设全面深入发展和进一步走向成熟的标志。

曲六乙：一生爱戏剧　半世著史书

20 世纪 60 年代，曲六乙走进少数民族戏剧世界时，就萌生了写一部少数民族戏剧史的念头，立志弥补这项领域的空白。那时起，他开始阅览有关古籍文献，去边疆地区考察，广泛收集资料。半个多世纪里，无论日子多苦，曲六乙从未放弃自己的学术梦想，直到 21 世纪伊始，这项任务被列入国家社会科学基金项目全国艺术科学"十五"规划重点科研课题，他终于落笔这一艰巨、复杂的学术工程。

从古稀之年到耄耋之年，长时间超强度的工作导致曲六乙几度因肺炎逼近生死边缘，还患上了严重的眼疾，左眼失明、右眼视力下降到几乎什么都看不清。亲友们不解，本应颐养天年的他为何不惜如此代价撰写这部书，或许是耿直无畏的性格在驱使，或许是生命磨难锻造的百折不挠的韧劲儿在支撑。

1930 年，曲六乙出生在辽宁大连的松树镇，做小学教员的父亲给儿子卜了一卦，说是命中缺火，按"东方甲乙木"之说，木能生火，便依字辈取名"六乙"。曲六乙曾开玩笑说："我命中缺火，父亲一下子给我借来六个火，弄得我脾气躁，容易动火，要是他老人家少借几个火就好了。"

高中毕业时，血气方刚的曲六乙受工程师姐夫的影响，奔赴北平报考工程师的摇篮清华大学，不料被四川大学工学院录取，但工学院的腐朽之气令他大失所望，其讲授的技术课程也早已落伍。于是，他断然选择了放弃，决定到解放区另谋出路。

那时正值解放战争时期，很多地方不通铁路，曲六乙和一位同学一起走了半个多月才搭上火车到达西安，又徒步从西安到洛阳，几次穿过火线，直至开封，身上的钱全部花光。山穷水尽之时，曲六乙住进了开封"中原大学"招待所，成了政治训练班的一名学员，不但有饭吃，还有了难得的学习机会。他一头扎进书堆，读马列主义、社会发展史、中国共产党党史，渐渐对革命有了深入的认识，并在1000多名学员参加的考试中名列榜首，又乐于助人，被选作学生会负责人。

然而，在一次社会发展史的座谈会上，曲六乙如实讲起了苏联红军在东北的某些不良军纪，不料惹火上身，学生会负责人当不了了，失去了分配到张家口工业学校的机会，还被莫须有地扣上了"反苏分子""国民党特务分子"的帽子，被分配到武汉，在新成立的中南文艺学院接受再调查。

曲六乙被分在文艺训练班，又转入戏剧研究生班学习，从此戏剧性地入了戏剧这一行。那时，党号召文艺工作者深入工农兵，于是他下乡到河南遂平和湖北武昌、洪湖，参加了三次土地改革和一次民主改革，与农民、工人同吃同住同劳动，建立了深厚的感情，切身体验到他们生存的艰辛和苦楚。他还两次被评为工作模范，成为工作组组长和中南文艺学院首批吸纳的两名新党员之一，"反苏分子""国民党特务分子"的帽子也在这次入党人员调查中从档案里撤销。

戏剧研究生班毕业前夕，曲六乙与同学们共同搞剧本创作时感到，自己的理性思维强于感性思维，逻辑思维强于形象思维，做研究、搞评论比写剧本更适合自己，于是放弃创作。调到北京后，他先后在人民文学出版社戏剧组和中国戏剧出版社做编辑和评论工作。

编辑梅兰芳《舞台生活四十年》一书是曲六乙接到的第一个任务。此后，他编辑了程砚秋、周信芳、欧阳予倩、盖叫天、洪深、宋之的等艺术家和戏剧家的文集、选集。这项工作不仅令他有幸同一些健在的艺术大师、著名表演艺术家接触，也为他从事戏曲研究积累了宝贵经验。每编一本书，曲六乙都反复钻研大师的文稿，悉心观摩他们的表演艺术，为他们整理剧本。通过与老艺人们的交往，他不但了解了戏曲表演艺术的精华，更深入探索了戏曲美学价值，还在传统美学与戏曲美学之间对比思考，撰写了大量专业文章，在天津《今晚报》戏曲专栏上连载。

曲六乙认为，做美学研究离不开审美经验，不能从概念到概念，要从具体艺术形式出发，戏曲美学就要扎扎实实从程式入手。比如，"万物皆备于我"的表演哲学是借助梅兰芳的"卧鱼"、盖叫天的"鹰展翅"等具体表演程式或唱腔体现理解的；"熟戏三分生""逢丑必俊"等表演技巧所揭示的艺术规律是表演实践的总结与升华。他从老艺人的戏剧观、艺术流派、艺术经验里挖掘艺术辩证法，拓荒戏曲美学，并将研究成果发表在1960年与董维贤合著的《戏曲表演的十要技巧》等著作中，探讨了戏剧时空观念的发展变化、戏曲表演的法度与自由等戏剧艺术创造与表演的规律。

在戏曲美学研究和编辑工作之余，曲六乙写下了不少业内称道的戏剧评论文章，不料却因此被推向了政治运动的风口浪尖。1961年，曲六乙撰文评论京剧《海瑞罢官》，肯定了历史学家吴晗刻画的海瑞形象，赞扬人物面对满目疮痍的社会，羞为"甘草"庸医而甘当"南包公"的精神。同年秋，他撰文《个性以辣，风格以情——观北昆〈李慧娘〉偶得》，盛赞孟超不仅以剧作家，而且以诗人的整个心血灌溉了主人公李慧娘，文章直言："比起其他版本的李慧娘的性格，人性比鬼性的描写似乎更多一些。"几年后，曲六乙因《海瑞罢官》和《李慧娘》的评论文章，一夜之间成了反革命的典型，被送到干校劳动"改造"。

从干校"改造"回城后，曲六乙一家六口人蜗居在一间防震棚中，外面下大雪、里面飞雪花，外面绵绵细雨、里面细雨绵绵。无论生活如何艰辛，曲六乙也未放下手中的笔。工作权利被剥夺，他就在家一手抱孩子、一手写文章，夜里妻儿睡下，他就趴在床上改稿，在最艰辛的岁月中坚定了属于自己的学术方向。

早在20世纪60年代初，曲六乙观摩云南少数民族戏剧会演时，就被它们不同于京剧、昆曲等汉族戏曲的独特艺术风格所吸引，傣剧《娥并与桑洛》《千瓣莲花》，壮剧《螺蛳姑娘》《换酒牛》，彝剧《半夜鸡叫》《曼嫫与马若》和白剧《三月街》等，使他目不暇接、兴奋不已，让他产生了浓厚的研究兴趣。他发现，当时少数民族戏曲尚处于发展的初级阶段。回京后，他写了《少数民族的艺术风格问题》一文，还在资料匮乏、少数民族戏曲鲜有人关注的情况下，两年写完《中国少数民族戏剧》一书，成为新中国成立以来第一部介绍中国少数民族戏剧概况的著作。

"文革"前夕，曲六乙观摩了藏戏的片段并为之着迷。不久，在京剧现代戏文艺会演上，他看了五出少数民族题材的京戏，特别被满族表演艺术家关肃霜主演的《戴诺》吸引。于是，他萌生了写一部少数民族戏剧史的念头。10余年后，英国戏剧中心负责人斯密斯先生访华，在一次交流中，曲六乙被他对中国少数民族戏剧艺术的浓厚兴趣深深打动。曲六乙觉得，中国少数民族戏剧研究不仅对中国戏剧，并且对世界范围内多民族国家保存和发展少数民族戏剧有普遍的现实意义。

此刻，曲六乙当初写一部少数民族戏剧史的念头升华为强烈的历史责任感和使命感，他想用自己的努力和呼吁在有生之年填补这项空白——少数民族戏剧是中华民族戏剧不可缺少的一部分，积淀着各民族苦难与欢乐的历史记忆，凝聚和蕴含着各民族的独特个性与风貌、审美理想、价值观和民族精神，绝不应该在中国戏曲史上缺位。

于是，只要有少数民族戏曲演出，他就一定去看，凡与之相关的资料他就想方设法去找，还请专家翻译八大藏戏，不仅在这个冷落的研究领域筚路蓝缕，而且不辞辛劳地为少数民族戏剧实践献计献策——辽金历史剧《铁血女真》和《魂系黄龙府》的主创人员说，没有80年代曲老"七下黄龙府（今吉林农安县）、八下扶余城（今吉林松原市）"的倾力相助，就不会成就这两部屡获奖项的佳作。

改革开放后，曲六乙大胆支持、积极评论了《报春花》《权与法》等一大批话剧，站到思想解放运动的前列。1978年，话剧《未来在召唤》上演时，有人以剧本与中央提出的"四个坚持"相悖而发难。就在剧评界沉默之时，曲六乙写了第一篇评论文章《激流勇进意取尖新》，后来发表于《光明日报》。剧作者赵梓雄问他，为何不选择退避三舍或暗中支持，他笑答："'四人帮'说我写了一百篇毒草，这才是第一百零一篇，一个小零头而已！"曲六乙曾吃过"特嫌"的苦，尝过"内控右派"的滋味，还没完全摘掉"敌我矛盾"的帽子，又不顾一切地为好戏鸣不平，难怪几个好友在背后悄悄给他起了个"傻骆驼"的绰号。

由于历史原因，文史古籍中极少收录有关少数民族戏曲的文字资料，偶有记载也是只鳞片甲，在浩如烟海的史籍文献中爬梳资料是少有人肯做的苦差事，更何况搞这项研究少不了跑民间地头，进边远山区。不辞辛劳的曲六乙成了少数民族戏剧研究的学科带头人，并涉入我国戏剧研究领域的另一项空白：民俗祭祀仪式戏剧——傩戏。

20世纪80年代初，曲六乙到贵州考察少数民族戏剧，经朋友介绍，在安顺地区的田坝土台上，看到一种戴面具的"地戏"。在普通人眼里，这种戏无非是巫师装腔作势、驱邪避鬼的把戏，无异于封建迷信活动。可曲六乙却如获至宝，到处寻找这种戏，甚至不放过初一、十五等任何节日机会。他曾在古文献中见过祭祀傩仪的记载，目睹"地戏"等少数民族傩戏，使他大为震惊。

曲六乙开始动手收集史料文物，在古籍中钩隐抉微，将少数民族地区的傩戏作为他戏剧研究的一大重点，撰写学术文章论述傩戏的产生、衍变、分类和基本特征，探讨傩戏与傩文化、宗教、神话、戏曲等关系问题，率先提出建立傩戏学的设想。不久，傩文化从"弃儿"变成"宠儿"，得到国内外学者的极大关注。1988年，中国傩戏学研究会在贵州成立，曲六乙当选首届会长。

傩戏的研究不仅让曲六乙涉足、填补了又一大空白领域，更使他发现，傩戏这种祭祀仪式戏剧并不是中国的独有现象，而是世界各文明古国戏剧的共生现象，古埃及、古希腊、古印度、古印第安人的宗教祭祀仪式戏剧与中国的傩戏具有诸多惊人的相似之处，而只有傩戏延续至今，成为一条贯穿历史与当下的文化链条，保存和丰富着数千年的民族传统文化。

敏锐的学术眼光让曲六乙不断取得突破，中国傩戏研究会成立那年，在新疆乌鲁木齐召开的中国戏剧起源研讨会上，一部新疆出土的唐代回鹘文《弥勒会见记》引起了曲六乙和其他与会专家的高度关注。以往的戏剧史著认为，中国"真戏剧"起源于南宋，因为南宋的南戏开启了中国戏剧文学剧本的时代。然而，《弥勒会见记》的发现，将中国"真戏剧"的历史整整提早了400年。

这一发现引发了曲六乙关于少数民族戏剧与汉族戏剧之间的关联性思考。他领悟到，中国的戏剧发展史是中原地区的汉族戏曲与边疆地区的少数民族戏曲不断交流、吸收、对话、融合的历史过程。曲六乙从这一中华民族戏剧史观的立场出发，展开中国少数民族戏剧通史的写作，最终经过半世耕耘，完成了里程碑式的《中国少数民族戏剧通史》。

曲六乙这部中国少数民族戏剧史学的奠基之作，叙述了上至西周、下至21世纪初、跨度3000年的少数民族戏剧风貌，引证了龟兹乐、苏祗婆音乐理论、唐宋大曲、南诏奉圣乐、诸宫调等历史文化事象，论述了汉族与少数民族戏剧文化的双向交流，为今后少数民族戏剧的发展夯实了史学基础。曲六乙说，这部著作就是自己的生命价值，不惜一切地完成它，只为了把中华民族的戏剧史更加完整地留给后代。

2016 年 3 月

要让更多的人通过古琴悦己悦人，提升修养，陶冶性情，弘扬中国传统文化。

——陈长林

在我国老一代科技精英中，陈长林是唯一的国家级非物质文化遗产项目古琴艺术代表性传承人，也是老一辈知名古琴家中唯一的科学家，是利用电脑研究古琴的第一人。常有人惊异陈长林何以达到科学与音乐、电脑和古琴的双尖端，而在他心中，理性的科学与感性的古琴不但不矛盾，反而相得益彰，严谨的科学可为古琴艺术的发展服务，灵性的古琴艺术又能给科学发展以动力和灵感。正是古琴和科技在生命轨迹中的相遇，注定了陈长林卓尔不群的古琴生涯。

陈长林：耄耋琴家古稀琴龄

从悄悄动手把家中一架废旧的凤凰琴改装成练习用的"小古琴"开始习琴生涯，至2016年，陈长林已经走过了70个春秋。悠悠70载岁月，古琴对陈长林而言，已从音乐与文化而成为一项科学与艺术相结合的事业。

陈长林成长于福州的一个古琴世家，年幼时，祖辈父辈着意培养他对琴棋书画的兴趣。8岁那年，陈长林拜著名书法家沈觐寿为师学习书法。那时，抗日战争全面爆发，祖父、父亲、母亲只得离开福州谋生，学校也被迫外迁，陈长林到了上学年龄时也只能和祖母一起生活，在家上私塾。学习中用吟唱的方法读古诗文，增添了读书的乐趣，还使陈长林喜欢上了音乐，为他后来琴学路上掌握"依永和声"、琴曲规律和打谱奠定了基础。

抗战胜利后，全家人团聚，陈长林时时听父亲弹琴，渐渐对古琴产生了强烈兴趣。改制"小古琴"时，他已从琴书中了解到"分数"等概念，以及减字谱的技法和指法说明，他把凤凰琴的底面反过来做琴面，根据琴书中描述的十三徽的"分数"位置，定下徽位，利用凤凰琴调整"螺丝"来代替"琴轸"，又找到废琴弦剪短安上。就是用这张改制的"小古琴"，陈长林自学了《阳关三叠》。

家人知道陈长林自制、自学古琴后大为惊喜，于是父亲陈琴趣成了陈长林进入古琴之门的第一位老师。除了亲自教儿子弹琴外，陈琴趣还请来了另一位闽派琴家、表姐吴子美给陈长林授琴。在琴曲的学习中，陈长林掌握了闽派古琴的艺术风格，以及两个重要的习琴方法，即哼唱出带指法琴曲"腔韵"的"依永和声"、一个指头连按数弦而令曲调灵活连贯的"发音连贯"指法。

不久，陈长林的表姨去了中国台湾，父亲也离开福州到上海工作。没了老师，陈长林就靠听广播电台播放的古琴唱片自学。幸运的是，20世纪50年代初，陈长林考入上海交通大学电机系，来到上海还不到一个月，他便由父亲的琴友、今虞琴社副社长吴振平先生介绍加入了今虞琴社，他的学琴经历有了一次重要转折。

已有80多年历史的今虞琴社在当时是最著名的琴社，设在徐郎西先生家，离交通大学很近。琴社每个星期日、每个月都有一次雅集，"月集"则会将某一"星集"从下午延续到晚上。在雅集上听诸位琴家演奏和谈论是陈长林难得的学习机会，他不仅有机会向吴景略先生学习，还追随"浦东三杰"——擅弹《渔歌》的"彭渔歌"彭祉卿先生、擅弹《潇湘水云》的"查潇湘"查阜西先生和擅弹《龙翔操》的"张龙翔"张子谦先生——中的琴家张子谦习得了名曲《龙翔操》。

随后，陈长林大学毕业，被分配到刚成立的中国科学院计算机技术研究所筹备委员会（国家当时最新的科研部门之一）搞硬件研究，参与最新的尖端科技"计算机"的研制。到北京还不到一个月，陈长林由北京古琴研究会会长溥雪斋先生和副会长查阜西先生共同介绍，加入了北京古琴研究会。

在陈长林的学琴生涯中，父亲陈琴趣和查阜西先生是最主要的两位老师。北京古琴研究会的学术空气比上海更浓，查阜西先生考虑到陈长林理工科出身的特点，鼓励他要学习双尖端。他刚到北京，便给了他一个研究题——古琴琴弦直径密度概算。

于是，陈长林利用业余时间，运用从查阜西先生那里学到的古琴音律知识，结合物理原理和历代造弦资料进行研究，概算出按历代造弦法所造琴弦的直径，加以分析比较，提出合理的直径比例值，并对清代一些琴家以"三分损益"法规定各弦纶数的理论和方法提出疑问，写成论文刊载于《传统的造弦法》一书附录中，也由此在古琴弹奏基础上走上了古琴科技研究的道路。

随后几年，陈长林一边在中国科学院计算技术研究所从事电脑研究工作，参加了中国第一台电子计算机等研制工作，并担任中国第一台自主设计的大型电子计算机外围技术负责人；一边在查阜西先生指导下从事古琴研究，考证《龙翔操》曲谱并不是惯常以为的《昭君怨》，而是《古神化引》的一个节本，《龙朔操》才是《昭君怨》，进而走上打谱的道路。

20世纪50年代末，27岁的陈长林成功打谱了琴歌《胡笳十八拍》，并登上舞台，成为由中国作家协会和中国音乐家协会联合举办的"胡笳十八拍音乐会"的主角，引起热烈反响。音乐会上，北方昆剧院的傅雪漪、李淑君等五位歌唱家分别演唱了陈长林打谱的《琴适·胡笳十八拍》，中央广播乐团陈婉容等五位歌唱家合唱了其中的第一拍和第十二拍。出色的打谱成绩使陈长林坚定了未来琴路的努力方向。

2016年，陈长林已成功打谱70余首古琴曲，《胡笳十八拍》是其中的主要成绩。我国现存古琴曲谱3000多首，能弹出来的不到200首。要使弹不出的古曲复活，就需要打谱。传统的古琴谱只有指法，没有音长和精确节奏，琴曲的节奏隐含在指法中，因此，打谱必须对琴曲的背景、情感有深入的了解，通过配合其调弦法、指法，进行综合分析，才能把曲子的音长和节奏弹出来，使古曲能近似原貌地再现。这项工作需要有古琴艺术的感性体验，又需要科学意义上的严谨钻研，如此才能做到陈长林打谱时始终坚守的忠实于原曲。

陈长林首次登台演奏古琴，比《胡笳十八拍》音乐会更早一年。在中国音乐家协会主办的音乐会上，被邀请演奏古琴的管平湖先生因身体原因未能出席，查阜西先生要陈长林替代演奏了《洞庭秋思》，他得以与音乐名家同台。查阜西先生此邀深深触动和鼓舞了陈长林，也影响了他培养后学的态度。

改革开放后，中国科学院派陈长林到美国科罗拉多大学计算机科学系访学，进行电脑研究工作时，他带去了一张古琴和一些古琴资料。在科罗拉多州丹佛市举办的"中国节"上，陈长林演奏了《流水》和《阳关三叠》，用英语给美国朋友介绍了古琴，还朗诵了父亲陈琴趣翻译成英文的中国古诗《渭城曲》。

在美国，陈长林工作努力，同时寻找到电脑古琴相结合的研究机会。他设计了一种"音记编码"法，用键盘把减字谱转换成"编码谱"，实现了减字谱的电脑显示及排版功能。他还自学了一种强有力的计算机语言，用来编制古琴谱的电脑处理系统，获得成功，开创了古琴研究的崭新领域，为古琴的传承做出了重大贡献。

21世纪伊始，这项成果得到进一步深化，陈长林将古琴谱电脑处理系统从琴谱图像发展到古琴音响，即电脑演奏古琴。电脑演奏古琴是把古琴曲分解成"音元"序列存在音库中，用程序从音库里调出"音元"串起来发音。操作时，用电脑控制音调、音色，用少量按键就可进行模拟演奏，实现了计算机与古琴的完美统一，实现了今人与古人的绝妙对话。

数十年来，在全国打谱会、古琴艺术国际交流会、各类研讨会等古琴活动和演出中，总能见到陈长林的足迹。他以科学家、艺术家双重身份参加"科技之春"首都科技工作者春节联欢会；在他难以忘怀的第十三届亚洲艺术节上，获赠了饶宗颐先生为他书写的一副对联；还应邀前往中国香港、中国台湾等参加古琴音乐会。

2016年，为纪念70年的习琴生涯，"忆往思来"陈长林习琴70年古琴音乐会如期举行，众多弟子纷纷从全国各地赶来，与温文尔雅、淡泊名利、无私奉献、勇攀学术高峰的耄耋长者陈长林欢聚一堂。

受查阜西先生影响，陈长林重视培养新一代琴人。如今在他的弟子中，最大的年逾古稀，最小的只有几岁，而他的第一个古琴学生则是比自己大十岁的艺术家赵锟如。2015年，在北京中山公园音乐堂举办了陈长林师生音乐会，老中青和少儿几代人同台演奏，让数十年在古琴教育实践中奉献的陈长林感到骄傲和欣慰。

正式退休后，陈长林就将全部的精力投入古琴人才培养和研究工作中。一次，北京师范大学邀请陈长林做讲座，讲座激发了大学生们学习古琴的强烈要求，于是陈长林开班亲授古琴。学生没有琴，陈长林就动手做，每次上课，陈长林都会带上一张正规的琴提早来到教室，学生们用他做的琴学习、练习。学琴的学生毕业后，琴再往下传。一年后，第一批学员登上了北师大的舞台。

世纪之交，在中国科学院李沛老师和力学所领导的支持下，陈长林开办了"中关村古琴班"，为喜欢古琴的人提供了免费学琴的机会。次年，不少人要求扩大古琴班招生，经中关村社区的大力支持，古琴班学琴地点换到了中关村社区服务中心，环境条件大为改善，但原本请来教琴的杨青先生、韩杰先生都因为忙而相继退出，全部课都由陈长林亲授。一次，陈长林因劳累过度而脑出血住进了医院，很多学员自发日夜守护着为古琴事业无私奉献的陈长林。抢救及时、细心医护和精神力量使得最初诊断为病危的陈长林三十几天就出院了，继续不辞辛劳地从事古琴传承工作。

那以后，陈长林把古琴教学当成与打谱研究并重的一项事业。中关村班陆续培养了70余位学员，一直追随在陈长林身边，琴龄十余年的弟子很多出自这个班。如今，慕名从各地来求学的人络绎不绝，陈长林的亲传弟子们已经能够代老师教授一些曲目的课程，这使陈长林可以有时间实现更多有益于古琴事业的设想计划。

2013年，《陈长林琴学文集》、《陈长林古琴谱集》和辑有8张唱片100首琴曲的《陈长林古琴专辑》三部重要著作面世。在陈长林看来，这是每一个古琴传承人都应该留给后人的资料。古琴不但可以悦己悦人，对陈长林来说更是社会责任，他要让更多的人通过古琴悦己悦人，提升修养，陶冶性情，弘扬中国传统文化。

打谱研究、培养传人、开展"吟唱"教学、纠正古琴领域的错误观念、移植创作古琴曲目等，陈长林对于古琴事业始终怀有一颗壮年的心。为了做更多的事情，陈长林每天清晨坚持一个半小时的体育锻炼。陈长林把身体也当成任务来做，因为他要尽量多地为未来留下古琴资料，将习得一生的经验传给年轻人。

2016 年 8 月

舞蹈理论研究工作的目的最终要在舞台第一线实现。

——刘恩伯

20世纪50年代，一批热血青年怀着"为新中国舞蹈事业的明天而学习"的豪情来到中央戏剧学院，加入了舞蹈运动干部训练班（以下简称舞运班）和舞蹈研究班，后来他们成了新中国舞蹈事业的垦荒者、播种人，在半个多世纪里为这项壮丽的事业立下了不朽的功勋，著名剧作家曹禺将这两个班称为"新中国舞蹈艺术的摇篮"。最早与舞蹈史学家董锡玖一同被选入美国《世界名人录》（*Who's Who in the World*）的中国舞蹈研究工作者刘恩伯，就是其中一员。

刘恩伯：化作春泥更护花

刘恩伯自小喜欢文艺，18岁那年从河北唐山到北京汇文中学学习。中央戏剧学院正式招生的第一年，他报考了戏剧专业的普通科，却意外因身体原因未能遂愿。为此，刘恩伯的心里憋了一股子气，次年舞运班招生，他毫不犹豫地报了名，如愿踏进中央戏剧学院。

新中国成立初期，中国还没有条件单独成立舞蹈学校，舞蹈界的专家建议，先办一个全国性的舞蹈训练班。不久，中央戏剧学院开设了舞蹈系，中国舞蹈事业的先驱、舞蹈家吴晓邦先生任系主任，负责筹备和主持舞运班的教学工作。

舞运班由吴晓邦主持，这也是刘恩伯执意报考的一个主要原因，一直以来他都在关注活跃在第一线的艺术家，还曾给吴晓邦写过一封信，并得到了回复。之后的几十年，他们亦师亦友，这段情缘也影响了刘恩伯一生的经历。

为培养新中国舞蹈事业的骨干力量，舞运班两个学期开了12门高水准的课程，学员们不仅接受了顶尖级的舞蹈专业培训，还听了欧阳予倩、梅兰芳、程砚秋、艾青、王朝闻等知名人士的专题讲座。在大师们的熏染下，经过一年多的刻苦学习，刘恩伯深深爱上了舞蹈艺术，坚定了从事舞蹈事业的信念，直到走上研究之路，他更感到扎实的舞蹈实践基础对舞蹈研究的至深影响。

　　从舞运班毕业，刘恩伯留校做了助教，次年大专院校调整，准备成立专门的舞蹈院校，刘恩伯和同事们跟随兼任中央民族歌舞团团长的吴晓邦，奔赴大西南调研中国民间舞蹈，着手编写舞蹈教材。西安、成都、重庆、贵州、云南，他们一行人在祖国的大山大水中一路走，一路唱，与少数民族同吃住，学跳不同的民族舞。

　　从大西南回来不久，刘恩伯接到了去东北学习秧歌的任务，就在两次调研的间隙，第一届全国民间音乐舞蹈会演在京举办，刘恩伯观摩了大量民间舞蹈节目，还借着艺人们在学院排练节目的机会与他们进行交流。此刻，中华民族丰富而优秀的舞蹈文化遗存震撼了刘恩伯，他的志趣也由此锁定在民间舞蹈。

　　早期民间舞蹈的学习与采风，不仅奠定了刘恩伯搞研究的基础，也成了他不竭的快乐源泉。在东北时，他们走村串乡跟着农民艺人学秧歌、唱二人转，目睹了东北民间百姓对二人转的狂热喜爱，也切身体会到这种艺术形式天真、活泼、灵巧的魅力，并预见到它很容易普及，将会流行在更广阔的地域。东北秧歌程式灵活，富于个性，每个艺人特色鲜明，刘恩伯是高个子，就跟大个子艺人学动作，他主张学习民间舞要去不同的地方采风体验，不能只在院校里，否则很难掌握民间舞的精髓。如今，伏案工作疲惫之时，他仍要扭上几步，耍耍手绢，他说秧歌是最有效、最简便的休息方式。

　　1954年中国舞蹈艺术研究会成立，吴晓邦任主席，工作重点之一是调查研究传统乐舞。此时，刘恩伯在新组建的北京舞蹈学校民间舞组执教。由于舞蹈学校民间舞课时极少，而新成立的舞蹈研究会正需要人手，所以刘恩伯随民间舞组负责人盛捷同志一起调到舞研会开展工作。

　　这时舞研会中国舞蹈研究小组成立，将传统乐舞的调查收集纳入国家社会科学的舞蹈规划中，刘恩伯与其他组员先后赴湖南、江西、福建、江苏、山东和广西等地收集传统乐舞，包括民间舞、戏曲舞蹈、道教乐舞和祭孔乐舞等舞蹈形式，其中对傩舞进行了长达三年的调研。

　　傩舞是我国古代驱鬼除疫祭祀仪式中的面具舞蹈，近十多年来成为显学，前些年有学者认为中国傩文化的研究开始于20世纪80年代，这个观点在刘恩伯等专家的佐证下得以匡正。由中国舞蹈艺术研究会组织的傩舞调查研究工作，也是新中国第一次有计划、有组织的实地傩舞调查研究活动开始于1956年初。刘恩伯等六位专业工作者先后到江西的婺源、南丰、乐安、黎川、遂川等，调查了80多个傩舞节目，获得了大量的第一手资料，拍摄了几百张面具的照片。次年夏天，刘恩伯等四位同事到广西调查，走访了13个乡的80多位艺人，采集了80多个傩舞节目，并最早使用电影、录音等现代手段记录了傩舞资料，拍了270张面具照片，收集到了罕见的宋代木刻傩面具、乐器和唱本。

调研回来后，刘恩伯与孙景琛共同撰写了《桂北"跳神"》一文，文中写道，这次调研发现了双层和世界上罕见的三层木面具，证明了古代桂府傩面甲天下的记载是可靠的，该文也是新中国傩研究最早的学术文章之一。历时三年的傩文化调研不仅在学术上积累了绝无仅有的丰富资料，刘恩伯等人还多次根据对民间艺人的学习，在临摹傩舞面具和服饰道具的基础上，制作了纸质面具和服饰道具，进行了几次小型汇报演出，同时展出收集来的珍贵傩舞文物，沈雁冰、阳翰笙、田汉、欧阳予倩、张庚、周怡白等文艺界专家亲临观看，引起各界关注。

刘恩伯将70%的精力放在了民间舞资料的整理与钻研上。1957年，他随吴晓邦老师去山东曲阜记录整理祭孔乐舞时，不但拍摄了对改革开放后恢复祭孔乐舞活动起重要帮助作用的纪录影片，还平生第一次看到孔庙保存的大量汉代乐舞画像石，被画中生动的舞蹈形象所吸引。此后他养成了一个习惯，不管到哪儿都要观摩收集遗存的古代舞蹈图像。20世纪50年代末，刘恩伯还参加了文化部组织的各文物博物馆征集展品的工作，曾赴广东、贵州、云南、四川等省考察征集，参与布置了当时建立的"中国艺术博物馆"舞蹈展室的陈列工作。直到"文革"前期，舞蹈调研工作被迫中止，他就与同事们合作将多年的调研成果编印为数省民间舞蹈调查资料，还经常到单位对面的中国社会科学院图书馆抄录北京民间歌舞活动史料，幸得手稿在"文革"中得以保全，1986年，他与孙景琛合作整理的《北京传统节令风俗和歌舞》出版，获中国艺术研究院首届优秀科研成果评奖资料二等奖，这本书也成了他的第一本获奖著作。

"文革"结束后，刘恩伯通过筹办由中国舞蹈家协会主持的赴瑞典、英国、奥地利等国巡展的"中国舞蹈图片展"，以及负责筹建中国艺术研究院舞蹈所舞蹈陈列室等工作，有更多机会调查收集到国内有重要价值的舞蹈文物和图像资料。1976年后，他开始在中国艺术研究院专门从事中国民间舞和古代舞蹈文物的学习研究，马不停蹄地到各地采风，做了大量调研工作，拍摄了大量珍贵文物照片，由他撰写的民间舞论文陆续被翻译成多国文字发表。这期间，最难忘的一次是，他与董锡玖等五人赴敦煌石窟考察，这次考察促成了"中国民族舞剧的典范"《丝路花雨》的创作，该舞剧30余年全球观众超过400万，创下吉尼斯世界纪录。

那时，敦煌很萧条，几乎没人来参观，在甘肃省委宣传部的特别关照下，调研组得到了敦煌文物研究所的热情接待，不但由专家史苇湘亲自讲解，更是把所有石窟的钥匙全部交给了刘恩伯保管。一个月里，他们详尽地看遍了每一个石窟，并把所有窟内的舞蹈形象，用线描图临摹下来，将经变画中的伎乐图像做了场记图和资料索引。这项开创性的工作使敦煌舞蹈第一次进入了人们的视野，在领队董锡玖的建议下，甘肃省歌舞团决定排演一台关于敦煌舞蹈的节目。创作期间，敦煌舞姿临摹图在舞蹈编导、演员和学生中竞相传摹，同时主创人员不断地给刘恩伯等专家写信，征求意见，经过数次修改，终于成功排演了中国舞蹈史上里程碑式的舞剧《丝路花雨》，在全国掀起"敦煌热"，在世界刮起"中国风"。

此刻，刘恩伯等人感到，有必要将敦煌调研的成果成书出版。刘恩伯始终认为理论研究工作的目的最终要在舞台第一线实现，学舞蹈出身的他非常渴望自己的理论成果能够促进舞台实践，从而在更广泛的范围内促进舞蹈创作与教学。于是，他与吴曼英、李才秀共同撰写了《敦煌舞姿》，这本书一经面世便销售一空，成为中国第一本集中介绍舞蹈文物遗产的书籍，其中伎乐索引被收入1998年出版的《敦煌学大辞典》。敦煌壁画舞蹈的"复活"，是中国舞蹈史论研究和艺术实践的成功结合，受此启发，刘恩伯参与编著了《中国汉代画像舞姿》一书，并着手整理编写中国古代舞蹈线描图集。

数十年中，刘恩伯费力最大的就是这项工作，他收集的舞蹈拓片和线描图足够办一个规模不小的展览，至今分门别类地收藏在他亲手打造的特制书柜里。整理汉画拓片和线描工作异常烦琐，为达到清晰的效果，他进行了大量摹画，以致视力急剧下降。

20世纪末，刘恩伯的中国古代文物舞蹈线描图被列入上海音乐出版社的图书计划，可拿到书稿的出版社领导建议，将线描图换成文物图片，以更好地表现舞蹈文物图像的原貌，提升学术价值。然而，舞蹈文物资料的收集本身已经很艰难，得到文物照片更是难上加难，在短期内完成这项任务非常人能及。无论怎样，出版社肯出钱，刘恩伯明知不易也决定迎难而上。

其后三年，他到各处采集文物图片，想办法补齐手里缺少的部分。好在多年搞资料工作，他练就了一门本事，见到舞蹈文物几乎能准确无误地记起出处，然后托搞文物的朋友，借书查证想办法尽可能做到翔实、全面。为借阅资料，烈日炎炎的夏季，古稀之年的刘恩伯常常提着十多斤重的书，往返于四处。那时候，没有数码相机，他连专业相机也没有，只能使用普通相机，与妻子合作，一个人对光圈，一个人按快门按钮，一遍又一遍地拍，拍废了的照片装了整整一纸盒箱。

不料，耗尽心血完成了的书稿拿到出版社后，出于经济效益考虑再次被搁浅，幸得责任编辑黄惠民几番坚持，秉承了出版社出版学术精品和经典图书的理念，才避免了图典的又一次"夭折"。终于，这部编撰历时 12 年之久、收录了近千张舞蹈文物图像的中国舞蹈史学的重大成果《中国舞蹈文物图典》在 21世纪初面世，填补了我国舞蹈史学科基础资料的空白。著名史学家史树青为其题写书名，著名历史学家李学勤为其作序，董锡玖评价："这本舞蹈文物图典，其选图之精当、文字之确恰、学风之严谨、设计之美观，美轮美奂，捧读之时爱不释手，敬佩之情油然而生。人说'十年磨一剑'，而'图典'却花费了作者半个世纪的心血。"这部图典不但荣获中国第二届优秀文艺图书二等奖，还入围了第六届国家图书奖复评书目，社会影响广泛。

半个世纪以来，刘恩伯曾在中外文报刊、论文集、辞书上发表过百余篇文章，是《辞海》、《中国大百科全书·音乐·舞蹈》（第一版）、《简明不列颠百科全书》等辞书中国民间舞词目的主要撰稿人，参与主编了中国首部舞蹈辞书《中国舞蹈大辞典》，专著、合著、编著十余种，成果屡次获奖，20 世纪 80 年代被邀任《中国民族民间舞蹈集成·北京卷》责任副主编，连续十五年受聘为"龙潭杯"全国优秀民间花会大赛评委，1989 年被选入美国《世界名人录》，1994 年起享受国家政府特殊津贴。2015 年，刘恩伯仍有两项未完成的心愿，一是整理出版几十年来他所积累的中国民间舞蹈资料，二是整理出版中国古代文物舞蹈线描图，希望将毕生积累的珍贵资料贡献给中国舞蹈事业，使自己的理论成果见效在舞台创作与教学实践上，"化作春泥更护花"。

2015 年 12 月

艺术应该是每个人生活的一部分，艺术会让生活变得更有情趣，它不应该为艺术家的专利，也不应把艺术竞技化。

——楼宇烈

"考完试去看国艺苑的汇报演出"已经成了不少北大学子寒假前的一项乐事。2014年冬，北京大学百年讲堂多功能厅座无虚席，名为"琴缘曲侣"的北京大学国艺苑岁末汇报演出暨毕业班古琴音乐会如约而至。虽然演出者都不是专业人员，但台上台下的一派喜乐祥和实在难得，北京大学哲学系楼宇烈教授更是亲自登台，与众学生唱起了昆曲《长生殿·惊变》……

楼宇烈与国艺苑

楼宇烈先生执教已逾一个甲子，桃李遍寰宇，虽近鲐背之年，仍为昌明国学奔走呼吁，人们称他"中国传统文化真诚的倡导者和实践者"。2003年，楼先生个人出资创办了以"以道统艺，由艺臻道"为宗旨的北京大学国学院京昆古琴研究所，学员们多为北京大学及各研究机构的读书人。他们习惯亲切地称之"国艺苑"。

国艺苑长期开办昆曲班，每周三定期上课，楼宇烈亲自教授昆曲，还先后开设了二三十个古琴班，免费教授琴学，学制三到四年，薪火相传。楼宇烈坚持主张艺术的实践和发展一定要遵循"以道统艺，由艺臻道"的传统精神，努力恢复艺术陶冶性情、净化人心、提升人生、和谐社会的本来功能，反对艺术异化为拼比技巧、追逐名利、刺激感官、煽动人欲、腐蚀心灵、污染社会的玩物。楼宇烈说："艺术应该是每个人生活的一部分，艺术会让生活变得更有情趣，它不应该为艺术家的专利，也不应把艺术竞技化。"

20年来，不少学子的生活因国艺苑而丰富，而国艺苑也悄然改变着亲近她的人们。参加本届毕业班古琴演出的清涟，就是其中之一。清涟是北京大学光华管理学院EMBA的学生，众所周知EMBA的学生都是在各行各业中事业有成

2014 年，"琴缘曲侣——北京大学国艺苑岁末
汇报演出暨毕业班古琴音乐会"合影

的。一次，她代表公司到北大送奖学金，校方将《北大百年讲坛》的一套书回赠给她，10 本厚书中，她仅仅看过一篇小文，可就是这篇《禅与生活》，她一看就是数遍，还打了批注，对里面的观点如数家珍。"平常心，本分事，自在人"，一下子，她的世界开阔了，心灵如被甘露滋润。

清涟敬叹佛家智慧，冥冥中寻找起自己的精神归宿，她想学佛。光华学院的教授见她如此诚敬，向她推荐了北大闻名的国学大家楼宇烈。那时，她还不知道，引她走向佛学的小文《禅与生活》恰恰出自楼宇烈。

经朋友介绍，清涟再次回到北京大学，就在光华学院的对面，老化学楼 2 楼，笛声引路，她推开了国艺苑昆曲班教室的门。

"楼老师您好！我叫清涟，我想学佛。"

"坐下来吧，听听昆曲。"

不知是否是先生的慈祥与亲切使清涟觉得这个时空似曾相识，反正昆曲的美，她瞬间就喜欢上了。在光华学院学习的时候，清涟曾无数次把车子停在对面的这座老化学楼前，却万般想象不到外表相差无几的两栋楼里竟有霄壤之别。一边展现的是经济高速发展的现实及实践者，另一边则充满了悠然自得、淡泊名利的文人意趣。在同一条时间之流中，比邻的两个空间里迥然不同的人事似乎没有任何交集。那一刻起，清涟盼望这两个仿若隔世的空间能架起桥梁，使中国传统文化的智慧更好地传扬开去。

因缘和合，清涟找到了她的另一个家——国艺苑，也由此走进了中国传统文化的世界，收获和浸染着她所带来的精神喜悦。

像清涟一样受国艺苑或者更确切地说是受楼宇烈的思想影响与恩泽的学生数不胜数。有人说，楼宇烈和其他佛教学者的最大不同在于，他不只坐拥书城，在书斋里讨生活，而且注重实践，身体力行积极用他的学识和智慧阐扬传统、传播文化、启迪众生。从一介书生、一名普通的大学教授到"中国传统文化真诚的倡导者和实践者"，崇拜者万千。楼宇烈说，自己做的不过为了"中国文化的正信"。他认为中国传统文化的生命力根植于人们的日常生活，中国的哲学与生活密切相关，上达下学，下学上达，思想与生活密切打通，因为没有被抽象出来，导致很多人误认为中国没有哲学、没有宗教，而中国文化的特质恰恰是一种"上薄拜神教，下防拜物教"的人文精神，这种人文精神尤其体现在其伦理精神和艺术精神中，所以从一定意义上来讲，中国传统文化亦可称为"礼乐文化"。由于长期割裂，人们在生活过程中，了解传统文化思想越来越困难，如果不从根上抓，光在理论上面，远远不够。不到生活中扎根，中国传统文化就真的变成无源之水、无本之木了，更无从发挥它的作用。

然而，如何实践中国传统文化？这个问题，从 20 世纪 80 年代起，楼宇烈一直在思考。改革开放之初，西方文化涌入中国，传统文化受到新一轮冲击，民众迫切地需要中国文化的正信。楼宇烈深感中国传统文化应该在民众中间普及，所以，他没有像大多数学者那样做专门的学术研究，不是进行从书本到书本的研究，而是致力于让更多的大众了解且不是片面地了解中国传统文化。"不要学了儒就认为儒是唯一的，不要学了佛就认为佛是唯一的，不要学了道就认为道是唯一的，要全面把握传统文化。"他说，儒释道三者的结合是中国人的智慧，这三家面对人类的三大问题，就是人与人的关系（儒家）、人与自然的关系（道家）、人与自我的关系（佛家），中国人的智慧早就看到了人类面临的三大问题。当然，这三家思想的每一家都可以解决这三大问题。中国的信仰也不是绝对要信仰一种，你可以信仰这个，他可以信仰那个，没有关系，都是解决人生的问题。还有更重要的一点，他认为光讲这些道理不行，人们能够听懂，还要实践，通过什么实践？讲的时候是道的层次，入手的时候要从艺的层次。艺术的艺，有文艺、武艺、技艺，音乐、舞蹈、文学是文艺，太极拳等是武艺，还有一批手工艺与方技，如中医，如果从这些艺入手，可以体会到中国文化在实践层面是如何运用的。比如中医，主张阴阳平衡，如果真正懂得和实践这些，就容易体会中国文化道的层次了。绘画也好，书法也好，弹琴也好，都可以体会到中国文化的精神。楼宇烈渐渐有想法，从艺的层面入手，提升人们认识中国传统文化道的层次，通过生活的实践，将哲理、艺理、医理结合起来，引导人们把握中国的人文精神。

这就是创办国艺苑的缘起。最初楼宇烈倡导北大成立"国艺馆",希望得到北大校方支持,包括提供场所,投资设备、基本道具乐器和聘用教师等。这样,就可以给学生提供学习中国传统艺术的机会,例如昆曲、古琴,也可以学琵琶、二胡、扬琴,只要有老师来教,都可以选择学习,包括书画、花道、茶道、手工、陶艺、剪纸、竹雕、篆刻等,把中国传统的东西传承下来、传播开去。同时,这也是另一种形式的社交,会打破学生们局限在学科领域的交际关系,给予他们更广泛的领域来交往,身心世界也会得到良好的熏陶化育。在经济上,三年时间基本可以初步实现独立、成为自给自足的团体。教学不收学费,但学生们运用所学制作的手工制品,如中国结、绘画、陶艺等,留在国艺馆,定期拍卖,或者学生也可以自己买回留念,维持机构运营。

但是这个想法并没有得到校方响应。于是,楼宇烈自筹资金成立了"国艺苑",从昆曲、古琴两项非物质文化遗产做起。"我们并不是要培养专业的古琴家和昆曲艺术家,而是主要通过这里,使学生有机会了解传统文化,进而来修身养性。"楼宇烈强调中国传统艺术从本质上讲是修身养性的途径,不是表演给他人看的。怡情养性是第一位,表演给别人看是第二位,至于去竞争,是不应该有的。当然,适当地比比技艺,互相提高,是可以的。但比赛也不在于排名,竞争就易变味,反而会损害修身养性的目的。中国传统文化中,不光是艺术,体育也是如此,不在于竞技,而是通过它来健身养性,中国古代的"射礼"也是,要把艺术和体育的精神都返本还原。国艺苑的方针就是这样:不是以学"技"为主,而是以学"道"为主,技差一点没关系,"道"提升了,"技"才能逐步提升。这是一个本末的问题,不能本末倒置。

楼宇烈常对学生讲,"不管学什么东西,先要学做人"。首先,把道德的基础打好;然后,把所学门类的核心理念掌握;最后才是技术。如学医,首先是"医德",其次是"医道",最后才是"医术"。如学艺术,首先学"艺德",有好的品德;然后才是"艺道",明白艺术是修身养性的,人们通过它来感受到一种精神的力量,即所谓的"由艺臻道";最后才是技巧。现在社会的状况几乎完全倒过来了,首先学技术,技术熟练,但不明白这门艺术体现了什么样的精神,个人的品德跟这个没有关系。举个弹琴的例子:该轻的地方要轻,但不能什么地方都轻;该重的地方要重,但不能什么地方都重。这是关于配伍的问题。其实,任何艺术品都包括了配伍的问题:轻重缓急、高低浓淡、远近大小等。中国人讲一幅画要"经营布置",书法何独不然?沏茶也如此,抚琴也如此,都要将这些东西配置好。弹奏古琴就要有快有慢、有高有低,以轻重疾徐、抑扬顿挫来配置，"急若繁星不乱，缓如流水不绝"，有时又是"此处无声胜有声"，但无声的具体处理又不相同。比如：音乐中的"中断"有时戛然而止，也有时慢慢停止，这都要前后接应、配合好才行。这样，通过鼓琴，人真正懂得做什么事情都要把它配合好，老是快速度是不行的，音乐没法听，画也没法看；老是慢腾腾也不行，昆曲让人睡，泡茶水不开。不假时日，性急的人就会慢慢把自己的浮躁降下，性缓的人也会慢慢把自己的情绪提升。在中国传统文化中，以"执其两端，用其中于民"为至德，正是充分把握和运用了"经营布置"这一艺术精神和技巧去处理人事世务的体现。

所以，国艺苑不在乎大家技艺学得好不好，而是让学生体验古人创造的东西，然后慢慢从中间去领悟什么是好听的，鉴赏之知和实际体验相滋相发，听出高低、弹出水平，慢慢也就成就性情了。真正体会到这些东西，就知道艺术对人生的修养是极其有意义的，在艺术熏陶中，就会使人成为把握生命艺术、人生艺术、生活艺术的人。

到国艺苑学昆曲、古琴的，不分专业，不论年龄，有的是楼宇烈的崇拜者，有的是好奇心驱使，时间长了，通过艺术和楼宇烈的言传身教，传统文化的价值观念和思维方式，便会内化为修养，成为不朽的财富。国艺苑古琴班毕业的黄海贝感言，作为70后，她和大部分同龄的孩子一样，从小到大循规蹈矩，按部就班地接受应试教育，也培养出一个本本分分的文科生的大脑，习惯通过文字认知事物。但在触及了古琴后，进入完全凭声音感知文化的纯艺术领域，她似乎发现了另一扇窗，强烈地想去探寻"太古遗音"底下的深远文明。她醉心琴技与琴道的修习，日子久了，心中自然生出感慨：我们这一代人遗漏了多少传统文化的熏习，又有多少传统文化会在我们这一代逝去。

国艺苑是怎样一个地方，回想初次去国艺苑习琴之所时，黄海贝说，那天雪特别大，河岸的一边被迫封路，行车只能排在另一边缓慢行驶，红绿灯也不见了踪影，几个小时的路程就像是在考验她学琴的坚定。数九寒天绕到这么远的地方学琴，没点劲头和毅力很难坚持下去。国艺苑离她的构想确实有不小的差距，甚至略显寒酸，只是一个小小的单元房，是楼宇烈在自家附近租用的。从杂乱的楼道上去敲开一户普通的门宅，里面有两间房，一间为席地而坐的茶席，另一间里摆了7张琴。见此情景的一刻，她想到了刘禹锡的《陋室铭》。在这间貌似简陋的单元房里，相聚的人都很博学，可以弹奏不加装饰的琴，修习传统，交流心得，岂不是"谈笑有鸿儒，往来无白丁。可以调素琴，阅金经"？

昆曲学习班设在校园里，往来的师生众多，很多人偶尔参加了一两次课后，便产生了浓厚的兴趣而留下来，这大概也是楼宇烈亲授的缘故。楼宇烈与昆曲结缘已有半个多世纪。早在上海上中学时，他听过梅兰芳的《游园惊梦》《断桥》等，就开始喜欢昆曲了。1956年北京昆曲研习社成立，1961年也是他留校执教的第二年，便加入了北京昆曲研习社学习昆曲。

后来由于"文革"的原因，昆曲研习社停办了，直到1979年恢复。20世纪80年代初，学校里面有一批人对昆曲感兴趣，他当时在北京昆曲研习社当组委，就请了一些老曲友，在北大成立了一个西郊小组，除了北大清华的教授，还招了一些学生来学。后来，老曲友年龄大了，西郊小组也就此中断。直到21世纪初，楼宇烈的几个学生，尤其有两个中国台湾学生，希望跟着他学习昆曲，他又有了创办国艺苑的想法，于是昆曲班再次于北大开办。楼宇烈对昆曲颇有造诣，曾被推选为北京市昆曲研习社（最早由俞平伯办）事务委员会主任。几十年来，几乎每个星期楼宇烈都有各种活动，吟唱昆曲、开展讲座、编排演出等，至耄耋之年还坚持要求自己的博士生和研究生学习昆曲。

楼宇烈说，中国的文化是一个整体，哲学和所有文化艺术，甚至科学技术是浑然一体、不可分割的，仅从哲学或文学的角度研究是不可能全面理解中国文化的。戏曲是音乐、文学、舞蹈等几个方面的综合艺术，重要的是，戏曲里反映了古代人的生活和思想感情，这也是了解中国人的整体文化和哲学的依据。中国哲学里有一个非常重要的思想"得意忘言"，从哲学角度讲，没有语言怎知思想？这个命题似乎是不能成立的。但从戏曲表演的虚拟性思维方式中就可以了解它产生的思想根源。

对国艺苑传承艺术和文化的做法，一些人不免认为消极，建议楼宇烈拉赞助，否则做不大。可他认为，做大了就会被"势"推着走，往往不能自主。他不愿意依靠别人，那样理念就很难坚持。《荀子·不苟》开篇道："行不贵苟难，说不贵苟察，名不贵苟传。"苟是苟且的意思，故意做难为之事，故意说惊人之语，不足为贵。以此为参照，不做违背人之常情的事情，正正当当地传名，不能为了传名，什么大话也会说，什么难事也要做。

所以国艺苑只做力所能及的事情。学琴先学做人，琴德、琴道，最后才是琴技，这样的顺序，要搞好，发展下去，这是楼宇烈办国艺苑的宗旨。陶冶性情的追求使大家有个非常融洽的群体，有个平和的心态，就是国艺苑所希望的。国艺苑不是要培养专门的艺人，是要坚持陶冶性情的宗旨，培养出种子，让它们慢慢发芽、慢慢传播开去、传承下去，虽然是在很小范围之内，但能使人真切感受到传统文化的精神和样式，也能让后人来欣赏体味。这样，就会薪火相传。

现在的社会风气使人觉得不赚钱，往往就有其他目的；或者不要钱，一定质量很差，似乎收费越高质量越高。像国艺苑这样不为牟利的公益事业难能可贵。楼宇烈幽默地说："国艺苑是愿者上钩，不推广不促销，是同道同好，那我欢迎你来，我不要任何报酬，免费提供。如果有人觉得我这个理念不错，要资助，我接受；但是从中要求回报，那我不要。"国艺苑同它的创建者楼宇烈一样，就这样安静地在燕园一角，只问耕耘，不求回报，广结善缘，孜孜以求，以道统艺，由艺臻道……

2015 年 3 月

要努力听清自己心底的声音，坚信无论什么时代，真正美的音乐才是人民需要的。

——傅庚辰

2015 年，首届全国文艺评论骨干专题研讨班上，著名作曲家傅庚辰的一场题为《音乐为人民》的讲座中，当《红星歌》《映山红》《雷锋，我们的战友》等他所创作的伴随几代人成长的歌声响起，众多学员几次潸然泪下。这位亲历过三次战争、与时代同呼吸、与人民共命运的歌者，以他对国家和人民的一腔热血、对音乐创作的严谨执着打动了在场的所有人。在傅庚辰到机场即将离开昆明之际，学员们接通了他的电话，合唱起他创作的歌曲《映山红》，表达 30 名学员由衷的敬仰和爱戴：

夜半三更哟盼天明
寒冬腊月哟盼春风
若要盼得哟红军来
岭上开遍哟映山红
……

傅庚辰：岁月如歌

在中国乐坛上，傅庚辰是一个颇有分量的名字，他用深入浅出、通俗易懂的音乐语言唱出了几代人心中的经典。从 20 世纪 60 年代《雷锋，我们的战友》《小松树，快长大》《地道战》《毛主席的话儿记心上》等脍炙人口的歌曲创作，到"文革"中滋润了万千人干涸心田的电影《闪闪的红星》系列音乐创作，再到《航天之歌》《小平之歌》《奥运之火》《中国梦》，这位耄耋之年的作曲家，将一生奉献给了"为人民服务"的音乐事业，同时收获了联合国世界音乐理事会终身荣誉会员等荣誉。

有人问傅庚辰，是什么促使他成为一心为人民的作曲家，他说，自己是在时代的浪潮下和老一辈革命音乐传统的影响下成长起来的。

1935年11月，傅庚辰出生于黑龙江，从小喜欢小提琴，但没条件学。不满13岁时，他考上了东北音乐工作团，被分给一支竹笛。在炮火硝烟中，他整天与竹笛相伴，随团参加慰问演出。辽沈战役胜利后，东北鲁迅文艺学院恢复办学，他脱下了黄衣服，换上了蓝衣服，如愿以偿地进入音乐系少年班专修小提琴演奏，于是一头扎进去，刻苦地学起来，因为以前不识五线谱，所以要比其他同学花费更多的时间。功夫不负有心人，到庆祝新中国成立演出《黄河大合唱》时，他已经担任了小提琴首席。这段在鲁艺的学习生活，奠定了他一生的音乐走向，也使他懂得了音乐的意义。

朝鲜战争爆发后，傅庚辰背着一把小提琴、一支笛子、一个箱子参加了西海地区慰问部队。他们跋山涉水、过封锁线，每天坚持演出2~3场，还要躲避敌机的扫射轰炸，晚上就住在坑道里。战场上、坑道里、朝鲜老乡家的炕头都是他们的舞台。在两次入朝与人民志愿军朝夕相处的日子里，不满20岁的傅庚辰找到了未来的方向："人生的路怎么走，就应该像最可爱的人那样，牺牲自己的生命为国家、为人民。"

也是在抗美援朝战争期间，由于初期挖防空洞，加上长时间练琴，傅庚辰右手腕关节发炎肿得厉害，多处医治不见好，又带病在战场上工作半年。1953年从朝鲜回国后，他不得不放弃小提琴演奏。组织上征求他的意见，问改行后愿意做什么工作时，他选择了作曲，从此走上了音乐创作之路。

进入东北音乐专科学校（后改为沈阳音乐学院）作曲系学习的第二年，傅庚辰就写出了《幻想曲》《青年圆舞曲》两首小提琴独奏曲，广受欢迎。而更早在1950年，年仅14岁还不懂作曲的傅庚辰，就曾凭感觉写出了他的处女作小提琴独奏《秧歌舞曲》，虽然曲谱没有发表过，可著名作曲家吕远说，他那时也演奏过多次。在创作当年，《秧歌舞曲》就登上了迎接外宾演出的舞台，东北人民艺术剧院的安波院长得意地说："让外国人看看，我们中国人这么小就能作曲、独奏了。"

东北音专毕业后，傅庚辰正式走上了部队音乐创作的道路。1961年，他从中国人民解放军总政歌舞团调入八一电影制片厂，不久《雷锋，我们的战友》诞生了，这首歌使傅庚辰的名字进入了寻常百姓家。

1964年3月5日，中央发出"向雷锋同志学习"的号召，八一电影制片厂成立了故事片《雷锋》摄制组，傅庚辰担任作曲。去雷锋班体验生活之前，他已经写好了一首主题歌《高岩之松》，因为那个时候他心中的雷锋，高大挺拔，宛若风霜雪雨中屹立不倒的高岩之松。然而，当他与雷锋班的战士同吃、同住、同训练，当他听雷锋的指导员和战友讲述雷锋的事迹，当他走进雷锋担任过校外辅导员的小学校园，看到三间简易的平房里陈列的那些"节约箱"、"旧袜子"、读书笔记本、收集的废旧物品等，对雷锋的认识，有了从量变到质变的飞跃，他决定重新创作，目标很明确，一定要写出雷锋最突出的特点："伟大寓于平凡。"

重新创作的想法没有得到原曲词作者的支持，傅庚辰就第一次自己动手写歌词。为构思歌词和音乐形象，他每天冥思苦想。就在一个彻夜难眠的夜里，凌晨1点多钟时，一句"雷锋，我们的战友，我们亲爱的兄弟"突然从心里冒出，他为之一惊，马上复唱一遍，接着往下："雷锋，我们的榜样，我们青年的标兵。"苦苦思索近两个月后，他所追求的音乐形象瞬间清晰起来。他兴奋地翻身坐起，乐思在灯下如泉涌，一口气写完全部曲调，然后如释重负，倒头便睡，一睡就是10个小时。起床后，三段歌词顺利地填完，影片《雷锋》的主题歌出炉。

录制音乐时，一位演奏家说："我们中央乐团自成立以来演奏的两部作品最让我们动感情，一部是柴可夫斯基的《悲怆交响曲》，另一部就是你傅庚辰的《雷锋》音乐。"影片上映后反响十分热烈，他接到了从黑龙江到海南岛众多观众的来信，有些至今还夹在他的那个写着"学习，平凡而伟大的战士"的笔记本里。虽然不久后，"文革"开始，影片《雷锋》受到批判而停演，但它的旋律已经印在了无数人的脑海中。多年后，在不同的场合，这颗缘的种子让他邂逅了不少知音。

在特殊年代里，傅庚辰为电影《闪闪的红星》创作的《映山红》、《红星歌》和《红星照我去战斗》像甘泉一样滋润了人们干涸的心灵。1973年，傅庚辰接到为电影《闪闪的红星》创作音乐的任务，到故事发生地体验生活后，他很快创作出全部影片的7段歌曲。就在乐队总谱已经完成之际，他偶然从创作组的抽屉里发现了剧本的第三稿，其中有一首歌词很简洁，质朴动人，却由于过于抒情而被否掉了。傅庚辰的心里萌发了创作的冲动，可如果写这首歌就意味着推翻已经写好的7首歌曲中的3首及其总谱，不但要冒艺术上失败的风险，更可能遭遇政治上的不测。经过几天的思想斗争，他最终决定"要努力听清自己心底的声音"，坚信无论什么时代，真正美的音乐才是人民需要的。下定决心后，他仅用了2个小时，就写成了这首歌，并取名为《映山红》。第一个拷贝出来后，有人质疑《映山红》是不是太柔美了，他则回答，《映山红》是他最喜欢的，也是最代表他创作风格的一首。后来这首歌用音乐的美征服了所有人，经历了数十年时光的检验，仍然在打动人、感染人。

"音乐要给人以鼓舞，给人以力量，给人以陶冶，给人以欢乐，给人以美的享受"，为了坚持这一创作信念，傅庚辰不止一次地迎难而上。1979 年新年伊始，歌剧《星光啊星光》（以下简称《星光》）的编剧所明心拿着剧本来找傅庚辰，说他和父亲所云平都希望这部歌剧能由他作曲。可当时他已担任了故事片《挺进中原》和《雪山泪》的作曲，还在柯岩同志诚邀之下，答应为她的歌剧《记住啊请记住》作曲，三部作品压在一起，时间很紧，"写不好还不如不写"，这是傅庚辰在创作上一贯的坚持，所以他答应看了剧本再说。然而，《星光》的剧情十分感人，不仅艺术上激起了他的共鸣，而且唤起了一个作曲家的社会责任感。

《星光》讲述的是一个震撼人心的悲剧故事，也是十年历史悲剧在个体命运上的缩影，但当时中央对"文革"尚未做出结论，距党的十一届六中全会对"文革"正式做出结论还有两年多，幸得时任中国歌剧舞剧院副院长的乔羽同志等坚决支持，这个戏才得以投入排练，不过彩排审查时，编剧作曲的有关上级均未到场。时隔一年之后，傅庚辰的两位领导善意地对他说："你写《星光》和《枫》（也是关于'文革'的）那样的作品干什么，吃力不讨好，别人还对你有意见。在评级会上人家提出你创作思想不端正，写了《星光》和《枫》。要不是我们说你还写了《雷锋》《地道战》《闪闪的红星》，评级你就不行了。"

文代会前后，《星光》在天桥剧场演出许多场，观众络绎不绝，反响热烈，尤其一些老同志，一面看戏一面流泪，甚至有人失声痛哭。他记得音协名誉主席吕骥看完演出后上台表示祝贺时说："不是说粉碎'四人帮'以后音乐界没有作品吗？今天看了你们的戏，这不就有了吗？"15 年后的傅庚辰作品音乐会上，由于曲目多、时间不宜过长，有些同志建议不上《星光》的选曲，而他则执意拿掉其他一些作品，甚至是获全国一等奖的作品，上了《星光》第七场，并增加了舞蹈，仍由万山红主演。因为《星光》是他音乐生活中难忘的一页，也是文艺舞台上一朵耀眼的浪花。

1983 年，傅庚辰调任总政歌舞团团长，几年后被授予少将军衔，任命为解放军艺术学院院长，曾任第八届、第九届、第十届全国政协教科文卫体委员会副主任，第五届、第六届中国音乐家协会主席，第七届中国音协名誉主席、中国文联全国委员会荣誉委员等。担任音协主席的十年间，傅庚辰多次强调，音乐工作者要为群众写歌，要写群众能唱、爱唱的歌，并指出歌曲创作最重要的有两点："一是要吃透作品的主题思想"，主题思想决定作品的方向；"二是要吃透作品的艺术风格"，艺术风格决定作品的成败。而这正是他不懈践行的追求。例如为电影《地道战》写歌时，傅庚辰起初在剧本中"清晨，一轮红日冉冉升起。画外，太行山上响起了抗日歌声"一处注明："此处可用《在太行山上》。"

但后来发现歌曲与影片中的情绪不够吻合，关键是"自由之神在纵情歌唱"完全不是农民的语言，于是自己作词谱曲，创作了日后家喻户晓的《毛主席的话儿记心上》。

傅庚辰的音乐创作从未丢弃过"为人民服务"，他的音乐血脉中延续着聂耳、冼星海等老一辈革命家的音乐传统。他说，从 13 岁加入新民主主义青年团的庄严时刻开始，他已经把自己的一生交给了一个伟大的事业，一个崇高的理想——为人民服务，而聂耳、冼星海的事迹，也永久性地在他的生命里打下了烙印。

从蔡楚生写的一篇回忆聂耳的文章中，傅庚辰了解到，没有受过系统学习训练的聂耳，音乐创作完全出于时代和生活。为了写纺织女工的歌，聂耳每天早上到工厂里聊天唱歌，了解工人生活。一次，蔡楚生进厂，听到摄影棚传出的歌声，一下子被吸引住了，就坐在路边箱子上听，被带到游行、斗争的意境中去。唱完后，蔡楚生走到楼上，本想祝贺聂耳，可一看到跟女工一起排练歌曲的聂耳血脉偾张，面颊双手全都是汗，便激动得说不出话来，只能紧紧地握住他的手，表达对他的敬意。聂耳写《卖报歌》的时候，为了验证是否符合实际，还唱给卖报的女童听，加进吆喝声，又通过这个小孩儿把这首歌传出去。从生活中来，到生活中去。这种经历，傅庚辰后来也运用到自己的创作之中。

20 世纪 80 年代末，他受邀为电视剧《破烂王》创作音乐，写歌的时候有个假期，他就到本溪去，找到故事原型，了解收破烂变废为宝、在改革中组织行业提高效率、改善生活水平的事迹，然后走到街上去，听见"破烂的卖，破烂换钱"的声音后，兴奋地决定把吆喝声加在歌曲中间，于是有了"破烂街，破烂巷，收破烂的锣儿三声响。……破烂的卖！破烂换钱！……"。

傅庚辰不但以多产的音乐创作为人民服务，还以一个文化工作者强烈的社会责任感和历史使命感为音乐界、文艺界和社会主义文化事业做了很多开创性的事情，启动"金钟奖"便是其中之一。

1998 年前后，中国音协曾经有意创办一个全国性的音乐大奖，但因经费问题一直搁浅。一年后，傅庚辰担任中国音协主席，感到"音协工作需要有个抓手，不能让经费问题困住手脚"。这一年，他在考察农村文化建设情况期间，听河北省政协主席说起廊坊市市长希望与中国音协联合办个合唱节，感到是个良机，便提议"要办就办'金钟奖'"。

经过三轮谈判，21 世纪伊始，廊坊市投资百万元举办了第一届"金钟奖"。比赛尚未结束时，厦门市文化局等四个部门便登门要求第二届移师鼓浪屿。从第三届起，"金钟奖"永久落户广州市。作为中宣部批准设立、中国文联和中国音协共同主办的中国音乐界唯一的国家级综合大奖，"中国音乐金钟奖"以其特有的权威性、专业性和导向性成为中国音乐界的龙头工程和全国重要的文化品牌。而启动并实现"金钟奖"的构想，则体现了傅庚辰过人的魄力与能力。

也是担任音协主席期间，一个上午，傅庚辰到医院看望吕骥、李焕之等老艺术家的时候，恻隐之心大动，他为这些老艺术家们的生活现状深感痛心。当天下午，他就在全国政协文艺界联组会上作了发言，转天又提交了"为少数年届80，从事文艺工作60年的老文艺家发放生活补贴"的政协提案，会上得到国务院主要领导的支持。2000年底，他接到了国务院工作人员的电话，被告知，关于给部分老艺术家发放生活补助的文件已正式下发，"给予1985年工作制度改革之前文艺级别为1至4级的老艺术家每人每月1000元生活补助"。在此事的触动下，傅庚辰在随后"金钟奖"的组织工作中提出专门为"年届80，从艺60年以上，并拥有卓越成就和贡献的老音乐家"设立"终身成就奖"。至2015年，已有50多位老艺术家获此殊荣。

如今，耄耋之年的傅庚辰仍在坚持创作，为中国文化事业的繁荣发展不辞辛劳地奔走。在大大小小的各种讲座中，但凡涉及音乐，他都一如既往地充满艺术的激情，不管多长时间总要站着讲。对于成就，他说自己不过是踏踏实实地创作了一些人民喜欢的作品，若有秘诀，便是"不要有私心杂念，踏实做人，做本分事，不投机取巧"。如斯，傅庚辰始终践行着"诚挚于人生，执着于事业，忠诚于理想"的人生信念，在中国音乐史上、文化史上庄重地留下了自己的名字。

2015年8月

人类的各民族、各群体必须抛弃各自的狭隘利益，以"地球村"的思维同舟共济，共同抗衡世界乃至地球的颓势。为此我们赋予文学、艺术以回归自然、拥抱人类乃至一切生命的使命，让人类与地球和谐地延年益寿。

——叶廷芳

100 多年来，西方现代主义文艺运动向欧洲文艺的传统审美观和艺术形式发起了猛烈而持久的冲击，从而使 20 世纪以后的西方文学、艺术在思想理论、美学原则、艺术形式和风格上都发生了巨大的变化。这变化与 19 世纪以前相比是划时代的，深刻地影响了现代人的审美思维与行为方式。这场巨变的精神基点是什么？对中国社会发展的价值何在？中国文学与艺术应放眼怎样的视域？对此，享誉国际学坛的中国德语文学研究界耆宿叶廷芳表达了自己的见解。

叶廷芳：文学、艺术的"救赎"之道

林琳（以下简称林）：您是最早把欧洲两位重要的现代作家——卡夫卡和迪伦马特介绍到中国，并加以学术化研究的重要开拓者之一。20 世纪七八十年代，在多数同行关注古典时代的作家时，您却选择了现代文学作切入点。与传统文学比较，您认为现代文学到底发生了哪些革命性变化？卡夫卡对世界文学的意义是什么？

叶廷芳（以下简称叶）：现代主义运动是一场深刻的思想革命，也是一场巨大的美学革新，它打破了以往时代某一种形式或风格占统治地位的独尊局面，形成了多种风格并存的格局。以现代主义文学为前导的一个多世纪以来的文学，较之传统文学，其革命性变化，我把它归纳为以下五个方面。

第一，哲学与文学紧密交融，堪称"联姻"。20 世纪西方文学一个鲜明特点是哲学有力地打入了文学，使文学在两个层面——人文观念和审美观念——发生了巨大的变化。而打入文学的西方现代哲学思潮中，存在主义恐怕是打入最深的一种哲学思潮。代表这一思潮的那些巨头，从创始人克尔凯郭尔到尼采、海德格尔、萨特，他们首先是哲学家，同时也是文学家和美学家。存在主义注重研究人的存在方式和生存处境，文学在它那里具有更多的"人学"的特征。从文学作品中反映出最多哲学思想的作家当数卡夫卡。这也是其作品意义深远的原因之一。卡夫卡的不寻常之处是他深切感受到世界的荒谬性，他的作品写的都是对生存的一种刻骨铭心的感受，他笔下的那种孤独感、危机感、恐惧感以及那种障碍重重的挫折感，"字字见血"，揭示了现实的异化和存在的尴尬。卡夫卡从未用哲学语言阐述过存在主义或有关荒诞的观点，但他用文学语言所表达的生存感受显然比任何职业哲学家都来得鲜明、真切、强烈。可以说，在把哲学变成美学这一层上，卡夫卡与克尔凯郭尔、尼采和萨特是一拨儿的，而卡夫卡最纯粹。在哲学层面上，卡夫卡最真切地觉察到人类现代文明发展中的"异化"现象，并通过文学语言向人类发出了响亮的警号！

第二，审美视角的内向转移。在欧洲，亚里士多德提出的"模仿论"有效统治了欧洲文学达1700年之久，古典主义、现实主义都遵循这一美学理论。19世纪下半叶开始，象征主义、表现主义、意识流等相继出现，人们不再遵循客观现实来创作，而遵循了重主观的"表现论"。现代主义思潮兴起后，作家更强调主观的内在的情感。审美视角的内转强化了"文学是人学"这一意识。文学的任务就是要表现人在事件过程中所激起的情感和人性本身的无限丰富性和复杂性。现代文学的内向化倾向、主观意识的增强以及对人自身"内宇宙"的关注，不仅折射了千变万化的外部世界，也大大强化了文学的分析功能，扩展了写作视野。

第三，想象向神话回归。我们说现代文学向神话回归，并不是说它要回到古代神话的相同境遇里，而是对古代神话原始出发点的再肯定，是按否定之否定形式的上旋，用萨特的话说："我们倒更愿意说它回归一种传统。"这种传统就是神话的传统。与浪漫主义的想象不同，现代主义文学的想象不遵循习俗的基本道德准则、基本人文理念、基本社会秩序和自然本体，而更像梦里出现的不可名状的千奇百怪的幻象，它反映了人对异己力量的恐惧与梦魇，是人的想象在"内宇宙"的自由驰骋。弗洛伊德的现代心理学从学术层面肯定并强化了这一美学思潮。

第四，艺术风格的多元格局。现代作家的信条都以重复为耻，既不重复前人的，也不重复他人的，甚至不重复自己的。重复是匠人的习性，创造才是艺术家的本色。德国伟大戏剧家兼美学家席勒说过，理性要求统一，自然要求多样。这里的"自然"指的就是人的本来欲望。多样性而不是统一才是整个艺术生态的特征和常规，事实上，多流派、多形式、多风格、多手段共存共荣，至少在西方世界已成为艺术生态的常态。艺术风格的多元格局，标志着人类天性的回归。

第五，艺术表现手段的变革。这大体表现在以下十个方面。（1）思想主题的譬喻性。这也是哲学广泛渗入文学而引起的艺术表现方法上变化的结果。（2）表现手段的"间离"主张。即把人们熟悉的经验陌生化，引领人们从另一个角度重新认识这经验，通常使用的手段是怪诞、夸张、变形、悖理、假定性等。（3）思维方式的"非理性"。这是现代心理学兴起并广泛进入文学的结果，丰富的想象呈现为千奇百怪的幻象（这是浪漫主义的想象与现代主义的想象的根本区别）。常见手段有意识流、梦幻、荒诞。（4）主人公告别传统"英雄"，趋向"非英雄"，甚至"反英雄"。这也就是说，平民阶层取代了帝王将相和上流社会。（5）强调题材的现代性。（6）结构趋向松散而复杂。（7）情节淡化甚至被取消。（8）时空被打乱。（9）作者从"全能"叙述地位引退。（10）风格厌繁求简，趋向素朴。

林： 您对现代艺术如克尔凯郭尔的小说、布莱希特的戏剧等涉及文学、绘画、舞蹈、戏剧、建筑等各领域的理论辨析式的评论对文学艺术界产生了广泛影响，就像您对卡夫卡的引进直接影响了我国的小说创作一样，您对迪伦马特作品的引进直接触发了我国的戏剧创作。凡走进您视野的研究对象如卡夫卡、迪伦马特、布莱希特等均引起了强烈的社会反响，您认为其中最主要的原因是什么？当然选择他们做研究对象不但需要智慧的、战略的眼光，更需要勇气和毅力。

叶： 从哲学背景说，迪伦马特与卡夫卡都属于存在主义的代表人物，探讨人的生存处境，关注危机中的个体生命，在现代主义思潮中影响很大。迪伦马特和卡夫卡一样，认为现实是以悖谬的形式出现的，是荒谬的，只有用讥讽的方式、令人哄堂大笑的手段对付它最合适，他把他的戏剧创作完全定位为黑色幽默式的"悲喜剧"，手法上好用怪诞，这些都与卡夫卡有异曲同工之妙。布莱希特也是"完全立足于20世纪的艺术家"（赫茨菲尔德），在国际剧坛开一代新风。他的成就主要不是表现在前人基础上的提高，而是常规以外的独创，潜心于"非亚里士多德"戏剧的缔造，是戏剧"表现派"的开拓者。我国著名导演黄佐临曾把他纳入当今世界三大戏剧流派之一。布莱希特的非同寻常之处是：他政治上信仰马克思主义、社会主义，主张"把戏剧赶入贫民窟"，但在美学上却是倾向现代主义的！他用自己的创作实践证明现代主义并不是资产阶级的专利。人的审美趣味总是不断变化发展的，要与时代同步。如果把某一种审美形态凝固化，当作不朽的"样板"令后世人永远来效法，这种教条主义会扼杀艺术的生机。卡夫卡、迪伦马特、布莱希特都是革新艺术的先锋，是人类思想进步的先驱，是现代精神的推动者，而中国目前正缺乏这种精神。

林：所以您不止一次地撰文疾呼："我们的审美思维要进入现代语境！"无论是对中国文学，还是对戏剧、建筑等领域而言，莫不如此。

叶：是的。我们的审美观念死板和陈旧。早在20世纪上半叶，世界上尤其是欧美的大多数作家都已经获得了一个共识：文学（艺术也一样）的本质是想象，而不是模仿，因此文学的形式和风格应该是多种多样、多姿多彩的，而不应该是独尊一格的。可是我们的文学直到20世纪80年代前期始终独尊"现实主义"，而现实主义又与写实主义混为一谈。今天的世界文坛，如果你的作品内容没有新的开掘，美学上没有新的贡献，是绝对引不起注意，也不能与诺贝尔奖涉缘的。

林：现在某些人对莫言作品持否定性的评价，如李建军《是大象还是甲虫？》中评价莫言的《檀香刑》"是一部缺乏分寸感与真实性的小说。它的叙述是夸张的，描写是失度的，人物是虚假的。……莫言用自己的文字碎片拼凑起来的是一些似人而非人的怪物"。对此您怎么看？

叶：李建军是一个新锐的、有才华的文学批评家，但他在批评莫言的时候，陷入了一个美学范畴的误区：他用"模仿论"美学来评论莫言的作品显然是错位的，因为莫言的作品属于"表现论"美学范畴。如果美学范畴看不清的话，对象就迷失了，好的东西变成坏的东西。"模仿论"美学要写实，莫言不是写实，但是你能透过他写的那些似是而非、似非而是的表象，激起一种想象，感觉到他所写的是什么。这样的作品如果用别林斯基"美是生活"的理论模式去套就会牛头不对马嘴。

表现主义者把创作看作"内在需要的外在表现"。他们笔下的怪诞是由强烈情感激发起的生活图像的扭曲或变形。所以，表现主义作品往往具有一种刻骨铭心的真实性。文艺作品不管以什么形式面世，其真实性的品格大概是不会变的。问题在于：真实性的依据是什么？是不是只有那些司空见惯的、符合习俗观念的、具有因果联系的事物才是真实的？现代作家偏偏认为"世界秩序是由谎言构成的"（卡夫卡）。属于"表现论"美学范畴的作品常常以悖谬为审美特征，完全不同于模仿论的写实主义。悖谬的审美情趣就在于这种似假还真、似非而是，若即若离、若明若暗、若隐若现。悖谬常见的感性形态是"怪诞"，用美国美学家桑塔耶那的话来说就是一种"有形非形，混淆不清"的畸形物。它是一种滑稽而机智的虚构：艺术家有意歪曲或夸大事物的某一因素，使之怪异；

或者将两种极端相反的东西放在一起，造成强烈的反差和滑稽意味，如崇高与卑下、美丽与丑陋、善良与凶恶等。莫言作品中的怪诞现象固然破坏了外在的可能性，却依然存在内在的同构性。悖谬逻辑在德语国家的文学创作中颇受青睐，有人甚至认为它已成了现代短篇小说创作的一种基本模式。而悖谬作为一种艺术手段近年引起我国作家、艺术家的重视，如小说《犯人李铜钟的故事》《红高粱》《桑树坪纪事》等，这种创作现象的产生，无疑是作家、艺术家的生存体验向审美境界升华的结果，说明我们的作家、艺术家的哲学思维已经开始突破"一元论"的模式，审美思维已开始摆脱"模仿论"的唯一选择，人文观念已初步具有了"悲剧意识"（这是一种具有积极意义的现代意识）。这标志着我们的文学艺术正经历着一场深刻的变化、一种质的飞跃，它正处于一种向现当代的世界文艺趋近的态势，以更有效地与世界对话。莫言获得诺贝尔奖就是证明。

林：中国文学、艺术要发展，需要现代人文精神和现代审美意识的普遍觉醒。这也是您尤为看重德国古典文学及巴洛克意义的原因。2009 年，74 岁高龄的您仍然不惜花费大量的时间和精力举办"文化史视域里的歌德、席勒及德国古典时代"国际学术研讨会。为将已在欧洲翻身一个世纪之久的巴洛克带进中国人的视野，您不懈努力，经过近十年呼吁和提议，终于使其成为德语文学研究会的年会主题。在您看来，德国文学、德国古典文学、巴洛克文学的核心价值是什么？

叶：以强大的德国古典哲学为背景的德语文学和以歌德、席勒为代表的德国古典文学具有一种很强的现代精神，这种现代精神即一种富有活力和前瞻性的、能推动时代进步的人文精神。从 17 世纪起，在法国重复前人的古典主义风头正盛并取得统治地位的时候，在德国，当然更有意大利和西班牙，以"怪异"为特征的美学新风尚"巴洛克"横空出世。德国和德语国家是巴洛克文学艺术十分繁荣的国度，以至像音乐中的巴赫、小说中的格里美尔豪森分别成了欧洲巴洛克音乐和小说的顶级代表。繁盛于 17 世纪的巴洛克，在 20 世纪现代主义的思潮中复活，它强大的野性基因表现出一股不可抗拒的现代力量的精神涌动，这种复兴不仅仅是巴洛克的外在形式和风格，更重要的是它巨大的原创精神和勇气。形式上巴洛克完全背离了文艺复兴强调均衡、凝重、高雅的传统，追求动势、惊异、反差的效果，偏爱"反英雄"和综合艺术等，但在精神实质上恰恰是巴洛克继承并丰富了文艺复兴的传统！这也是现代艺术的实质。

这种巨大的原创精神和勇气也是德国古典文学的代表人物歌德和席勒所坚持的。在这两位巨人刚出生的时候，德国文学还是不独立的，缺乏自信的。那时一部分人主张学英国，更多的人则主张学法国。歌德20多岁的时候就旗帜鲜明地说：我读到莎士比亚戏剧第一句的时候，就像盲人触到光亮一样，豁然开朗。而法国的古典主义对我不啻是一种桎梏！是非多么鲜明！他和席勒怀着振兴德国民族文学的伟大抱负，自觉地携起手来，使"1+1>2"！他们也以学习古希腊罗马文学的人文精神为榜样，但决不在形式和风格上做文章。否则歌德就用不着花60年的漫长时间去写《浮士德》了。而席勒那些才华横溢的作品，许多都是火山爆发式的产物，绝对不是按照什么模式能够模仿得了的。正因如此，这些伟人视野广阔，能站在时代的"制高点"，发表一系列跨越几个世纪的远见卓识。《浮士德》中那个"人造人"欧夫良，简直就是21世纪"克隆人"的绝妙写照；歌德提出的"世界文学"的展望，真正在我们的时代实现了；他在《威廉麦斯特的漫游时代》中塑造的"世界公民"形象也成为现代人追慕的对象。席勒与歌德都已觉察到正在兴起的工业化所带来的负面影响，在人的精神素质的提高和精神人格的完善方面进行了深入的思考。

　　林：您在《他们共同铸造着一个大写的现代人》一文中说：歌德、席勒所追求的"人"是精神结构全面、思想情感丰富、审美情操高雅、伦理道德高尚的人，是歌德通过浮士德说出的"用我的精神掌握最高和最深的道理，把人类的祸福都集中在他的胸中"的"全人"。您如何理解"全人"，这种认知在人类思想史上的意义是什么？

　　叶：人类尽管有了几千年的文明发展，却并没有普遍意识到人是地球上最有尊严的生命，是对别的众多生命负有责任的生命。现在人类不但对别的生命任意摧残、捕杀，而且人类中的强势群体和邪恶势力，常常为一己之利不惜奴役、践踏他者。难怪马克思曾指出：迄今为止的人类社会依然处于"史前阶段"。历来人类知识精英，尤其是哲学家、思想家和文学家一直都在思考着、阐述着什么是真正的人、一个值得大写的人。

　　在文学领域，两位巨人歌德和席勒，如果没有"人"这根轴心，没有深厚的人道主义情怀，不把人放在大写地位，则这两位政治身份、经济状况和创作风格不尽相同的作家不可能走到一起。他们意识到人性中的重大缺陷是阻碍社会发展的深层原因，意识到提高人的精神素质的必要性和紧迫性，并以改造国民的精神人格和重建德意志文学为己任。席勒对完美人格的构想侧重在审美和伦理的层面，并将它们与政治学、社会学、人类学相贯通。歌德《浮士德》"全人"的标本，实际上是个人类的隐喻，如果没有毕生追求"全人"的体验，则不可能完成。对此我感触最深的有四点：第一是它的"太初有为"的命题。讲的是行动的重要性，触及人的一个本质问题——实践。改变世界就必须有行动，我认为这是他要去宫廷做官的主要原因。第二，《浮士德》向我们揭示了一个巨大的真理，即人类的进取和追求是不会知足的，因而也是无限的，人类永远到达不了一个至善至美的境界。第三，人类的发展或个人的成长与追求是在善与恶、积极与消极的矛盾中行进的，不会一帆风顺。第四，一个全面发展的人不能缺少属于人本体的基本生命体验，包括生儿育女。

志向高远，视野开阔，不受狭小地域的局限思考问题，这是歌德和席勒的共同特点。两位智者都是因为放眼世界，拥抱人类，并把人类的整体利益和长远利益当作最高的价值追求，故能站在时代的制高点观察、思考和发现问题，并常常表现出超前意识和哲学深度。这一传统的第一个接力棒是尼采，他的"上帝死了！"的警号堪称欧洲现代主义的一声春雷！哈贝马斯甚至说他也是"后现代的第一人"！这也是为什么世界级的现代主义、后现代主义德语作家成群涌现，仅奥地利就有很多！

林：为阻止20世纪90年代中期北京市政协一个房地产开发商集资100亿元复建圆明园的提案，您在《人民日报》《光明日报》撰文多篇，并在担任全国政协委员期间不止一次提交提案表示反对，哪怕复建十分之一也坚决反对。《废墟也是一种美》《美是不可重复的》《记住耻辱，还是怀念辉煌？》《不要触动那片沧桑的废墟》等文章在建筑界和社会各界均掀起了不小的反响，从而阻绝了大规模复建的可能。

叶：我说过"美是不可重复的"，因为如前所说，美是流动的，一个时代有一个时代的美，何况昔日的圆明园如今已经成了入侵强盗的"作案现场"，是刺刻在国人脊梁上的耻辱，因而成了中华民族最后那段苦难历史的最有力的见证。这样神圣的国耻纪念地，当然是不可触动的。任何一个有民族自尊心和文物意识的人都不会赞同为了一个复制品而毁掉一件无可替代的、不可再生的珍贵文物的。

总结人类文学艺术的历史，在继承传统问题上，我们得到的主要经验是什么？我的回答是：继承前人的艺术创造精神，这才是继承的精神实质，而不是表面的形式和风格。否则，不但弘扬不了传统，反而只会窒息传统。这在近代欧洲有过深刻的教训。17世纪的中南欧出现过一股"怪异"的审美风尚，即巴洛克艺术，席卷了文化艺术各领域。这在当时欧洲占统治地位的古典主义者看来是违背文艺复兴传统的歪风，故艺术史家们始终不予以承认。约200年后，直到19世纪80年代，瑞士艺术史家沃尔夫林经过对巴洛克和文艺复兴的深入研究后指出：恰恰是巴洛克继承了文艺复兴的艺术创造精神，尽管它在风格上与文艺复兴大相径庭。果然，带有巴洛克特征的文学艺术在20世纪广泛出现，我视之为巴洛克"基因"的复活（这也是德国作家格拉斯获得诺贝尔文学奖的重要原因）。而一心想把文艺复兴的美学特征定于一尊的古典主义自从遭到浪漫主义的重击后，这时已经寿终正寝了。

正因为传统是有二重性的，是精华与糟粕混杂的，而我们的传统又是悠久而丰富的，因此在新的时代条件下，我们当前的首要责任是在反思传统的基础上继承那些具有创新活力的基因。

林：您曾说，建筑是一种"大地的雕塑"，一旦耸立而起，就不同程度地参与了人的精神塑造，这也是建筑的美学品格一直受您关注的缘由。您的不少有关建筑文化和建筑美学的文章和演讲振聋发聩，而您在建筑界的最大"动作"是影响了国家大剧院的设计——当大剧院的造型设计被业主拍板时，媒体在发布新闻公报的时候，唯一引用的观点就是您的"反差的审美原理"。您认为，中国建筑艺术要有所作为关键在于什么？

叶：一定程度上说，一座像样的国家大剧院是一个国家文化形象的重要标志，是这个国家的"文化礼服"。它不仅承载着满足各种艺术形式演出的实用功能，而且承载着它本身的形象所体现的审美价值。值得欣慰的是，经中央批准，这个国家大剧院的设计方案，实行国际招标，这一破天荒的开明之举，为剧院取得世界第一流技术水平和高度审美价值提供了可能。但另一个问题是评审的原则问题，是专家还是业主来拍板的问题。

最初，国家大剧院的承办者未能避免习惯的思维模式，在设计招标一开始提出三条美学要求，即三个"一看"：一看就是个剧院，一看就是中国的，一看就是建在天安门广场旁边的。显然这三个"一看"全是过时的建筑理念。众所周知，20世纪70年代竣工的、举世公认的建筑奇观悉尼歌剧院，开始一看就不像个剧院。同样，已故法国总统密特朗亲自主持的卢浮宫扩建工程，由华裔建筑师贝聿铭设计的玻璃金字塔，一看也不像个博物馆，故一度骂声不绝，但曾几何时，它却成了公认的世界建筑奇观。再如法国建筑大师柯布西埃设计的朗香教堂以及1963年落成的柏林爱乐音乐厅、1972年竣工的慕尼黑奥林匹克运动场等世界艺术杰作都如此，它们充分展示了想象自由所带来的人类建筑智慧的新成果。"一看就是中国的"，这种对"中国"的理解是狭隘的。中国传统建筑的结构形式和"大屋顶"风格，走过从秦代开始的整整2000余年的时间，我们的建筑在美学上只有对"精"的一定追求，却始终没有发生过质的跨越，难怪有人说它是"超稳定结构"。这种"超稳定"是在中国强大的封建体制控制下的极端封闭的文化环境下形成的，那种仅仅通过师徒或家族进行技术传授的方式，始终把我们的建筑师局限在"工匠"的水平和很低的社会地位上，而且上升不到理论高度。这种状态导致了我们的建筑文化诸多的负面效应：习惯于纵向承袭而不敢大胆超越，殊不知继承不是一味地模仿传统建筑的形式和风格，而是继承前人的艺术创造精神。还有国家大剧院与天安门广场的关系问题。天安门广场是个庄严的场合，建筑物与周围环境的关系处理，一是与之谐调，一是以"反差"解决。天安门城楼、正阳门、前门、大会堂、博物馆以及纪念碑，它们形成了一个极为壮观的艺术整体，周围再有什么新的大型建筑物出现，都必须在美学上服从它，突出它作为已然的艺术整体的宏伟形象，因而在高度、体量、色彩方面都必须做出"让"的姿态，而不应是"争"的架势。由于大剧院建筑面积相当大，约等于大会堂的六分之五，如果以民族形式的单体建筑的面目出现，就避免不了"争"的格局。因此若用"反差"审美原理处理这一空间难题，让新旧建筑处于友好的"对话"状态，当是可取的。

为了反对这三个"一看"，我也提出了三个"一看"原则：一看是美的，不愧是一座建筑艺术的杰作；一看是现代的，能与世界建筑新潮流衔接，因而与我国的对外开放态势是合拍的；一看与天安门周围的群体建筑不争不挤，单门独户，相得益彰、相映成辉。安德鲁的"一条弧线"的设计方案正符合这三个条件：它没有任何棱角，不与周围伸胳膊伸腿，而是静卧在一方园林的水池里，足不出户，与世无争，是个最平和的存在。而且它从长安街往南后缩 80 米，从而把行人的视线尽量让给邻近建筑，与长安街和天安门整体美学风貌——疏朗——取得了和谐。向北看，则它与中南海、北海、什刹海、后海的园林水系保持呼应。因而我称之为"不谐和中的大谐和"！

有人质问：怎么能把法国人的东西放到中国首都来呢？但这不是法国人的东西。法国的建筑无论古代还是现代都没有这样的造型特点。这是一件独创的建筑艺术品，而艺术是没有国界的，这早已成了国际共识。知否，美国"9·11"被毁的双塔楼是日本人设计的，西班牙巴塞罗那电视塔是英国人设计的，悉尼歌剧院是丹麦人设计的，巴黎的蓬皮杜艺术文化中心是意大利人和英国人合作设计的……中国人要想在世界建筑中取得一席之地，必须放眼世界，以人类智慧在这个领域所达到的最高水平为坐标，而不是念念不忘"中国的"。西班牙20世纪三大艺术家毕加索、达利、米罗，风格上完全背离了民族传统，却不仅推动了西班牙艺术，而且推动了世界艺术的发展；既极大地丰富了西班牙的艺术传统，又大大提高了西班牙在世界上的文化艺术地位。毫无疑问，国家大剧院提升了中国在国际上的文化形象。它反映了今天中国人的开放胸怀和审美眼光。

林： 如您所言，艺术是没有国界的。您认为在人类进步的历程中，文学、艺术的使命是什么？面对现代文明带给人类的诸多负面影响，又该怎样作为？

叶：古希腊哲人苏格拉底有一句铭语镌刻在德尔斐神庙上——认识你自己。可惜人类至今仍不能认识自己。一个关键的问题是人自身是一个善恶并存的矛盾体，而且二者之间往往没有明确的界限：从善的愿望出发，有时也会招致恶的结果。现代人的悲剧就在于由于不能认识自己而导致与外部世界的种种冲突或蹈入盲区，诸如人与人的关系、人与社会的关系、人与自然的关系以及人与科学的关系等。人的有尊严的存在是以尊重他人的尊严、尊重客观世界的既定法则为前提的。当前人类的生存危机主要应归因于三种关系处理不当，即人与自然的关系、人与科学的关系和人与世界的关系。

人与外部自然的不恰当关系正在被越来越多的人所认识，但还有一个领域的"自然"即人自身的自然或曰"内在的自然"仍被许多人忽视。今天讲生态学如果不把自然生态、社会生态和精神生态一起加以研究就不可能是完整的科学。

在这个问题上应该充分体现"以人为本"的精神，这才叫"科学决策"。

采访手记：

多年前，在一次生态美学研讨会上，我结识了叶廷芳先生。那次会议在衢州（先生的故乡）举办，叶先生被邀为特别嘉宾。我参与了会议的组织工作，与叶先生有一些交流。大会结束当天的会议餐上，叶先生问我要了电话号码，之后逢年过节我都会问候先生。

先生除了在德国文学研究领域享誉世界，对任何美的对象都保有天然的亲近与敏感，对美的灵犀使他在文学以外诸多领域如戏剧、音乐、美术等都有涉猎，并触类旁通，他以敏锐的学术眼光发现和注视着文学以外各个领域的美，把文学的元素融入各个艺术领域，把文学、艺术、美学疆界打通，观点常常振聋发聩。所以有人喜欢称他为"跨界学者"，吴冠中先生则说他是"通才"。

偶尔我会约请先生同去看剧，听先生鞭辟入里的品评。先生不仅睿智、有情怀、有大爱，而且是以学术精神（"有道"）入世的勇敢践行者（"有为"）。我怕笔拙迟迟不敢动笔写有关先生的文章。直到去年春节前后，趁着拜年探望的机会，我对先生做了一次深入的访谈。行文过程不仅受益良多，而且非常愉快。《叶廷芳：遍寻缪斯的骑士》初稿完成后，先生给予了肯定，对我则是莫大的鼓励。半年后，蒙先生抬爱，我不但有幸参加了隆重的"洪堡论坛·叶廷芳先生八十寿辰"学术座谈会，还有了作引言人发言的机会。

当天，作家王蒙、周国平，歌唱家关牧村、姜嘉锵、金家勤，建筑大师马国馨，外交家李留根，剧作家过士行等，各界社会知名人士汇聚一堂，盛况远远出乎主办方的预期，奏响了为期三天的洪堡论坛的最强音。短短两个多小时无法言尽大家对这位智者的情意，从蒙蒙细雨开始，至夕阳普照，美好灿烂的金光照进人心。

之后不久，我受《中国文艺评论》重托，作了这篇有关文学、艺术的学术访谈。我不单又一次经历了精神的洗礼，而且更加深切地感受到：叶先生的血液里燃烧着遍寻缪斯的激情。如今，耄耋之年的叶廷芳先生仍如一名自由的骑士，以"虎的勇气、鹰的视野、牛的精神"（一次先生受邀在中学母校做演讲，题目即为《虎的勇气、鹰的视野、牛的精神》），一如既往地在精神世界的高地前行！

2017 年 7 月

附文

叶廷芳：遍寻缪斯的骑士

多年前，欧洲名牌大学之一苏黎世大学在世界范围内遴选出 13 位知名学者授予"荣誉博士"学衔，那是德语国家最高的学术荣誉。庆祝会上，坐在头排中间的两位学者备受瞩目，一位是犹太裔德国哲学家图根哈特，另一位就是中国社会科学院外国文学研究所的叶廷芳。当叶廷芳走上台从校长手上接过奖状时，突然爆发出暴风雨般的掌声，他也成了瑞士权威报纸《新苏黎世报》发表专题文章和照片做报道的唯一获奖者。

闭幕时，礼堂后壁打开，呈现了一个宽大的宴会厅。刚入座，叶廷芳的眼前出现了一对熟悉的男女，阿道夫·穆施克夫妇。穆施克是当代瑞士文学界的泰斗，与叶廷芳交往多年，这一次特地携夫人来道喜。他告诉叶廷芳，迪伦马特也获得过苏黎世大学"荣誉博士"的殊荣。叶廷芳惊喜之余幽默地说："原来是迪伦马特把他的荣誉转让给我了。"

叶廷芳是最早把欧洲两位重要的现代作家——卡夫卡和迪伦马特引进中国的学者，颁奖词如是说，他推动了中国的日耳曼语言文学乃至中国当代文学的发展，并在诸多社会、文化热点学术论争中，发表独到见解，观点新锐，表现了"勇敢精神、先锋精神和正直品格"。

继获得"荣誉博士"后，2011 年叶廷芳又被国际歌德学会授予"荣誉会员"尊号，这是该组织首次向中国人授予这项殊荣，奖状上表彰：叶廷芳是"著名学者、卓越的翻译家和中国与中北欧文化桥梁的杰出架设者"。

叶廷芳先生是德语文学研究界耆宿，对德语国家的现代文学和文学理论有很深的造诣，尤其在德语现代主义文学的研究、阐释和译介方面，在行外诸多领域的自由驰骋方面，可以毫不夸张地说，国内无出其右。然而，能够在事业上得到国际学术界的至高荣誉，绝非仅有高超的翻译水平和研究能力可以企及，至关重要的是学术上的宏阔视野和战略眼光。

卡夫卡、迪伦马特、布莱希特……凡走进叶廷芳视野的研究对象均引起社会反响，社会反响是衡量一个学者成就大小的重要依据。没有哪位翻译家像他一样有幸，翻译了同一个剧作家的四出戏剧全部被搬上中国舞台。诚如中国作家协会一次吸收会员的建议会上叶廷芳所言，判定一个译者有没有资格当作家，不仅要看他翻译的数量和质量，更要看他翻译了什么，就是说看他选择的眼光，看他对文学是不是有兴趣和兴趣的浓度。

1961 年，刚从北京大学西方语言文学系德语专业毕业的叶廷芳留任助教，三年后，他随恩师冯至调入中国科学院外国文学研究所，奉命编辑刚创刊的内部刊物《现代文艺理论译丛》。这项工作成了他与西方现代文学首先是卡夫卡结缘的纽带，因为它需要订阅较多的西方的外文报刊，叶廷芳这才知道卡夫卡在西方影响之大，"异化"问题在西方讨论得多么热闹。

20 世纪 50 年代后期，在"解冻"思潮下，苏联、东欧社会主义国家已经研究起卡夫卡了。叶廷芳看到捷克共产党中央委员兼文艺评论家保尔·雷曼于 1957 年写的一篇评论卡夫卡的文章，那是共产党世界第一次试图部分地肯定卡夫卡的尝试；又读到苏联科学院院士扎东斯基于 60 年代前期写的长文《卡夫卡真貌》中对卡夫卡正反两面的看法以及费歇尔对卡夫卡的基本肯定态度，受到启发和鼓舞。随后，在一套国内的"内部丛书"中，他读到了一批在当时被视为"毒草"的西方现代主义文学作品，包括卡夫卡和迪伦马特的。这套书一律用黄色封面，故俗称"黄皮书"。叶廷芳觉得这些"颓废派"作品并不颓废，里头甚至还有些很精彩的东西。对当时主流定性的怀疑，促使叶廷芳萌发了翻译、研究现代派作品的念头。

"文革"结束后，中科院哲学社会科学部改名为中国社会科学院，胡乔木院长指示不要老搞"研究的研究，死人的研究"，要搞些新鲜的、原来没有做过的研究。叶廷芳很是赞同，即刻想到卡夫卡和迪伦马特，他们在世界的反响大而国内却没有人研究。于是他决定放弃从少年时代就钟情的诗歌领域，转而关注起小说与戏剧，迫切想把"黄皮书"中的这两位"颓废派"德语作家介绍给中国读者。1978 年起，叶廷芳在国内率先翻译了迪伦马特的戏剧代表作之一《物理学家》，发表后迅速被上海戏剧学院搬上舞台，引起意想不到的社会反响。

与此同时，刚刚复刊不久的《世界文学》杂志也想"突破禁区"，发表一篇较公允的卡夫卡评论作为"重评西方颓废派"的突破口，叶廷芳作为当时的编辑赶写了万余字的《卡夫卡和他的作品》，该文首先受到所长冯至先生的赞许，冯先生兼任《世界文学》主编审阅该文校样时欣喜地说："在这样短的时间里把这样一位复杂的作家写得清清楚楚。"该文与李文俊翻译的《变形记》一起发表在 1979 年《世界文学》第 1 期上。多达 30 万份的发行量令这篇立足于肯定卡夫卡的文章引发了强烈反响，使许多人意识到过去饱受批判的现代派并非一无是处。

但是，刚从"文革"中走出的社会"病去如抽丝"，许多亟待转变的观念尚需时日才能回到正轨。主管文艺工作的领导对现代派仍有疑虑，强调对现代派的研究要着重于艺术借鉴，对思想方面则要慎重。为此，叶廷芳又从美学角度出发，在《文艺研究》上发表了《西方现代艺术的探险者——论卡夫卡的艺术特征》，再次收获好评。

在此后的 30 多年里，叶廷芳始终坚持实事求是的科学精神，致力于德语文学的研究，后来接任了冯至先生首创的德语文学研究会会长一职。

戏剧方面，改革开放初期叶廷芳在《外国戏剧》上发表的长文《别具一格的瑞士戏剧家迪伦马特》同样引起戏剧界乃至文学界的强烈反响。随即应人民文学出版社约稿，叶廷芳翻译了一本迪伦马特的戏剧选集；除上海外，北京人民艺术剧院也争相上演迪氏的剧作，选了迪氏的另一部代表作《贵妇还乡》（即《老妇还乡》）。不久继中国作协吸收叶廷芳为会员之后，中国剧协也吸收他为会员。他也成为中国戏剧改革的积极参与者，曾撰文大声疾呼："我们的审美思维要进入现代语境！"被人称为"著名戏剧评论家"。他的一系列戏剧评论，尤其是有关高行健、林兆华和徐晓钟等人的几篇长篇学术性论文至今仍是有关博士生写论文时的参考资料之一。加上《罗慕路斯大帝》和《天使来到巴比伦》，叶廷芳一共翻译了四部迪氏代表剧作，影响遍及海内外。他是唯一有幸被迪伦马特亲自接待、宴请并一口气长谈四个半小时的中国人。20 世纪 90 年代前期，他收到了拥有迪氏作品出版专利的瑞士第奥根尼出版社无偿寄赠的迪伦马特的全部作品和有关迪氏的著作（共 56 部）。不久，他又收到该社与瑞士文化基金会的联合邀请，赴瑞士进行了为期四个月的学术访问，收集了尽可能多的有关迪伦马特的资料，并与瑞士戏剧界、文学界建立了良好的联系，与瑞士有名的女演员、迪氏许多剧作中女主人公扮演者贝克尔，瑞士深孚众望的小说家穆施克，卓越的文学教授封·马特等结下友谊。21 世纪以来，叶廷芳先后受港台戏剧界和艺术院校之邀，前往演讲。

1981 年，叶廷芳在迪伦马特家做客

就像对卡夫卡的引进直接影响了我国的小说创作一样，对迪伦马特的引进也直接影响了我国的戏剧创作，不少知名剧作家都是最初受到迪伦马特的启悟才走上戏剧创作道路的，如马中骏、过士行、罗辑、霍秉泉等。过士行甚至说："没有迪伦马特我还根本没想到写戏。"原是个工人的马中骏，第一次看《物理学家》时欣喜若狂，一口气买了七本《迪伦马特喜剧选》分送给大家，后来写出了电影《街上流行红裙子》、话剧《老风流镇》等。

从哲学背景看，迪伦马特与卡夫卡一样，其创作观念都属于存在主义哲学。存在主义探讨人的生存处境，关注危机中的个体生命，所以在现代主义文学思潮中影响很大。卡夫卡写的都是对生存的一种刻骨铭心的感受，叶廷芳说，卡夫卡从未从理论上阐述过存在主义或有关荒诞的观点，但他用文学语言所表达的那种荒诞感、孤独感、危机感、恐惧感以及那种障碍重重的挫折感等生存感受显然比任何职业哲学家的理论阐述都来得鲜明、真切、强烈；而迪氏和卡夫卡一样也颇受克尔凯郭尔的影响，认为现实是以悖谬的形式出现的，是荒谬的，只有用讥讽的方式、令人哄堂大笑的手段对付它才最合适，所以他把他的戏剧创作完全定位为黑色幽默式的"悲喜剧"，手法上好用怪诞，这些都与卡夫卡的创作有异曲同工之妙。

从对卡夫卡与迪伦马特这两位作家的创作特征的领悟中，叶廷芳发现了现代主义作家的一个普遍的创作奥秘——悖谬。叶廷芳认为，这是他们把哲学变成美学的结果，或者说他们成功地把哲学的一个概念，变成一种极为有效的艺术表现手段——黑色幽默！这是一种果戈里式的"含泪的笑"的艺术。叶廷芳发现，奥地利的穆齐尔、法国的加缪、俄国的阿赫马托夫和万比诺夫、美国的海勒及其"黑色幽默"作家群都属于这个美学大家族。叶廷芳还因此撰写了长篇论文《论悖谬》，发表在 20 世纪 80 年代后期的《文艺研究》上。"悖谬"这个从哲学中派生出来的美学或诗学用语，也是叶廷芳先后与多位哲学家和美学家切磋后提倡使用的，现已被普遍接受。叶廷芳写的另一篇力作《论怪诞之美》是他突入现代语境途中从细处咀嚼现代美的得获。这两篇论文相当深入地揭示了现代美的奥秘，是叶廷芳从研究具体的作家作品出发对现代美学做出的贡献。

从微观到宏观，再从宏观返回到微观，这是叶廷芳从事研究工作的基本方法，也可以说是他的诀窍。如果说上述两文属于"微观"的一例，那么他的《西方现代文学的大走向》和《西方当代文学的艺术表现特征》就是他试图在宏观方面把握西方现当代文学的尝试。许多高校教师把它们作为教学的内容。显然，这样的概括需要高屋建瓴的学识。此外，在叶廷芳面前还有个更大的宏观，即将文学与其他艺术门类贯通。数十年来，叶廷芳进出剧院不下 1000 次，并经常参加讨论。音乐会、艺术展也常见他的身影，以至著名雕塑家隋建国2013 年赴新加坡办个展，唯一邀请的行外同行者就是叶廷芳。清华美院吴冠中研究所还聘叶廷芳为"研究员"。此外，他还是个"快乐的歌手"（这也是他青年时创作的并受到专家好评的一首歌的歌名），社科院"五七"干校文工团的独唱演员。这些跨界行为堪称智慧的外溢，是创新人才的特征。但对叶廷芳来说，这是成为一个合格的文学研究者所进行的必要的"美学操练"。有的媒体则更愿意称他为"跨界学者"，吴冠中先生则称他为"通才"。

然而，叶廷芳与卡夫卡的关系不止于研究者与被研究者的层面，更是一场深层次的"精神相遇"，一次生命体验的"共振"。卡夫卡《变形记》里有一段情节：格里高尔本来是家里得力的生活来源提供者，后来他病了——"变形"是病的一种喻意表达——不能再给家里提供生活来源了，家人对他的态度也慢慢变了。这一情节时常让叶廷芳感怀于年少时自己在家中的处境。

1936 年，叶廷芳出生于浙江衢州农村的一个中农家庭。由于母亲早逝，因患肺结核无法从事重体力劳动的父亲，一直将希望寄托在三个儿子身上。不幸的是，最被看好的老二叶廷芳 10 岁那年的一次贪玩，断送了一条左臂。致残后，父亲对叶廷芳的态度发生了很大变化，家里的兄弟姐妹看见父亲的表现，也慢慢改变了对待他的态度。像卡夫卡一样，叶廷芳越来越害怕父亲，畏父情结加上社会歧视，造成了他一度的自卑心理，同时又孕育着他的某种叛逆情绪。

小学毕业时，叶廷芳被公立中学拒招而休学，成为家庭的"多余人"和社会的弃儿。父亲悄悄把家里拥有的一块水利条件最好的一亩半水田的田契做到叶廷芳的名下，告诉他将来可凭它来收租，供自己糊口，甚至明确告诉他："老婆就不给你娶了，你养不活的。"这令叶廷芳感到酸楚，但他不肯听命，决定学会种旱地与之抗争。于是，他与邻家一个穷孩子一起去山坡上开荒，一口气开了十多块地，其中有两块种了小麦、白薯，都长得很好。这件事使叶廷芳建立了信心：他完全有能力养活自己！

一年后，叶廷芳听一位同村的高中学长说，他这样的身体状况或许也可以上中学。叶廷芳考取后，父亲却担心会影响家计，不让他去。叶廷芳不以为意，就趁着父亲出去串门的机会，偷偷带上行李自己跑了。那个下雪天他含着眼泪，凭一个肩膀挑着30多斤的担子，一身襄衣、笠帽、草鞋，连袜子也没有，踏着泥泞的土路跑了45里地，到城里堂兄的住处时天色已晚。叶廷芳向堂兄借了40斤大米，交了第一期学费，终于走入了梦寐以求的初中课堂。

此后的十余年，虽有挫折，叶廷芳再没有放弃过对学业的追求，一路读到中国最高学府——北京大学。童年的际遇给了叶廷芳不同常人的生命体验，也赋予了他与命运抗争的"不服输"的精神品格，还因此产生了一份想为大家尽点力、做些事的社会责任感。

所以，走上治学之路的叶廷芳不做象牙塔中的学问，不做"研究的研究"，而是与社会需要结合起来，以推动社会进步为目标，用萨特存在主义的一个术语说就是"介入"。西方文化的学术生涯，以及由于愚昧错过科学治疗而痛失手臂的遭遇，使叶廷芳萌生了一种启蒙的激情。他深刻地意识到近代以来国民观念较之西方的落后，自觉地将所学传播给更多的人以开启民智。但这不是一帆风顺的事情，常常会遇到固有观念的阻碍。

20世纪80年代初，叶廷芳第一次去欧洲，发现那里的建筑风格多样、错落有致，一眼看去很美，对比国内建筑，却多半破旧且样式单调。在叶廷芳的观念里，建筑是一种"大地的雕塑"，它不依人的意志而存在，随时诉诸人的视觉器官，迫使人立即产生情绪上的反应——愉悦抑或厌恶、轻松抑或压抑，建筑一旦耸立而起，就不同程度地参与了人的精神塑造，这也是建筑的美学品格一直受叶廷芳关注的缘由。

由于身在北京，叶廷芳自然更关心首都的建筑，希望它有朝一日也能像法国巴黎、俄国圣彼得堡和西班牙马德里那样壮丽辉煌。从欧洲回来后，他写了一万五千字的长文《伟大的首都，希望你更美丽》，发表在北京市委机关刊物《学习与研究》上，并被分期转载在《北京晚报》，一时引起街谈巷议。接着，鉴于国内有的建筑专家不承认建筑是艺术，或承认艺术却不敢谈艺术，又鉴于中国建筑师历史上从来不被重视，被置于"工匠"地位，以致现在有些大型建筑竣工剪彩时，只提官员不提建筑师的名字，叶廷芳一连写了《建筑是艺术》和《请建筑师出来谢幕》两篇短文发表在《人民日报》上，引起建筑界的重视，他也从此成了建筑界的常客。

不久，为保护建筑遗存、反对许多地方在古遗址重建古建筑的现象，叶廷芳在《光明日报》发表文章《废墟也是一种美》。20世纪90年代中期，听说北京市政协一个房地产开发商提案，要以房地产开发的思路来集资100亿元复建圆明园，而且得到一些知名学者支持，叶廷芳又写了一篇题为《美是不可重复的》文章醒目地发表在《人民日报》上。这两篇文章的题目后来成了圆明园争论中常被引用的命题，他也成了"废墟派"的代表。

1998年，叶廷芳成为全国政协委员，经过一年的调查、磋商和思考，他写了反对重建圆明园的提案，征求到49位委员签名，包括汝信、梁从诫、李学勤、邓友梅等一些著名专家学者，这对北京市的原方案起了抑制作用，重建不再提了，但2000年北京市又做出一个决定，要复建十分之一的建筑。

尽管结果看起来倾向于叶廷芳，但他并不同意折中方案，文物就是文物，这是科学，是不能折中的。为此，两年后他再次在政协牵头写了一个提案，征集了43名委员的签名，一致要求将复建十分之一的计划"冷一冷，放一放"。但复建十分之一的行动还是按计划开始了，首选最有代表性的辉煌建筑之一"含经堂"，不料动工后，发现下面有壮观的建筑遗存，不得不作罢。可非但没总结教训，又马上另选了乾隆皇帝接待外宾的主要场所"九州清晏"准备动工。为反对此举，叶廷芳在《人民日报》发表文章《记住耻辱，还是怀念辉煌?》，指出建设一个强盛的国家有两条路径：一条是大兴土木，追求表面光鲜、豪华；一条是勾践的战略，卧薪尝胆，坚持上百年艰苦奋斗的精神。因此，我们一定要保护好这一入侵者的"作案现场"。"当我每看到西洋楼那堆残垣断壁，就仿佛看到一位历史老人在发出永远的无声的控诉!"叶廷芳如是说。

后来，由于圆明园管理处搞"防渗工程"，引起舆论哗然，复建工程停顿了两年，两年后为阻止工程，叶廷芳又写了《不要触动那片沧桑的废墟》发表在《人民日报》上；党的十七届六中全会召开后，提出建设文化强国，又有人对圆明园跃跃欲试，叶廷芳立即发表文章，指出许多同胞热心于重复前人、缺乏创新意识的通病。最后，圆明园遗址被国家确定为"考古遗址公园"，复建肯定是不可能了。

跨学科的视角和启蒙式的介入使叶廷芳受到了建筑界的欢迎与重视。他的不少有关建筑文化和建筑美学的文章和演讲振聋发聩。如他于 2003 年在文津讲坛的演讲《中国传统建筑的文化反思与展望》引起强烈反响，包括《新华文摘》在内的多家报刊作了转载，被多部论文集收录，《光明日报》甚至用了两个整版予以发表。他的《建筑的审美特性》（又名《建筑七美》）一文《中国艺术报》用了两个整版刊登。但叶廷芳在建筑界的最大"动作"，是影响了国家大剧院的设计。起初，他曾与建筑大师张开济、科学院院士何祚庥、建筑学会副理事长（现理事长）张钦礼，联名写信给中央劝阻拟花 30 亿元盖 15 万平方米的国家大剧院计划。但这一建议未被采纳，在非建不可的情况下，他决定干预它的建筑风格。

很快他在报上见到国家大剧院国际设计招标会上宣布的三个"一看"的原则：一看就是个剧院，一看就是中国的，一看就是建在天安门广场旁边的。叶廷芳非常不赞成这三条陈旧的理念，他抢在第一轮评审之前，先后在《中华建筑报》《光明日报》《人民日报》上撰文反驳。他认为，悉尼歌剧院一看就不是个剧院，却大大提升了澳大利亚的国家文化形象；中国传统大屋顶的审美能量已在 2000 多年的农耕文明时期穷尽，不可能再有超越；而天安门周围已经形成了既定的、宏伟而带有政治意义的建筑群，再与它协调势必臃肿，不如尝试"反差的审美效应"。

叶廷芳在文中将自己对国家大剧院的美学期盼也概括成了三个"一看"：一看是美的，不愧是一座建筑艺术的杰作；一看是现代的，能与世界建筑新潮流衔接，因而与我国的对外开放态势是合拍的；一看与天安门周围的群体建筑不争不挤，单门独户，相得益彰，相映生辉。他主张运用"反差原理"来处理天安门建筑群附近国家大剧院的空间难题，符合"后现代"建筑的"对话意识"理念：既尊重他者的既定存在，也不掩盖自己的时代特征。

这一观点是否对评审产生了影响，不得而知。最终中标的方案，是来自法国设计师保罗·安德鲁颇具现代艺术气息的"巨蛋"。叶廷芳立刻理解安德鲁"我要的是一条弧线"的美学思路，基本符合了叶廷芳对国家大剧院建筑造型的期许。媒体在发布新闻公报的时候，唯一引用的观点是叶廷芳的"反差的审美原理"。在起初对确定了的设计方案一片哗然的反对声中，"不谐调"是其最高音。叶廷芳立即发表了《不谐调中的大谐调》一文进行辩驳和阐释。当时的《文汇报》驻京办主任读后立即致电叶廷芳说："在读过的所有有关国家大剧院的文章中，算你这篇讲得最透彻、最有说服力！"后来中央电视台《焦点访谈》

在介绍国家大剧院的时候，是请叶廷芳去谈的。

叶廷芳不仅在建筑文化和建筑美学方面出版过50余万字的著作，对任何美的对象他都保有天然的亲近和敏感。包括上述圆明园遗址，他都觉得"具有一种巨大的悲剧的美"。文化和美学是统摄文学和艺术的各个门类的，对美的灵犀使叶廷芳在文学以外诸多领域如戏剧、音乐、美术等都有涉猎，并触类旁通，因之他也与吴冠中、钱绍武、谢辰生、沈鹏、关牧村、吕远、林兆华、邵大箴等众多的文化艺术名士保有密切的精神往来。他以敏锐的学术眼光发现和注视着文学以外各个领域的美，把文学的要素融汇到各个艺术门类中去，把文学、艺术、美学相互打通。关牧村经过学院的训练之后，叶廷芳立刻发觉她的奇美音色的原创性反而减损了。这意见引起关牧村本人的震动和共鸣。叶廷芳进而在《人民日报》撰文指出：我不羡慕完美的高山，我只激赏那奇崛的险峰，哪怕它有缺陷。

随着专业研究的深入和域外阅历的增加，叶廷芳发现，一种与"怪"的审美形态相联系的文学艺术作品在西方现代文艺中越来越受到重视，而这也是卡夫卡和迪伦马特作品的艺术风格之一。后来得知，这在17世纪曾经是一股很盛行的审美风尚，风行于大半个欧洲，覆盖了文化艺术的全部，持续了一个世纪。它叫"巴洛克"。它结出的果实是一大批灿烂的星：巴赫、亨德尔、贝尔尼尼、伦勃朗、鲁本斯、弥尔顿、格里美尔豪森……甚至米开朗基罗与莎士比亚。由于受正统的古典主义的排斥，它在欧洲文艺史上被埋没了整整两个世纪！但随着20世纪现代主义的兴起，长期受压抑的巴洛克的"野性基因"（叶廷芳语）普遍复活。叶廷芳发现，首先是德国的表现主义在巴洛克那里看到自己的血亲。除刚才提及者外，大诗人贝歇尔、大戏剧家布莱希特、代表性的表现主义小说家德伯林，以及后来的诺奖得主格拉斯等都是带有巴洛克鲜明印记的文豪。因此叶廷芳认为，不熟悉巴洛克就不能很好理解20世纪的文学和艺术。但巴洛克这一重要文艺现象的历史和现实在社会主义国家长期被抹杀，以至初版《中国大百科全书·外国文学卷》连个"巴洛克"的词条都没有。叶廷芳认为自己有义务为其正名。为此他不惜中断手头的研究课题，先后两次赴欧洲考察巴洛克的文学以及建筑、绘画、雕塑。回国后写了两篇长篇论文《巴洛克的命运》和《西方现代文艺中的巴洛克基因》，先后发表在《文艺研究》上，引起很大反响，受到吴冠中先生的赞赏。

有了巴洛克的功底再来看德语国家乃至欧洲的现代文学和艺术，叶廷芳明显深了一个层次，谈论起来比别人更有底气和兴味了，有时看别人的译作，更别具慧眼。例如他评价杨绛先生的翻译时，一针见血地指出：杨绛先生在选择翻译对象时别具眼光，她倾毕生之力翻译的小说毫无例外都是欧洲文学的"巴洛克小说"或曰"流浪汉小说"，无论《吉尔·布拉斯》《小癞子》还是《堂吉诃德》概莫例外。他还幽默地表示，看起来如此美丽、优雅、端庄的译者却偏偏看上了不修边幅的"流浪汉"！

就在钻研巴洛克美学期间，叶廷芳获得一个重要的启悟：如何看待传统和继承问题？直到19世纪80年代，欧洲的艺术史家们200年来一直责难巴洛克艺术"背叛"了文艺复兴传统。1886年，瑞士艺术史家沃尔夫林却石破天惊地指出：他经过对巴洛克和文艺复兴的深入研究，认为恰恰是巴洛克继承了文艺复兴的"艺术创造精神"！这一论断对叶廷芳来说不啻醍醐灌顶，从此了悟：继承传统不在表面的形式和风格，而在传统艺术内在的再生能力，或曰创新精神。从这个观点去看，世界上那些彻底"反传统"的勇士，最典型的如西班牙的建筑天才高迪，杰出画家毕加索、达利、米罗等，不仅不是破坏传统的不肖子孙，而恰恰是传统的最得力的"接力棒"，大大拓宽了西班牙艺术传统的长河。从此，叶廷芳积极鼓励国内作家、艺术家的创新精神和突破传统的尝试。他指出，艺术家须懂得将自己与匠人区别开来，匠人的习性是重复，而艺术家的本色是创造：他既不重复前人的，也不重复他人的，而且也不重复自己的；他的每一件作品都应该是独特的。叶廷芳还以此思路总结出欧洲近代（文艺复兴起）文艺史上革新派与古典派的三大论争。第一次从文艺复兴到启蒙运动是革新派与守旧派的论争：艺术允许不允许革新？第二次是浪漫主义与古典主义的论争：美是不是只有你——古典主义所认定的那一种？第三次是现代主义的表现论美学与批判现实主义的模仿论美学（通过布莱希特与卢卡契）的论争：现实主义的概念与内涵要不要随着时代的发展而发展？对于这三大论争，叶廷芳都以鲜明的观点站在革新派一边。

在人们的审美趣味仅限于古典主义时，叶廷芳便注意到与"怪"的审美特征相联系的巴洛克风格。他发现繁盛于17世纪的巴洛克沉寂了两个世纪后再度复兴，直接激发了20世纪现代主义运动，表现出一股不可抗拒的现代力量的精神涌动，展现在各个艺术领域。而巴洛克风格的旺盛生命力源自它的"野性"基因，叶廷芳认为，因为它继承了文艺复兴的艺术创造精神而不是形式，形式上它完全背叛了传统，追求动势和惊异、反差的效果，偏爱"反英雄"和综合艺术，却在精神实质上丰富了它的传统，这也是现代艺术的实质。

叶廷芳除担任外文所中北欧文学研究室主任外，还兼任了4年的德语文学研究会秘书长和13年的会长。在这一岗位上，他亦恪尽职守，付出了很大的心血。从筹措资金到邀请名单等，他事必躬亲。除了每两年一次的年会如期召开外，他还在理事会的支持下组织了三次国际学术研讨会和四次有200～300名社会知名人士参加的首都各界纪念德语作家中的世界文化名人大会，而这些活动凭着他的社会影响和人格魅力，有效地利用别的社会资源，都搞得有声有色。这在外文所所属的九个同类的学会中是格外突出的。比如，为纪念德国伟大戏剧家布莱希特诞辰100周年，他费了两年工夫动员前中国青年艺术剧院参与，失败一次后，他又转向著名导演陈颙，最后得到陈颙的同意，从文化部要来了资金，及时排练出了布莱希特的名剧《三个铜子儿的歌剧》，在会议期间演出，受到与会者热烈欢迎。又如1999年纪念歌德诞生250周年，鉴于歌德不仅涉及文学，而且涉及戏剧、美术、音乐，叶廷芳又动员了首都三所以"中央"命名的戏剧、美术、音乐学院共同参与。于是中央音乐学院派来了他们的青年交响乐队，演出了与歌德作品有关的《爱格蒙特序曲》等乐曲，收到意想不到的效果。北京大学著名教授谢冕会后兴奋地跟人说："我参加过那么多的纪念会，从未看到过搞得这么热烈而高雅！"

除德语文学研究方面可观的专著、译著、编著外，与美学有关的著作叶廷芳还出有《美的流动》《美学操练》《遍寻缪斯》《跳动的音符》等多本集子，被他称作自己的"业余产品"或"兴趣产物"。但出于兴趣而写的文章，并不是篇篇都"得来全不费工夫"，例如广受好评的《美是一种邪气》一文，他酝酿了差不多三年时间，将多种兴趣最终汇集起来升华为美学命题，诠释了美的神秘性，提出原生性或原创性是艺术第一位的，这种原生性带有某种神秘性或曰"邪气"，去掉它，艺术就失去魅力；从创作与理论角度讲，创作永远是第一性的，纵观中外文艺史，每个美学形态转型的时候，创作总是先行者。引用席勒的一句话说："因为天才对他自己来说始终是个最大的谜。"难怪有的美学专家说，写这样的文章"需要半生的积累"。

叶廷芳遍寻缪斯的激情对他自己何尝不是个最大的谜。高小时代的一堂课上，当别的孩子回答老师长大后要当科学家、航海家、天文学家的时候，叶廷芳却脱口而出："我要寻找缪斯！"这个他偶尔从书上拣来应急的词儿却成了他一生的诉求。寻求缪斯众姐妹的激情从多方面刺激了他的审美灵犀，使之带着多种美的体验一起向美学的境界升华，最后向他的专业集中。然而，缪斯是可望而不可即的，叶廷芳就像一名自由的骑士，带着文化启蒙的使命，义无反顾地前行。

2016年2月

一个国家的国民素质高低取决于这个国家的教育水平高低。教小孩儿音乐绝不是小儿科，而是一个素质教育工程，需要千千万万高素质的少儿音乐教育园丁全心投入、毕生奉献。

——孙虹

从教逾半个世纪的孙虹教授为国家培养了一批又一批音乐优秀人才，而更令她欢喜的是，在后半生她能够成为中国少年音乐教育战线上的一名新园丁。她又一次向着梦想出发，盼望在前辈教育家的积累基础上逐步完善、发展、创新当代中国儿童音乐教育体系。做这件事并非一时冲动，而是出于一种愿望和责任感。"少年强则国家强，我们做音乐教育要有长远的眼光，必须从娃娃抓起，视唱练耳更是要抓住4~6岁这个声音记忆的黄金阶段，为中国未来的音乐事业做准备、打基础，为中华民族伟大复兴培养栋梁之材。"党的十九大闭幕后不久，在全国艺术高校视唱练耳教学研讨会上，耄耋高龄的中国音乐学院教授、全国高等音乐院校视唱练耳乐理学会理事孙虹教授强调：视唱练耳必须深入儿童素质教育领域。

孙虹：用爱播撒音乐的种子

视唱练耳是音乐教育的基础性学科，新中国成立以来，在几代教育家的共同努力下，逐步完善发展，孙虹与许敬行先生便是参与其中的奠基者、耕耘者。他们深知这门学科对于音乐事业发展的根基性作用，不但活跃于学科建设与高校教研的第一线，而且从20世纪80年代初起致力于儿童视唱练耳的教育实践。他们一起探索的儿童视唱练耳教学法和编著的教程在全国独一无二，成了音乐教育者眼里不可思议甚至无法企及的标尺。

如今，从各地赶来中国音乐学院，专找孙虹学视唱练耳的，不是什么新鲜事儿，唯独一次，走进课堂的，不为求学，只递给她一沓沉甸甸的相册，如释重负地对她说，总算是为朋友了了心愿。

千里迢迢托朋友来找孙虹的，是20年前孙虹视唱练耳幼儿班上一个叫李蹊的男孩儿的母亲。这一年李蹊不但拿到了哈佛大学数学硕士学位，同时也拿到了茱莉亚音乐学院钢琴专业硕士学位。李蹊毕业后，他的母亲为了感恩这位启蒙恩师，辗转将记录儿子成长的相册送到孙虹手中。

在孙虹培养的学生中，像李蹊一样成为精英的不在少数，如考入哈佛大学、剑桥大学、纽约大学等，他们的佼佼不群，一次次印证了孙虹几十年来在儿童音乐教育之路探索耕耘的成功。

法国文学家雨果曾说："开启人类智慧的钥匙有三把，一把是数字，一把是文字，一把是音符。"孙虹这辈子的事业就是让更多的人受益于"音符"这把钥匙。音乐不仅是一种知识、爱好和修养，更关乎智力的开发。尤其对易于接受新鲜事物的儿童来说，音乐的起伏旋律、鲜明的节奏、强弱的力度、急缓的速度，比数字、文字更具感染力。孩子们通过视唱练耳（听音、打节奏、视唱）的听觉训练，不但能享受音乐的乐趣，还可以锻炼专注力、思维力、记忆力、想象力，从而开发智力。自从在中国音乐学院执教认识到视唱练耳与智力开发之间的密切关联后，孙虹至今身体力行几十年如一日，为视唱练耳在我国儿童教育领域的普及与推广孜孜以求。孙虹骨子里有一种要强的倔劲儿，但凡是她认定的事情，不仅义无反顾，而且全力做到最好。

一

孙虹从小爱好文艺，少年时代喜欢画画并迷上了音乐，她自学钢琴考取了陶行知艺术学校，在那里打下了坚实的基础。除了文化课外，芭蕾舞、昆曲、剑舞，在艺校期间孙虹无所不学，还有幸跟随著名的陈贻鑫先生学习了视唱练耳，后来在中央音乐学院任教时又师从著名的朱启芸先生继续深造。

学习音乐对孙虹而言无比幸福，她不愿浪费一分一秒，甚至连吃饭的时间也舍不得，常常是把饭放在钢琴上，弹几下吃一口。几个学年下来，孙虹成绩优秀，被保送到华东师范大学音乐系读书（大三时经院系调整合并到北京艺术师范学院）。

大学毕业后，组织上分配孙虹到云南大学教书。那时候，年仅22岁的她善良、淳朴，为了一位患有肺病的美术系女同学如愿到云南工作，放弃了自己到大学教书的机会，作交换来到北京孙河乡孙河中学教书。

在连电灯都没有的孙河中学里，只有一个土地庙和一口与地面齐平的井，喝了这井水，孙虹一肚子的蛔虫。没有钢琴，就清唱教课，为排演《刘文学组歌》，孙虹一句一句地反复清唱，一节课下来，嗓子就哑了，还要同时编排人物的表演动作。功夫不负有心人，这个节目获得了北京市朝阳区文艺会演一等奖。

由于师资匮乏，孙虹不但要教音乐，还承担了俄文等科目的教学任务和班主任工作。一次学生发高烧，家长半夜从十几里以外赶马车到学校宿舍来找，孙虹就坐上马车陪他们一起进城看病；在下农场劳动的两周里，班上的女同学癫痫病犯了，孙虹整整抱了她一夜，被吐得满身都是。不辞辛劳的付出使孙虹在1960年被评为北京市先进工作者、"三八红旗手"，享受北京市政府荣誉津贴。

两年后，北京艺术学院附中成立，需要调聘北京艺术师范学院毕业生中的优秀教师，孙虹被调了回来。北京艺术学院附中号召年轻教师深造学习，孙虹有幸跟中央音乐学院凌远教授进修了钢琴。

1964年中国音乐学院成立，孙虹被选留中国音乐学院声乐系任秘书兼钢琴伴奏。九年后中国音乐学院与中央音乐学院合并成立中央五七艺术大学音乐学院，孙虹对兼具音乐基础理论与表演双重特性的视唱练耳教学情有独钟，被视唱练耳教研室主任朱启芸教授吸收为教研室教师，承担声乐系视唱练耳课教学，一面深入学习钻研，一面在赵方辛和李重光两位教授的指导下授课。

那时，孙虹不但参加指挥系视唱练耳班的学习和考试，还每周单独上朱启芸的小课。有一次，上大课时朱先生突然大出血倒在了地上，打针后醒来，还坚持要求把学生叫回来接着上课。这种敬业精神深深打动并影响了孙虹。

1980年秋，中国音乐学院恢复原建制，孙虹主动报名回院，与马如林老师一起筹建视唱练耳教研室。1981年，中国音乐学院视唱练耳教研室正式成立，孙虹任教研室主任，与马如林共同负责附中和民族班全部视唱练耳课的教学。为保证教学质量，孙虹请来了中央音乐学院朱启芸、姜夔、沈松涛、洪月华四位教授，兼大学部各系的视唱练耳课，又先后调进了李重光、许敬行两位教授和范建明、彭世端、张中平几位年轻教师。

朱启芸被查出癌症晚期的那年冬天，一家医院里，朱先生对站在病床前的孙虹说："等我病好了，我要做三件事，写书、出国考察、培养师资……""等您病好了，我当您的助手，陪您做这三件事。"朱启芸去世后，无论走多远，孙虹都不忘恩师的嘱托，在普及音乐基础教育的事业之路上敬业进取，并专门前往匈牙利学习柯达伊教学法。

在那个年代，人们还没有充分认识到视唱练耳的重要性，孙虹深知这是一种缺失，她决心扎根于此，辛勤耕耘，立志在实践和理论上探索出一条独具中国特色的视唱练耳音乐教育之路。任中国音乐学院视唱练耳教研室主任期间，孙虹在全国率先开始进行视唱练耳分级制的实践，主持制定了教学大纲及分级管理的各项细则，完成了 7 级视唱练耳分级制教程，这项成果对学科建设具有奠基性的意义，1989 年荣获了北京市优秀教学成果奖，1990 年受到文化部晋级奖励。

办好一门学科是一件极为复杂的事，所需的远不止专业能力，而是持之以恒的求索。视唱练耳到底是什么，业外人鲜有了解，更不了解视唱练耳的学生技能有多高。为将优秀的学科成果展示给人们看，让更多人了解并加以重视，1988 年，孙虹开创性地举办了视唱练耳专业毕业音乐会，第一届毕业生孔宏伟现已成为国际知名的爵士乐钢琴演奏家。当时，音乐会得到了中央音乐学院熊克炎等专家的支持，虽然曲目为国外作品精选，难度很大，但演出受到了一致好评。从此，视唱练耳音乐会被全国音乐院校广泛开展起来。

二

孙虹注重教学相长，不断与许敬行先生探讨教学，并主张音乐教育要从幼儿抓起。然而，长久以来，中国音乐教育工作者很少能及早意识到视唱练耳的重要性，而忽略了音乐学习的根本，音乐类考生往往在艺考前才匆匆忙忙地学习视唱练耳，难以收到良好成效。根据相关科学理论，孙虹认为，儿童 4~6 岁是声音记忆培养的最佳时期，儿童从 4 岁开始进行 88 个乐音体系的音高听觉训练，将 88 个不同音高、不同音区、不同色彩的信息存储在大脑中，会为音乐的创作奠定坚实的基础，如果到成年后再学习，即使花费更多的时间和精力，也难以达到从小开始学习的效果。在孙虹和许敬行先生看来，视唱练耳应该是一门同语文、数学和英语一样的基础课。因此，20 世纪 80 年代初起，孙虹和许敬行开始了我国最早的儿童视唱练耳教育实践。

为使更多的孩子受益于早期听觉训练，孙虹自己到幼儿园贴了一张布告，从第一周 4 个孩子的班教起，第二周 4 个变成了 8 个，第三周 8 个变成了 15 个……此后，大家口口相传，慕名来找孙虹学习视唱练耳的人络绎不绝。

1991 年初秋，一个周五的晚上，在中国音乐学院教授视唱练耳的孙虹突然接到著名作曲家施万春的电话，通知她第二天有几位来自中国香港教育界的同人要来听课，没规定具体时间，赶上哪个班就听哪个班。

次日上午，孙虹有一堂 10 个孩子的视唱练耳课，施万春带着几位香港同人走进来，严肃地对她说："课若是不好，我们三分钟就走。"根据平时上课的内容孙虹让孩子们做了汇报，包括和弦连接的听辨；听唱二声部旋律；听巴赫二声部作品的旋律，分组用步伐走出不同节奏；新谱试唱；等等。

一堂课下来，听课的几位老师非但没走，施万春还被感动得落了泪。他说，只听了两遍就能准确地唱出四声部和弦连接 12 个和弦的全部音高并无误地说出其全部功能，这对专业人都不是件容易的事，何况对孩子，怎么能不惊叹！

令施万春感动到流泪的孩子叫黄亮，刚来孙虹的班时只有 4 岁半，在幼儿园不爱说话，经常一个人蹲在墙角。经过一年的视唱练耳学习，黄亮就展示出音乐、语言、数学方面的潜质，上小学后更是才华出众，被称为"聪明、天才的黄亮"。与黄亮同班的王天阳，学习视唱练耳后，将敏锐而准确的听觉能力运用到钢琴学习中，成绩突出，如今茱莉亚音乐学院硕士毕业的他已成为我国青年钢琴家，执教于中央音乐学院。

对于孩子们的出色表现，孙虹不感到有什么非同寻常，只是通过各种形式展示了视唱练耳的教学效果。10 个人能行，20 个、100 个也能行，只要跟着进度走，掌握了音乐基本知识，坚持练习，就能做到。

课下，香港耀中教育机构的校监陈保琼博士专门留下全班的家长座谈，问他们是不是在很多孩子里面挑出来的精英，而家长们给出的答案跟孙虹一样，10 个孩子一起学习视唱练耳仅两年，每周一次课，寒暑假休息，只不过是风雨无阻，一直坚持罢了，逢孩子病了，爷爷奶奶就提着录音机来录，不缺课而已。

一星期后，孙虹接到了香港耀中教育机构的一封信，邀请她长期到香港从事儿童音乐教学。孙虹说这里还有学生，去香港不可行。谁知，香港相关教育部门特为此向文化部打了报告，批准孙虹和李重光教授一同到香港授课。

7 年里，孙虹一人承担了该机构多门音乐教学任务，如乐理、视唱练耳、音乐教师培训等，以及音乐总监的工作。其中一个从 4 岁开始跟随孙虹学习音乐 7 年的小学生陈欣骏在英国皇家音乐学院钢琴 8 级考试中拿到了 146 分（满分为150 分）的优异成绩，还有两位她培养的姐妹在报考剑桥大学时获得音乐加分考试 A+ 的优异成绩。孙虹离开香港时，陈保琼博士说："要培养学生音乐基本功，必须请内地老师来教。"

三

香港条件再优越，也不抵孙虹对北京音乐教育事业的牵挂。21 世纪伊始，年逾花甲的孙虹决定放弃优厚待遇，回到中国音乐学院教书，与同事一起为做强视唱练耳音乐基础教育、做强中国音乐事业尽心尽力。

从香港回到北京后，孙虹第一次上街买东西，就被热情的家长认了出来，要求她开班上课。从此，她的业余时间全部交给了孩子。周一到周五给本科生、研究生上课，周末给孩子们上课，耄耋高龄的孙虹至今日程仍安排得满满的。虽然孙虹和许敬行编著的视唱练耳教材多次再版，可是要把书上的教学法有效地因材施教，连孙虹培养的研究生也难以胜任。

这好比一桶水与一杯水的差别，有了一桶水的积累，学识深、方法多，才知道如何去因材施教。孙虹说，仅靠拿来主义是不行的，要学习国外的先进教学理念，同时结合实际情况不断思考、变化、创新。她强调，传统的视唱练耳授课方法必须改变，要讲究"浓缩"，传统的教法是每个知识点分开教。比如说这一堂课，只教一个 A 大调，另一堂课只教一个 c 小调，那么学生只学会这两个调，更有效的方法是，老师先了解基础知识点有哪些，再归纳整合知识点，浓缩为一套规律，在授课时告诉他们这些调是怎么来的，把它说透了，这样所有的调都能很快被学会。孙虹说，教学的精髓就是要把普通的规律性和特殊性整合出来，再针对学生的接受能力选择合适的语言和方式进行传授。所以她从不重复别人，也不重复自己，每上一堂课，都会按照每批学生的特点重新准备教案。有人不解，教了几十年完全不需要备课的她为什么要这么累，她则乐在其中，不改初心。

孙虹、许敬行践行的儿童视唱练耳教学法，不以懂不懂为目的，而是以会不会为检验标准，孩子要唱出来、打出节奏，而不是会说什么四分音符等术语，准确地唱出来、一点节拍也不差地打出来才算行。至于懂不懂，实践到了，一句随意的话，或许就能点透孩子。也是这个原因，孙虹善用提问的方法教学，从不一味地讲知识，而是在一问一答中了解孩子、"对症下药"，教他们把握音乐的内在规律与逻辑，进而开发智力、培训思维。

西方把这种教学法称为行为学派或操作认知，不从原有的间接知识到理论认识，而是通过动手操作形成认知，一旦掌握便难以忘记，像骑车一样，获得终身的音乐欣赏能力。孙虹常说，学习视唱练耳，不是为了学几首歌、参加比赛或者考级，而在于打好基础，打基础要有抓手，这个抓手就是教材。从事视唱练耳教学之初，孙虹就清楚地认识到这一点。于是，她一面教学一面编写教材，先后出版了《练耳初级教程》、《儿童音乐基础教程》（第一、二、三册），1990—1992 年卫星电视《视唱练耳》教材第一、三、四册（第一、四册与许敬行合著），全国高等音乐院校《视唱练耳教程》（共四册，与许敬行合著，第三版修订工作于 2018 年完成），《视唱练耳简明教程》，《练耳初中级教程》；并录制了 VCD《怎样训练"音乐耳朵"》、VCD《高考视唱练耳指导与训练》、《幼儿节奏训练卡》（第一、二、三盒）。如今，孙虹仍业精于勤，不辞辛劳地修订各种视唱练耳教材，希望教学的这个抓手更加完善，得以充分发挥效用。

孙虹、许敬行的儿童视唱练耳教学，还有一个最大的特点，就是秉持公益心态、业余教学、专业标准。他们的儿童视唱练耳班收费较低，对一些职工子女减免费用，也有不少家长主动提出增加学费。孙虹说，孩子接受新事物的速度快、能力强，教好了一辈子受益，教不好也会耽误一辈子，所以启蒙至关重要，来不得半点儿马虎。

40年来，孙虹对每批孩子在教学上都有变化，不懈探索视唱练耳教学的本土化方法。每个民族都有自身独树一帜的特点，有自己的音乐语言，孙虹认为视唱练耳必须结合中国人自身的特点来教，如"do、re、me、fa、sol、la、si"可用汉字"哆、来、咪、发、梭、拉、西"七个字，就中国音乐而言，从一字一音的"念"发展到最后带有声腔的唱，始终以"字"为发展线索，以字为根，如此对音高、音准的建立更加容易，对演唱的音准、节奏、句法、情感等元素的把握都可在与"字"的结合中达到最佳点，从而展现出音乐的韵味。

孙虹教给孩子的不仅是音乐，更注重人文的培养、坏习惯的纠正。她从不在孩子面前故弄玄虚，她喜欢给孩子讲音乐家、科学家的成长故事。孙女出国读书前，她还手抄了一本随身携带的名言录，上面有名人名家的立志箴言，也有他们对待生活和挫折的态度和哲学观点。

教孩子，孙虹不怕得罪家长，很多老师在家长面前给孩子出简单的题目，让家长们高兴，孙虹偏偏在考前出难题。孩子们做了难题再去考场，得到的高分成绩令家长们大跌眼镜。家长们不但与孩子们一起跟着孙老师学音乐，也跟着一起学做人。

怀揣对音乐事业的挚爱，孙虹从不为名利所累，与时俱进的开拓创新使她无愧成为我国视唱练耳教育者的典范，她曾担任国家教委委托的卫星电视教育的视唱练耳课程的主讲工作（55讲），2005年荣获北京市高教局精品课程奖。对孙虹而言，荣誉不仅是对她个人的肯定和嘉奖，更表明了视唱练耳教育事业的蒸蒸日上。数十年来，孙虹培养了很多优秀的音乐人才，努力扭转着儿童视唱练耳难以教出成果的固有观念。

现在，孙虹一再叮嘱自己的学生，教学不能照本宣科，要基于对书本知识的理解，结合实际创造性地因材施教，越是难讲的部分越要开动脑筋找出好的方法，从而积累经验，将音程结构、和声听觉等重点难点部分讲出效果，即使去出国深造，到国外学习先进的视唱练耳教法，也要结合中国学生的特点探索特色的路子。

在家长们眼里，孙虹永远是那个不知疲倦一心扑在音乐教育事业上的可亲可敬的老人，总是步履匆匆，嘴里挂着一句"抓紧时间"。如今，每周六、日两天，孙虹依旧要上 11 节幼儿班的视唱练耳课，家人苦求，让她量力而行，适可而止，而她却说"生命有限，时不我待，要抓紧时间，做自己喜欢做的事儿"。

每个国家，总有这样一种人，他们的人生历程就是学科发展的进程和见证。孙虹说："'十年树木，百年树人'，人才培养和师资培训对国民基础音乐教育具有不可或缺的作用，有了一流的学科建设和完整的评估体系，专业院校的学生才能得到好的培养，这些成长起来的高素质人才，才能在今后成为优秀的师资力量。欲实现中华民族伟大复兴的中国梦，须全面提升国民素质；欲全面提升国民素质，须切实从儿童艺术教育抓起，这需要几代甚至十几代中国教育者坚持不懈地努力奋斗。"

2018 年 8 月

弘扬中华民族文化，将中国音乐推向世界是中国录音师重要的历史责任。

——李大康

对普通人来说，李大康的名字似乎很陌生，但在音乐界，却是非常熟悉的，很多名人都与他有合作，并与之情意深重。他不是作曲家、演奏家、歌唱家，却频频出现在盛大音乐活动的现场，他的艺术创作不在舞台上完成，没有鲜花和掌声，却对任何音乐门类都不可或缺。半个世纪以来，他斩获国内外数项大奖，在中国录音界德高望重。

李大康：留住声音的永恒

李大康出生在音乐世家，父亲是《春节序曲》的作曲者、人民音乐家李焕之，母亲李群也是作曲家。可打小他对无线电、航模等科技的兴趣远大于音乐，虽然很早就在家里学习钢琴，并考取了第一届中央音乐学院附小，但心思却在别处。平时，他爱琢磨家里各种各样的东西，有的被他拆了又恢复了，只有一个八音盒是例外，拆了再也没能恢复。

初中开始，在父母的鼓励下李大康参加了各种课外科技活动小组。一次，因为自制的半导体收音机一直不出响声，李大康放弃了周日与父母和两个弟弟去北海玩儿的机会，在家琢磨了一整天才找到问题。父亲李焕之拿着这个用小肥皂盒做的半导体在院子里溜达，邻居们问在哪儿买的，他便得意地说是儿子做的。

上高中后李大康一心向往北航、哈军工，若不是"文革"，或许他会成为杰出的工程师。不过后来能在录音这个边缘科学领域成就斐然，科技与音乐两方面的知识功不可没，当然更重要的是李大康那股子不管干什么都要干好的韧劲儿和好学、爱琢磨的天性。

在该上大学的时候李大康却作为"知青"下乡到陕北黄土高原插队。刚去时村书记带他们下沟里打柴，村书记打了比自己整整多100斤的柴，却一滴汗也没出就上来了，从此李大康便细心观察模仿，两三个月后，他也做到了打一百几十斤柴一滴汗不出。要干就要用心把事情干好，这是李大康一贯的人生态度。

两年后，李大康应征入伍，到新疆军区四师当兵，被选拔到师田径队，因为队里没有竞走运动员，只因见过竞走模仿着扭了两下的他，便被指派了参赛的任务。领队扔给他一本苏联的《田径运动》，他则拿这个法宝自己当教练，用心地研究，刻苦地训练。才两个多月，在军区运动会比赛就破了自治区的纪录，后来还拿到过全军第四名的成绩。

插队、当兵的经历和家庭遭受的迫害对李大康而言不但是意志力的磨炼，也使他对生命有了深层次理解，此后在他眼里没有不能克服的困难，更没有过不去的坎儿。1976年，从部队复员的李大康在父亲的建议下，来到中国唱片社（现中国唱片总公司）开始了音乐录音的生涯。

录音领域与科技发展密切相连，从模拟开盘录音机到数字音频工作站，从单声道到立体声，从立体声到环绕立体声，一步跟不上就会落伍，李大康则是那个始终走在最前沿的先锋，如今年近古稀仍工作在第一线。

刚入行的时候，正值改革开放之初，百废待兴，中国唱片业处在从单声道进入立体声的关键时刻，中央广播事业局立体声实验小组创立，那里成了李大康事业起步的摇篮。

当时，熊国新、吴永健等声学工程技术人员研究了很多国外资料，负责为录音师讲授声学及立体声原理。李大康有空儿就往实验室跑，跟着旁听，理论上得到了启蒙。同时，他向经验丰富的刘怀萱、王苏坡等录音师前辈学习话筒的设置和调音台的操作，由于上手快，老录音师们对他赞赏有加。

那个年代，录音师没有本科出身，不是乐队和声乐下来的，就是搞无线电的。学音乐的对设备不是非常熟悉，出现技术问题经常不知道如何解决，学技术的在音乐上有时拿不准，李大康恰好这两方面都有涉猎，处理常见问题自然得心应手。

工作第二年，李大康开始独立完成录音任务，从那时起，他有了写录音笔记的习惯，将每一次录制节目的内容，每一次话筒摆放的位置，录音过程中遇到的问题、解决的办法都记在本子上，然后总结经验、研究改进的方法，到用电脑之前，已整整记录了12本。

开始给名人录音是在1978年，中国唱片公司刚刚引进了立体声录音设备以后，1979年给骆玉笙录过京韵大鼓《丑末寅初》等。1980年3月的一天，著名指挥家严良堃带合唱团来到中唱。一进录音室，严良堃愣了一下，李大康连忙说："严叔叔这次我来给您录。"严老比李焕之小几岁，在李焕之家里见过李大康，在他眼里李大康还是个毛头小子。可试录了一遍下来，严老听了效果，微微点点头，李大康的心也踏实下来。

那个时期录音任务繁重，尤其从20世纪80年代开始，中国音乐事业大发展，录音师非常缺乏，因为他比较全面，技术过硬，所以人手不够的时候，只派他一个录音师和编辑一起，转战各地，几个月才能回来。有的任务要跟剧团走，他们就从地区追到县里，又从县上追到乡里，有时还要从乡里追到大队，从大队追到村里，日子跟插队差不多，睡土房子条件差，被跳蚤臭虫咬是常有的事儿。而且白天环境很嘈杂，录音只能在夜里进行。一次吃坏了肚子，李大康白天在医院挂吊瓶，晚上拔了针头回到现场继续录。李大康在中唱自己的录音室里工作更是没黑没白地干，几乎没有周末和节假日，最多时有五个编辑的录制任务压在他一个人身上。这一干就是十几年。

经他音乐录制的电视纪录片《说凤阳》获1981年优秀电视片奖；瞿小松《第一交响曲》获"中国唱片"奖；箜篌与箫组曲《清明上河图》被中央人民广播电台专题节目《古曲新声》选用，获亚广联1987年会"放送基金大奖"；曾侯乙编钟（原件）《千古绝响》（合作）获中国青年报、外文书店1990年优秀金榜带；等等。尽管已经在录音界闯出了名堂，但李大康始终心存遗憾，他想圆自己的大学梦，在系统理论修养上更进一步。

为了能到大学进修，李大康年年申请进修，都因工作忙离不开而未能如愿。1988年他再次对领导说：自己已到不惑之年，再不能念，恐怕这辈子业务水平难有提高了。领导同意李大康和另一个同事参加成人高考，考上后还特准他们带薪脱产读书。

李大康在北京广播学院（现中国传媒大学）进修的两年，除了高数、大学物理、微积分、电子线路等基础课，还有声学原理、数字音频、录音技术等专业课统统要学。年轻同学很快就能完成的作业，李大康和同事常常做到半夜，宿舍拉了电闸，就点上蜡烛继续写。一次物理考试，虽然李大康最后一道题列出了公式后还差两步没时间算出结果，可老师却给他打了全班唯一的满分，理由是：来大学学的是方法，解决问题的能力是关键。这件事对李大康触动很大，十几年后当他回到中国传媒大学教书，培养学生解决问题的能力和思维方法成了他教学的重点。

两年的进修使李大康业务上有了一次大飞跃，之前录音什么地方好、什么地方不好一下子全明白了。李大康运用所学的理论对自己十几年的录音实践进行了梳理和总结，并将学到的新技术与军乐团的同行合作，率先在国内将数字音频工作站运用到音乐录音上。1990年后，他的录音作品上了一个新台阶，创作频频获奖：《台湾幻想曲》获法国"戛纳"1996年唱片展大奖，论文《京剧实况录音中乐队的声象设计与实践》被评为广播电影电视部1997年优秀科技论文，中国管弦乐作品专集《龙迹》及中央乐团—中国交响乐团建团50周年《金色庆典》获2005年度和2006年度"十大发烧唱片"奖及"最佳录音"奖，等等。

李大康录制了大量有社会影响的作品，包括知名作曲家和王昆、郭兰英、李谷一、成方圆、宋祖英等歌唱家的专辑；录制了中国唱片总公司第一张CD唱片《箫的世界》；主持录制了数届文化部春节晚会及新年、新春音乐会，纪念抗日战争和世界反法西斯战争胜利50周年大型文艺演出《光明赞》，庆祝中国共产党成立75周年大型文艺演出《壮丽航程》，以及首都各界庆祝香港回归祖国大型文艺演出《欢庆香港回归》等节目。

录音不但在事业上给了李大康成就感，借此与父母之间在业务上的连接更使他倍感幸福。父母一辈的作曲家有很多作品是李大康录制完成的，影响大的有马思聪、吕骥、李焕之、马可、瞿希贤等的专辑。有时候李大康会将一些青年作曲家的新作品拿回家听，父亲听到谭盾、叶小钢、郭文景、瞿小松、陈怡等的创作时，常欣喜地点评"这个写得不错""这个有才"，并在录制上给出建设性意见。当然，能亲自为父母录音是李大康最幸福的事情。

一次在录音室里为母亲的作品录制专辑时，母亲见李大康一动不动地盯着音箱后面的墙看，有些不解，就问李大康在看什么。李大康说自己在看墙背后的少年合唱团。原来，每次录音时，李大康都有一个习惯，就是将声音还原成画面。李大康会把两个音箱之间看成一幅画，凭借声音展现出音乐作品声场的宽度和深度。有雕塑家、画家曾说，自己的创作是有声音的，李大康则说，自己的录音是有画面的。

除了声与画之间的关联，录好音的秘诀，李大康"真经"不少。他总结了二十字经验：写要做的（前期准备），做所写的（到现场），记所做的（工作中），查所记的（回家后），改不对的（再实践）。

每次录音前，李大康一定先读总谱、看排练，跟制作人、指挥、演员交流，不熟悉的场地，都会事先考察录音环境的声学特点，再根据经验和想法做详细的录音计划，画出拾音位置图。录制的过程中，若有不合适的及时调整，哪儿不对了李大康就记在心里，结束以后进行总结。

在李大康看来，一个好的录音作品要有五个必备条件：一是作品创作好；二是作品诠释得好，即唱得好、演奏好或指挥得好；三是声场好，找一个适合节目的声场，录音就成功一半了；四是录音技术好；五是设备好。对录音师来说，可控的只有后三项。所以每次站在领奖台上，李大康总会诚心诚意地说，首先是节目好才给了他获奖的机会。

然而，录音过程中要让演员发挥得好可是一门与人交往的学问。一次在内蒙古录合唱，比较难的一段总是过不去，终于唱好了，设备又出了杂音。于是，李大康对指挥和演员们说了实情并表示了歉意，让演员们先休息并抓紧时间维修。录音棚的门半开着，他无意间听到蒙古族演员说："北京来的这个录音导演真有意思，我们唱得不好，他说他的设备出了问题，我们就应该再来嘛。"这句话给了李大康一个启示：有些时候，把问题揽到自己身上，不增加演员的负担，说不定录音会更顺利一些。

演员和演员不同，"人来疯"的一类没问题，看见话筒手就紧张的也有。一次为年长的民乐演奏家录音，跟着伴奏带练的时候完全没问题，可一正式录总有一个音过不去。李大康见状说："咱们再跟着练练吧。"趁着老艺人练习的时候，李大康偷偷切入切出地录，把有问题的地方补上了新的。等老艺人练完了，李大康的录音也完成了。后来，老艺人每每见到李大康都会提到此事，说幸亏了他当时的"偷录"，不然就留下遗憾了。

录音的时候，李大康从不强求演员做不愿意做的事情，努力营造轻松亲切的氛围，让他们在自然的状态下尽情地发挥，保证了录音的质量和效率。录得不理想李大康就鼓励演员再录，演员没有信心了，他就换个角度再鼓励："录音不像演出，一个音有问题印象不深，过去了就演完了，可唱片录好后要被人翻来覆去地听，所以千万不能留下遗憾。"

环绕立体声技术出现后，李大康总想着有了条件，就先摸索着干干，不能落后先进国家太多。2003 年，他从中国唱片总公司调到中国传媒大学任教，接触面宽了，就联合北京电影学院、各演出团体、电台电视台等单位的技术人员和设备做音乐环绕声录音实验，后来李大康在国际多声道技术研讨会上的专题发言《音乐会环绕声录音初探》得到业界的广泛认可，并且在连续两届空缺一等奖的中国电影电视技术学会论文评比中一举得魁。

到学校工作后，李大康的录制任务非但没有减下来，工作量反而增加了一倍。之前在唱片公司，一年平均录制四五十个片号，到了学校，最多的一年录了 70 多个项目（相当于近百个片号），再加上每周 20~24 课时的教学量，通常一天八节课连着，给本科生、研究生上课，还不断受邀到外校带学生，到各地电台、电视台讲学。虽然很辛苦，但李大康感到非常充实。

一有录音任务，李大康就会带着学生一起，并用影像的方式把工作经历记录下来。他说，教学中光靠语言描述不一定能被学生理解，有了照片，话筒摆放的位置、角度、距离就一目了然了。李大康注重在实践中锻炼学生，并倾囊相授，学生们也跟着他有了在一流声场、为一流演员、用一流设备录制节目的机会。高起点使学生们在业务上迅速成长，学生们的作品不断获奖，很多学生已成为本单位的业务骨干和中坚力量。因卓越的教学成绩和敬业谦和的为人，李大康广受师生爱戴，不但荣获了北京市优秀教师奖，还荣获了2010年中国传媒大学第三届及第六届北京市高等学校教学名师奖。

近年来，李大康在录制节目的类别上，从早年古今中外、古典流行的广泛涉猎，转向对中国传统音乐的情有独钟，尤其偏重民乐、戏曲上的探索。一方面，录制西方音乐上中国已经达到很高的水平，但对中国的民族音乐，西方录音师却是门外汉；另一方面，西方交响乐在录音上有声学的测试结果，话筒摆在哪里好有专业的理论根据，中国民乐却没有，话筒往哪儿摆全靠师父带徒弟，凭经验，因此急需相关的基础性理论研究。

为了精准地再现老祖宗文化艺术的意蕴，弥补中国音乐录制理论的缺失，只要录音任务中有机会，李大康都要加上一些实验，多设几个话筒，对比效果，不断探索新的方法。

李大康记得父亲曾说"要让中国的民族音乐和西洋管弦乐平起平坐"，这也成了他的事业方向。他说："弘扬中华民族文化，将中国音乐推向世界，是中国录音师重要的历史责任。"能在这个领域奋斗半个世纪，又走上了培养我国录音艺术人才的教学岗位，使这个事业后继有人，李大康感到无比欣慰。

2017年2月

我们在艺术上，都有对川剧的热爱，希望给川剧找个更新的生存方式，找到新的观众，找到新的舞台，找到新的生存的世界。

——郭文景

2015 年 6 月 16 日晚，阿姆斯特丹大剧院，由郭文景作曲、川剧表演艺术家沈铁梅主演的交响乐版川剧《思凡》深深吸引了荷兰观众。前来观看演出的荷兰第六代女王、国王亚历山大的母亲贝娅特丽克丝亲自与沈铁梅、郭文景握手祝贺，"演出非常棒，谢谢你们"，她说。这是中国川剧传统折子戏，第一次完整地与现代室内乐结合，登上歌剧舞台，并以中国戏曲的魅力征服了西方观众。荷兰首屈一指的文化报纸 *NRC Handelsblad*，首演次日就打出了四颗星的极高评分。这场东西方文化的碰撞与交流是否意味着一种全新的中国戏剧形式的诞生？中国戏剧、中国文化走出去，沿着一条怎样的路？且听郭文景一席谈。

郭文景：从《思凡》谈开去

林琳（以下简称林）：2015 年 6 月，由您作曲、沈铁梅主演的交响乐版川剧《思凡》在阿姆斯特丹大获成功，引起热烈反响。这之前，您与沈铁梅合作的歌剧《凤仪亭》和交响乐《衲袄青红》同样在国际上受到广泛赞誉。将中国戏曲与交响乐融合，这种开创性的实践出于怎样的考虑？

郭文景（以下简称郭）：川剧是在我无意识的时候进入我的生命里的，它是我幼年记忆中的一种元素和成分。小时候生活在重庆，20 世纪 60 年代，川剧存在于各个角落，茶馆剧院随时可以听到，简单说喜欢是不够的，我对它是怀有情感的。我后来在作品中使用川剧、和川剧演员合作，完全出于个人情感。事实上，很多人都觉得川剧不好听，比如我现在的妻子，还有我的女儿，很多四川人也没觉得川剧好听。这引起了我的反思，我觉得它好听，可能跟潜意识里的东西有关系，我始终觉得它有一种独特的魅力，跟中国其他地方戏曲完全不一样的地方，拿它作为媒介，可以表达我对西南地区的认识，而且我认为，它的那种野性、凄凉传达了西南地区的色彩和灵魂,是那个地区气候、环境和人的生存状态等一切的综合物,川剧高腔就是这种综合物的整体性的灵魂性的代表。

另一个想法来自对中国戏曲发展的思考。我们讲民族化、人民性,讲中国风格,无非就是把民间的东西作为素材,拿到我们自己的作品中间来。然而,作为素材拿进来,有时候会遭到改变、割裂,甚至它灵魂式的东西就没了。要知道,有些传统的东西,其实是不可拆解的,比如信天游,信天游歌手唱,就是西北的味道,如果找美声唱法的歌手来唱,声音介质变了,灵魂就变了。这种东西不能拆解开作为素材,于是我就有了尊重和保护它们的原生状态,在不破坏它们的完整性的前提下,将传统的东西融在我的作品里面的想法,这就是《思凡》和《衲袄青红》的做法,《衲袄青红》把川剧完整地放到了交响乐中,《思凡》完整地放到了室内音乐中,《凤仪亭》,我干脆把川剧老式唱腔放进来,有点像美术上的拼贴,用各种事物直接粘贴在画布上。这是近些年我的新的想法,与沈铁梅合作,做了这样的尝试。

林:2012 年《思凡》纪录片导演弗兰克找到您时,您即刻想到了与沈铁梅合作,将川剧融到新的作品中。为什么锁定在沈铁梅?

郭:定居在北京之前,我不认识沈铁梅,也没有任何渊源关系。大概 20 年前,在角门的一个评剧场,她第一次到北京来演《妗子》,当时重庆文化局的人在北京到处请与四川有关的文化艺术人士,我就跟李六乙一起去看。李六乙生在川剧世家,父亲是川剧有名的演员。这一看,我们俩惊着了、震撼了,她的声音纯净,一点杂质都没有,像水晶一样透明、干净,唱得好极了。后来,我就一直想把川剧作为元素放在自己的作品里,就找到沈铁梅。

林:沈铁梅曾说:"作为一个川剧演员,我感到的悲哀是,川剧一出国演出就是'变脸'。"这是川剧艺术日益流为喧宾夺主的"技巧表演"的一个事实,也是沈铁梅的担忧,她想通过努力使川剧在艺术形式上得到世界认可,而与您的合作赢得的西方赞誉,令她找到了实现艺术雄心的途径。

郭:如果说共同点,我与沈铁梅之间有以下两个。一是对川剧的情感,对艺术的追求。我们在艺术上,都有对川剧的热爱,希望给川剧找个更新的生存方式,找到新的观众,找到新的舞台,找到新的生存的世界。二是一种社会责任。中国地方戏面临死亡是很明显的,虽然政府花了大力气去救,但效果不大。它是一种生活方式的内容,当这种生活方式改变或不存在,皮之不存毛将焉附。我发现了一个救它的办法,就是把它放到今天的作品中去。中国戏曲、我们的国粹,一出去就是"变脸""三岔口",对于外国人来说,他们根本不看,他们希望的是听唱腔和真的音乐。恐怕在中国的作曲家中，也只有我，对川剧是有深厚感情和深刻理解的，我要是不做这样的事情，就没有人能做。在这点上，我做的事情也是铁梅需要又自己做不到的。对像喜爱古典音乐、现代音乐这一类的观众，单纯将中国戏曲原封不动地搬上舞台到国外演出，还是看异国情调的问题，不能作为一个当代作品来欣赏，中国戏曲要作为一个当代作品来欣赏，离不了我这样的作曲家的工作。而铁梅的高腔表演，就精彩地展现了川剧的灵魂。她的声线极其完美，拿一句戏曲界的行话来说，男怕演《夜奔》，女怕演《思凡》，但铁梅的表演，我觉得堪称完美，所有人都被她的唱腔和声音折服了。

林：《凤仪亭》、《衲袄青红》和这次的《思凡》都是中国川剧艺术与西方交响音乐结合而创造出的新的川剧艺术，但每部创作您都力求川剧艺术完整地呈现出来。

郭：是的。东西方放在一起，不是对话，是要产生一个新的东西。它会更好地将中国文化呈现出来，传递出去。把川剧写到观众比较多的音乐形式中去，写进去的方式，我与绝大多数作曲家不同，绝大多数作曲家，会把民间音乐当素材，砍一段放进去，我对川剧是完整性地放到作品里，就像《思凡》，既是中西合璧的表演方式，又是完整性的帮打唱的川剧表演。做到这一点需要让交响乐迁就沈铁梅。

按西方习惯，乐手要看指挥，演员也得看指挥。而在中国戏曲演出中，演员是不会看任何人的，看指挥会影响演员自然真实的表演节奏，例如川剧看鼓师，鼓师看角。我就告诉铁梅，只要有特点的东西，你就要求指挥。川剧是只有帮腔伴奏，没有乐器伴奏，有时候演员还没有唱完，帮腔忽然就进来了，不在正常的拍子上面，这要求指挥找到某种没有规律的拍子，追寻川剧的特点，《思凡》做到了，指挥看鼓师，鼓师看角。把民间音乐放在最主要的地方，让我们来适应它。我用一架中国扬琴和一管芦笙加盟的西洋室内乐队、五名川剧打击乐手和三名川剧帮腔演员，组成了沈铁梅演唱和表演时的乐队和歌队，在川剧传统唱腔和锣鼓基础上，融入了长笛、双簧管、竖琴、小提琴、大提琴、贝斯等众多西洋乐器。前面的乐段，几乎没有西方乐器的介入，然后一点一点融合，到最后比较热闹起来。

林：从音乐到表演《思凡》成功地保持了川剧的连贯性，展示了它的"门道"和"精髓"，同时弥合了东西方的审美逻辑差异，不但西方观众看得明白，而且备受青睐，其意义已经远远超越了川剧自身的发展需要。可以说您与沈铁梅为中国戏剧、中国文化走出去找到了一条成功的路，您认为中国戏剧、中国文化走出去的标准是什么？或者说什么样的效果才算是中国戏剧真正走了出去？

郭："一看观众，二看媒体，三看院线"，我觉得张雨的这三条总结一针见血。一看观众，就是要看是不是主流观众在看，主流观众指主流人群、精英人群，不是到国外搞慰问演出，指定给某个群体看。二看媒体，就是要看是不是主流媒体在关注，给予什么样的评价，这一条很重要。一个国内的团体出去演出，不管自己的媒体吹得多高，如果没有外国主流媒体在评价，就全是自说自话。三看院线，就是要看是不是主流院线售票系统一以贯之地在售票，而不是大使馆或华侨爱国组织到处去发票。《思凡》不用说，女王都来了，主流媒体报道关注，荷兰艺术节官方售票，《凤仪亭》等都是，包括这次国家大剧院拿到意大利巡演的歌剧《骆驼祥子》，都是平等的文化交流，意大利的都灵、米兰、帕尔马、热那亚、佛罗伦萨，每个地方两场，演出商正常卖票。《骆驼祥子》戏剧性很强，不过面对意大利观众，仍是很大的挑战。意大利是歌剧的国度，他们热爱歌剧就像我们这儿的人热爱京剧一样，相对来说意大利比较保守，不像法国、荷兰、英国这些地方，甚至没有什么著名的排演现代音乐的乐团，正因此，国家大剧院很重视这次巡演。

林：您认为中国文化走出去的关键是什么？

郭：中国文化走出去，提了很多年了，量已经有了，影响已经有了，对于欧美的知识分子来讲，中国传统的那点符号化的东西，京剧、脸谱、扇子、灯笼等各式各样的符号，他们已经非常熟悉了，不管是艺术节的领导、双年展的领导，还是策展人的负责人，他们都在期待代表中国当代的东西，所以你必须有当代性，即便是跟传统的合作，也必须是一个当代作品，也就是说，对于中国传统的东西，文人的、宫廷的、皇帝的，西方的知识分子和大城市的观众已经司空见惯，新的任务就是要有当代性，有当代的作品。当代就要有新的创意，不能单纯是原来传统的东西原封不动地搬出来，卖异国情调。中国文化走出去，用什么方式，哪种方式更好，很难说，但有两点是肯定的：第一，一定要有高的、精湛的艺术质量；第二，一定是好的艺术作品。

中国有五千年不间断的历史，有博大精深的文化，有丰富灿烂的艺术，然而，西方强势文化一个世纪的渗透，以及各种社会运动造成的种种破坏，使得中国传统文化和艺术的现代断裂及重建性成为跨世纪话题。中国不缺经典，缺的是将经典文化艺术做强、走向世界的思考和责任感，缺的是有关怀、肯担当，致力于中华文化伟大复兴的领军人物。

2015 年 9 月

艺术表演团体的存在价值就在于要解放艺术生产力，释放向上的精神能量，使社会效益和经济效益都有所增长。

——初莲

21世纪第二个十年伊始，全国各艺术团体改制迫在眉睫，走向市场，是存是亡，对话剧团体而言一线之隔。此时，大连话剧团作为辽宁省试点单位，正式宣布改制为企业化管理。在新任团长初莲的带领下，几年之内，大连话剧团经历了一场在思维、创作、运作、营销上的彻底的嬗变，从涅槃到新生，演绎了一段春天的故事，走出了一条独具特色的振兴之路……

初莲：大连话剧的浴火重生

林琳（以下简称林）： 大连话剧团是新中国建团最早的专业话剧团体之一，到2016年，整70年，它有着怎样的历史传统？

初莲（大连话剧团团长，以下简称初）： 大连是一个较为特殊的地域，早在新中国成立之前，经硝烟炮火洗礼而成长壮大的革命艺术，就蔓延到这里，影响到这里。抗战胜利后，1946年3月，由延安鲁艺改建的东北文工团来大连开展革命文化工作，王大化、张平、于蓝等知名戏剧家，在这片新生的土地上演出了《日出》《祖国的土地》等革命戏剧。在他们演出的影响下，1946年8月成立了旅大中苏友好剧团，同年12月改建为旅大文工团。这个团的戏剧队，就是大连话剧团的前身。1953年6月，旅大文工团一分为二，建立话剧团和歌舞团，旅大话剧团便正式成立。

新中国的诞生，使大连话剧艺术焕发了青春，也使大连话剧团开始进入新的历史时期。为适应当时政治、经济形势的需要，为丰富人民大众的精神文化生活，至1966年的17年间，大连话剧团共创作和排演中外剧目170多部。其中既有《人往高处走》《红旗》《三星高照》《丹雪渲梅》等优秀剧目，还有《一二〇新纪录》、《钢铁是怎样炼成的》（即《保尔·柯察金》）、《曙光照耀着莫斯科》、《霓虹灯下的新哨兵》、《雷雨》、《日出》、《文成公主》和《兵临城下》

等一大批自编和中外优秀剧目，其中多部剧目的演出都创下了当时的纪录，取得了反响和效益的双丰收，不但受到广大观众好评，也得到田汉、阳翰笙、欧阳山尊、沈浮等老一辈话剧艺术家的高度认可，在全国享有一定声誉。这应该是大连话剧艺术发展的第一个鼎盛时期。

改革开放后，在急剧变革的社会转型中，大连话剧团适应新的形势，迎接新的挑战，步入了新的轨道。1981年，旅大话剧团正式更名为大连话剧团以后，更是以崭新的面貌步入中国知名话剧表演艺术团体之列，并日趋成为佼佼者。为配合新的形势，大连话剧团先后创作和排演了《仲夏的早晨》《透过纱幕的月光》《祸》《大红楼》《使命》《大船歌》《徐洪刚》《勾魂唢呐》《谭彦》《三月桃花水》《家在路上》《方永刚》《月亮花》等一系列原创和外选剧目，还上演了《饥饿海峡》《女强人》《雷雨》等国内外优秀戏剧。这些演出，当时在省内、全国话剧舞台上赢得了赞誉。其中有的剧目，先后应邀晋京献演。《雷雨》和《三月桃花水》赴日本和韩国参加国际文化交流。《勾魂唢呐》参加了"一国四方"戏剧展演。

一个甲子以来，大连话剧团先后培育、走出了许多享有盛誉的导演艺术家及中青年导演，如田风（后调入北京电影学院任导演系主任）、王成斌、徐苓、黎军、李启昌、田奎一、高杰和杨军等，还培养了一批老话剧表演艺术家及中青年话剧、影视表演艺术新秀，如王会安、沈政、钟吼、牟尼、张春莲、康桂秋、李沛琳、黄慧娟、侯永生、孙维民、夏君、刘美华、于伟、徐纯学、姚刚、蒋恺等，其中有的荣获中国戏剧最高奖——梅花奖，有的在全国话剧界、影视界小有名气。而以张天珍和李军为领军人物的大连话剧舞台美术工作者，以自己辛勤的耕耘、超前的思维和卓越的成果，为大连话剧艺术的繁荣做出了突出的贡献，在全国及省内外也较有影响。

林：大连话剧团与整个国家的话剧发展同步，从20世纪90年代初开始，也走向长时间的衰落和低谷，而您正是那个时候来到团里，您与它有着怎样的渊源？到2009年前后，您接任团长时，状况又是怎样的？

初：自1973年走上工作岗位，那时我16岁，到现在年逾花甲，我一直没有离开过文化艺术战线。早年，我在少年文化宫学过声乐，考取了大连市歌舞团，但没有入职而直接被分配到大连市杂技团，做节目主持人。团里杂技节目缺人，我还练过一段功，登台表演，不间断的练功过程，也磨砺了我吃苦耐劳的意志力。生了孩子以后，我被调到大连戏剧创作室，做办公室主任，从台前转向管理工作。20世纪80年代，在戏剧创作室工作的几年，给了我学习业务知识、积累管理经验的好机会。那时候，戏剧创作室有一批编剧作者，氛围特别好，每一次开研讨会，我都去听，都去看，跟他们一起参加采访的活动、深入生活的活动，到年终一起讨论剧本，我也跟着一起排戏，提升了业务素养。直到1991年，我从创作室调到大连话剧团，任办公室主任。

到21世纪初，团里的境遇很艰难，几乎连工资都开不出来，全团演员常年放假，道具布满灰尘，不要说排练演出，就是全剧团的人聚齐，都很困难。每年为完成任务排演的一两场剧目，演完了就告一段落，更谈不上票房。团里很多人，在外面接活拍戏，我也与北京一些剧组合作拍过戏，比较自由，经济利益也比在团里丰厚得多。所以，2008年当领导找到我，提及由我接任大连话剧团团长一职时，我倍感压力，头发几乎一夜之间就变白了。这之前的五六年，虽然我任副团长一职，但那时有团长在，改制的事情也没有真正到关头，所以压力不大。到2009年初正式主持工作，大大小小的事情一下子都压在自己身上时，不是戏剧科班出身的我感到举步维艰。

林：但是您依然选择了承当。您认为当时大连话剧团要打开新局面关键的问题是什么？您接任大连话剧团后，首先做了哪些事情？

初：上级领导在由我接任团长的事情上态度很坚决，我又是生长在军人家庭里，从小受到父母严格的传统教育，父亲特有的军人那股子正直、担当、一心为公，潜移默化地影响了我，还有他要强的个性，凡事朝最高的目标努力，只要是认定的，就义无反顾。所以，我接下这个团，身上就有一种强烈的责任感、使命感，我决不能让这样一个有传统的、承载着老一辈艺术家期望的话剧团，倒在自己的手里。我决心一鼓作气，不论成与败，都要倾注全部心血，尽最大努力。

可从哪里入手？话剧团想生存下去，必须打开市场，这是我最先想到的。而打开市场只能靠精品剧目。当时话剧市场虽然不景气，我认识到：要有好剧，才会有市场！在与局领导的沟通和研讨下，我们首先将目标锁定在了《雷雨》。大连话剧团曾排演过四版《雷雨》，创下过辉煌的成绩，有丰富的演出经验和储备，而当年参演的年轻演员，如今正处在艺术造诣的巅峰时期，实力雄厚。

设想计划提出后，虽然也有人质疑：投那么多钱排一部老剧，能有观众吗？可经典始终是经典，在这点上我不犹豫。剩下的问题就是找到一位优秀的导演。我立刻想到了才华横溢的老朋友高杰。高杰毕业于中央戏剧学院导演系，在大连电视台做导演，聘他担任总导演，我的心里有了底。在第五版《雷雨》中，高杰坚持"既要有今天的解读和诠释，又要有彰显曹禺先生赋予剧本的骨架和血肉"的创作追求，与剧团的实力派演创人员一起，打造了独具创新亮点的新版《雷雨》。2010年，在著名话剧大师曹禺诞辰100周年之际，大连话剧团第五版《雷雨》面世，没想到一上演便引起轰动。原定初演三场，后来延续至六场，前去买票的观众仍络绎不绝。大连市发行量最大的《大连晚报》当时用了 14 个整版进行了报道。此后，第五版《雷雨》应邀到北京、上海、浙江、江苏、山东和河南等国内十几个省市巡演，目前已达百余场，有些剧场如北京大隐剧院甚至连演十场，场场爆满。徐晓钟、王晓鹰等都去看了这版《雷雨》，后来做研讨会，中国剧协的领导都给予了很高评价。2012 年这版《雷雨》被中国剧协推选为代表中国参加韩国首尔举办的第十九届中日韩戏剧节中唯一一台剧目，在国际上获得高度认可。而这台经典剧目至今一直活跃在舞台上。

林：可以说经典大戏《雷雨》打破了话剧团发展的僵局。但救活一个团只靠一部或几部经典是远远不够的。到《雷雨》排演的第二年，大连话剧团作为辽宁省试点单位，宣布改制为企业化管理，政策出台后，大连话剧团又面临怎样的新情况？在话剧团的进一步发展上，您又有怎样的谋划？

初：正式宣布改制后，不少老演员选择了离开，到龄退休了一批，直接转去别处演戏的又是一批，大连剧团出现了严重的演员断档问题，40 岁年龄段的人才缺失，刚毕业或 30 岁出头的年轻人居多，直接影响到全团的业务实力水平。退休的可以返聘，外流的可以高薪请回来，但是，这绝对不是解决问题的根本办法，况且话剧团也没有财力。有了《雷雨》的成功，我坚定地认为，不管怎样，都要走品牌创新这条路。缺乏人才我们就培养年轻人，让他们多演戏，演戏就是最好的锻炼方式。不断地创排新戏，让年轻人上台，五年之内大连话剧团培养起来了一批年轻人。《雷雨》后来就排演了年轻版，效果依然很好。

以创新发展为中心，不拘一格多出创作，被定为大连话剧团的努力方向。第五版《雷雨》后，我们紧接着排演了颂扬当代中国警察题材的话剧《民意如天》，以辽宁本溪公安先进人物事迹为蓝本，感人至深，受到公安部领导的高度评价，不但在辽宁 14 个市区巡演 30 余场，还进京为公安部、中国公安大学、中国政法大学和北京市公安局等单位机构演出，获得辽宁省第十二届"五个一工程"奖。2011 年，我们尝试创编起不同风格的剧目，大胆并成功地编排了英国著名戏剧大师萧伯纳同名作品《卖花女》。这是该作品第一次以话剧的形式呈现在舞台上，是一次大胆并成功的尝试。2011 年 11 月，在由中央戏剧学院、中国话剧协会举办的全国话剧优秀剧目片段展演活动中，这部戏被评为全国十大优秀剧目之一。

林：诚然，剧团发展要以抓经典大戏为主，但既接地气又能走向市场的商业戏剧，显然关系到改制后的剧团存亡。我听说大连话剧团排演的商业戏剧《这里有情况》近年来一直活跃在全国各地包括许多南方城市的话剧舞台上，而且备受喜爱。这样一部用大连方言演绎的商业戏剧，为何能如此受欢迎、获得社会效益和经济效益的双丰收？

初：创作深受观众喜爱又能走向市场的艺术作品无疑是关系剧团生死存亡、关系改制成败的关键所在。2012 年至 2013 年，大连话剧团为适应"院团改制"的诸多新政策规定，首次尝试"商业戏剧"的运作。此前，剧团并没有做商业剧的经验，但迈出这一步必不可少。大致在 2012 年情人节期间，我和团里的几个人一起吃饭时，他们不约而同地关注到红极一时的网络电影《这里有情况》。这部大连本土原创爱情喜剧，用的是地道的大连话，却受到全国网络观众的追捧，而其中男女主演都来自大连话剧团。这令我们想到了将这部戏搬上话剧舞台。

那时候，上海、北京的小剧场商业戏剧演出很受大众欢迎，《杜拉拉升职记》《钢的琴》等作品都从电影改编成了话剧，在舞台上演出照样卖座。借鉴这种做法，尝试一下未尝不可。当晚我回到家中，立即点看了《这里有情况》，开场仅几分钟就被其中的幽默打动，我有了一种预感，把它搬上舞台有戏。团里的实际情况是年轻人多，我就放手让他们大胆去做，连导演，我也让团里的 80后担任。青年演创人员的积极性一下子被激发出来了，他们白天碰头讨论，晚上攒剧本，对原剧作的内容和人物塑造做了大量修改，还加进了流行网络语言。整部剧，从头到尾，处处是包袱，令人捧腹。

对于 50 后的我来说，第一次看话剧版《这里有情况》，有一些地方并不能完全接受，一些语言不知所云，但我了解年轻人，他们喜欢属于这个时代的方式，我不能拿老眼光看待新事物。自己的要求年轻人可能接受不了，年轻人的一些东西自己也接受不了，是很正常的现象。不能让条条框框限制了话剧的与时俱进。征得网络电影作者同意后，《这里有情况》正式与剧场签约。然而，开演前十天的时候，我又急了。剧票只卖出 80 张，与剧场签好的三场演出若卖不出票，剧团就血本无归。这时，在团里有经济头脑的年轻制作人建议下，我们采取了与网络团购合作售票的方式。这个办法实施后，两天之内几百张票售罄。

虽然我觉得观众会接受《这里有情况》，但首场演出的火爆场景完全出乎意料。第二天全部剧票一抢而空。就这样三场演出过后，只要有空场剧院就会邀请《这里有情况》，到圣诞节、元旦，再到春节。在剧场工作的老同志对我说：春节期间排队买票的火爆情景，30 年来从来没有见到过。这两年，《这里有情况》陆续演出了 300 余场，观众突破 21 万余人，至今仍在全国几十个城市巡演，去年创新改编的小剧场版，演出依然火爆，成为大连话剧团商业戏剧创作的代表力作，荣获第九届中国话剧金狮小剧场剧目奖。

　　这次商业戏剧排演的一炮而红，首先一点是抓准了观众的精神需求，是剧团主创人员在多次考察市场、斟酌观众群体文化需求的基础上，针对年轻观众的欣赏趣味和走向创编而成的。故事很简单，通过讲述办公室的爱情故事，展现当下年轻人不同的恋爱观、人生观，表达方式前卫诙谐，甚至是炫酷式的，本质上仍然传递了真善美的情怀，台词很经典，时尚又富于哲理。由这出戏的成功，我深刻体会到，艺术生产就是要为社会、为人民源源不断地提供优秀的艺术创作，打造接地气、传递真善美又与时俱进、喜闻乐见的艺术作品。达到了这样的标准，即使是小成本投入，照样能够社会效益、经济效益双丰收。

　　林：经过五年的积极探索与实践，您领导下的大连话剧团，综合实力提升到了新的历史高度。这个时候，2014 年出现了原创大戏《一诺千金》，从演出到社会反响，创造了三十几年来大连话剧自创剧目的新高峰，一举荣获了政府文华奖、优秀剧目金奖等 10 余项大奖，全国巡演 70 余场，社会反响热烈，真正称得上是一部"既叫好又卖座"的好戏。这部戏对大连话剧团有什么特殊意义？

　　初：《一诺千金》这部戏诞生的时候，大连话剧团已经有了前五年的积淀，剧本出自大连艺术研究所所长杨锦峰，这也是他的第一部话剧剧本，讲述了一位信守承诺的女医生坎坷的人生历程，蕴含了人性悲悯的大智慧。以悲悯的情怀观照人生，从而唤起观者的悲悯，奠定了《一诺千金》的艺术高度。可如此高远的立意怎样才能接地气地呈现在话剧舞台上？为打造大连话剧团的精品剧目，排演前两年拿到剧本时，我就决定外请优秀的导演团队合力打造，而国家话剧院著名导演王晓鹰则是大连话剧团多年来期盼合作的不二人选。准备排演2014 年辽宁省艺术节参演剧目的时候，王晓鹰导演排演档期刚好合适，他在我们遴选出来的四个剧本中，选中了《一诺千金》。

　　与国内顶尖级创作团队的合作使《一诺千金》无论艺术品质、制作水准都达到了国内一流水平，大连首演后，这部戏一炮而红，参加辽宁省艺术节比赛一举拿下 11 个奖项。然而，所有人心中都知道，这不是止步状态，而是起步，大家鼓足了劲儿努力向前。经过不断打磨，不断修改，2015 年话剧《一诺千金》获得旨在打造和推广原创精品力作的国家艺术基金 2015 年度资助项目。这是大连市专业艺术团体首次获得国家艺术基金立项，也是大连市大型舞台剧精品创作取得的重要突破。2016 年 7 月，这部讲述小人物的人生故事、折射人性光辉的原创话剧《一诺千金》，于首都剧场精彩亮相，这是大连话剧团建团 70 年来首次登上话剧圣殿——北京人民艺术剧院首都剧场的舞台，开创了大连话剧团的历史。

除了荣誉和观众的喜爱，《一诺千金》更深远的意义还在于，大连话剧团通过与王晓鹰导演及其团队的合作过程，影响和提升了整体的艺术实力和业务水平。排练过程中，不放过任何环节，不放弃分分秒秒的敬业精神、严谨态度、严格要求，培养和历练了团里的年轻演员。很多演员得知我们还将与王晓鹰导演合作下一部话剧《大码头》时，纷纷找到我，主动请求参演，哪怕再小的角色也要演，为的就是跟王晓鹰导演，跟一流的制作团队学经验，提高业务技能。这样的合作对大连话剧团整体艺术实力的提升是难得的机会。《大码头》将献礼明年抗战 80 周年纪念活动，相信这必将历练大连话剧团演创队伍不断提升、更上一层楼。

林： 如今，大连话剧团精品力作迭出，社会影响力与日俱增，不少媒体称 30 年来大连话剧出现的这次繁荣为"大连现象"，您怎么看？是什么催生了"大连现象"？几年之内您带领大连话剧团从涅槃到新生的重要经验有哪些？

初： 经历文化艺术战线体制改革的磨砺和阵痛之后，大连话剧团 2011 年正式改企以来，在思维、创作、运作、营销上走向了彻底的嬗变。在坚持送戏下乡演出、文化惠民演出、高雅艺术进校园等公益性、任务性演出的同时，先后重排、创排了多部"既叫好又卖座""既能获奖又能走向市场"的创新剧目。这些剧目，经常保持几个剧组同时演出甚至一票难求的旺景，并走向北京、上海、浙江、江苏、安徽、福建、江西、河南、山东和黑龙江等省市。这不但是大连话剧团近 30 年的第一次，在中国相对淡寂的话剧舞台上也不多见，所以被人们誉为"大连现象"。总结"大连现象"，我认为重要的经验在于三个创新。第一是品牌战略创新。以创新发展为中心，出作品，这是振兴话剧艺术的关键。第二是产销思路创新。要针对不同阶层、不同需求的观众群体，创排剧目、打造精品。这几年剧团先后排演了儿童剧《小王子》、爱情先锋剧《给爱留口气儿》、励志喜剧《闯关西》、历史剧《孔子》、廉政话剧《半套房子》，还有课本剧等。目前为止，剧团在"商业戏剧"的运作上，在适应市场方面，剧目储备基本齐全，可以满足各种演出需求。《小王子》在 2015 年 6 月 1 日参加了由文化部艺术司、浙江省文化厅共同主办的第八届全国儿童剧优秀剧目展演，在全国各地进行了巡演，广受孩子们喜爱。第三是资源整合创新。资源就是财富，资源就是根本，资源整合创新了，就为话剧的振兴、剧团的出路提供了经济基础的可靠保证。大连话剧团在 2013 年率先与一批知名企业、品牌项目、知名平面及新媒体深度合作，为剧目宣传造势，使优秀剧目、剧团品牌不断扩大影响，从而吸引资金为艺术生产投入，与企业达到了互惠双赢。

以创新的思路统揽改制全局，必然要求艺术生产方式的变革，当前，改革体制、创新体制已经成为艺术生产方式不断革新的内在需求。艺术表演团体的存在价值就在于要解放艺术生产力，释放向上的精神能量，使社会效益和经济效益都有所增长。作为思想文化的火种之一，话剧艺术如何反映人民的心声？作为时代前进的推动者，艺术剧团如何看待自己的责任？这是我们话剧工作者应该长期深入探讨的课题。

从涅槃到嬗变，抚今追昔，坚冰已经打破，道路已经走出。大连话剧团以优秀的艺术实践，演绎了一段春天的故事。逐梦的意愿彩云追月，追梦的足音洪钟大吕。明天的大连话剧团，必然会以锲而不舍的艺术追求，去攀登更高的艺术峰巅，拥抱更璀璨的光辉未来！

2016 年 11 月

面向未来,我们应该从保护非物质文化遗产、复兴中华文化、建设和谐文化的视角,重视传统工艺美术"巧夺天工"的手工创造技艺,同时以可持续发展战略和建设生态文明的前瞻眼光,发挥手工艺在推动经济、社会和文化全面协调发展方面的独特作用。

——吕品田

千百年来,勤劳睿智的中国人凭借天时地利和匠心巧手,创造了品类丰富、手风高妙、境界独到的工艺美术。而今,在现代化的进程中,那些曾经让中华文明充满华彩的手工技艺正不断被钢铁机器和自动化设备所淘汰。作为中国非物质文化遗产的重要组成,传统工艺美术体现了中华民族的审美情怀,有着无法被现代生产方式取代的卓越文化价值,它不仅是亟待保护和关注的对象,更是我们寻回文化自信的源泉,营建生态文明的良方……

吕品田:从"巧夺天工"谈开去

林琳(以下简称林):走进今年(2010年)文化遗产日的主题活动——"巧夺天工——中国非物质文化遗产百名工艺美术大师技艺大展",我即刻被工艺美术大师们的"巧夺天工"震撼了。

吕品田(中国工艺美术馆馆长、中国艺术研究院研究员,以下简称吕):是的,中国传统工艺美术的核心价值就在于"巧夺天工"。这也正是此次展览以"巧夺天工"为题的缘起。我们希望通过这一价值的揭示,使人们更深刻地了解传统工艺美术作为非物质文化遗产的精粹性,以及它所呈现的中华文化的独特性。

作为传统工艺美术的核心价值,"巧夺天工"可以从三个方面来解读:一是作品达到的艺术效果和审美境界;二是工艺美术家的工作作风和操作状态;三是工艺美术的美学追求和审美理想。

在中国,"巧夺天工"一直是品评工艺美术创作的一个尺度和标准。天工指自然的造化之力,巧夺指人工的巧妙介入,巧夺天工就是通过巧应妙合天时、地气、材美、工巧诸因素,达到心性与物性、人为与造化的和谐默契,显发人工天工双重之美,呈现天人合一的审美效果。这与欧洲艺术有着明显的差异。

欧洲艺术着力强调人工，通常只是把自然材料作为主观意志的载体。比如大理石雕，雕塑家构思好一个人体形象以后，便把这种预先的造型规划植入自然的材料，随心所欲地表达主观意向。而中国工艺美术创作则是一半人工、一半天工，既凸显人工创造的妙思巧艺，又不失自然造化的万千形态之美。这里的人工，是体味和欣赏天工之后的量料取材、因材施艺，而不是生硬地去改变自然。比如对于石料上的一块红颜色，艺匠会考虑如何将其处理成一朵花，或丹顶鹤头上的一抹红，就是说，人工的这种创造和天工的原初设定，总是在寻找一个最佳的结合点。我们所说的"夺"，绝不是强力的征服和泯灭，而是和谐、巧妙的创造性利用，是人工天工间巧而得体、精而合宜的恰当把握。有些时候作品效果不好，或是人工过度，损伤了天然的美质；或是人工没有使到点上，而没有掩饰天然的不足。如此等等都有碍于实现巧夺天工的艺术效果，不能充分展现天工和人工之美。

从操作或作风来说，"巧夺天工"讲求行工用力之巧，要求把工艺美术创作过程本身作为一个自然的生态的活动体系。《考工记》里讲："天有时，地有气，工有巧，材有美，合此四者然后可以为良。"自然界的材料有其切合自然节律的特定性质和状态，因此人为的工造要想不违背材料的自然特性或生态结构，就需要遵循自然的节律。例如，有些材料该在春天处理，就要在春天处理，等到秋天再去处理，这种材料的性质可能就发生变化了，就不利于最终形成作品的良好品质。所以传统手工艺特别强调应时，即要求顺应天时来行工。自然界的材料总有体现其生态环境特定性的鲜明地域特点，寿山石、青田石、鸡血石、巴林石、岫岩玉等，每个地方的材料都有自身的特点，因而行工运力要充分地考虑材料的地域性，而不能用南方的工艺来雕琢北方的材料，否则容易弄巧成拙。

在长期的实践过程中，传统手工技艺已和特定地域的材料构成一种生态关系，是很生态的技艺体系。比如南方的龙泉青瓷和北方的耀州青瓷，都在还原气氛下显发出了青瓷的材质之美，但因为南方空气湿度较大，还原气氛更浓郁，所以龙泉青瓷釉色有碧玉一般的美感，显得更温润；而北方，由于气候干燥，还原气氛不像南方那么充分，所以耀州青瓷的釉色略微泛黄，如同苍玉，别有一种淳厚的美感。这两种瓷质釉色各有地域之美，彼此不可替代。若南方青瓷刻意追求苍黄的釉色，或北方青瓷刻意追求碧玉的效果，那么行工就不够自然，投入也会加大，难免得不偿失。总之，在工艺美术行工过程中，往往强调"巧夺"自然之力，努力顺应自然条件和规律，应天时，应地气，应物性。

从审美追求来说，"巧夺天工"一直是中国工艺美术的理想，它折射着中华文化的哲学精神。中国人讲"天人合一"，这些理念在工艺美术领域的体现就叫

"巧夺天工"。它重视人工的夺取之功，却不把人的主观意志一味地强加给材料，而是力求通过切合材料自然特性或生态结构的鬼斧神工，巧妙地取得宛若天成的工造品质和效果。对传统工艺美术来说，这种品质和效果的取得，是心性与物性相得益彰的显发，是尽善尽美、利益天下的理想境地。

林：这种价值诉求可以理解为中国礼乐文化的延续？

吕：更恰当地说，它是中国玉文化的一种延伸。一方面玉是天工之美；另一方面，人们对玉的感性品质，已经不完全是一种自然情感，而大量融入了精神成分。玉被赋予"九德"之涵、"五瑞"之象，君子拿玉来比德，寄托君子人格理想，把它作为君子品格的最高象征。"君子无故，玉不去身"，做人要拿玉的品性来衡量。这种品性，既是自然的，是上天赋予的，又不是与生俱来的，而是中国人在漫长文明发展过程中不断赋予的。世界很多地方都出产玉石，而真正把玉放到这样的高度以至形成玉文化的，却只有中华文明。用玉的，在中美洲国家里有一些，东南亚个别国家也用，但都没有发展成玉文化，在别的地方，人们可能根本就不认玉这个东西。在新疆，可以看到一个很有趣的现象：钻石、金银这样的材料往西边走，而玉石则往东边走。东西方文化或者说中国文明和其他文明显然有很大差异。中国人爱玉，西方人爱钻石、水晶。中国人喜欢玉的光泽，因为玉的光泽是收敛的、蕴藉的，它莹亮却不刺眼；西方人喜欢钻石、水晶，因为它们剔透，能折射绚烂耀眼的光芒。这是东西方审美观的差异。钻石、金银是财富的象征，没有过多的文化蕴涵。而玉，却被中国人赋予了丰富的人文意义，是人的精神世界的深刻象征。

中国瓷艺可以说是在追求玉的品格和审美价值中一步步发展起来的。成熟的瓷器产生在东汉，那是青瓷。而这以前的陶器烧造已经显示了仿玉的意向，受印纹硬陶表面出现的"爆汗"现象的启发，古代窑工不断追摹那层光亮似釉、滑润像玉的"光亮面"，直到发明莹润的青釉。后来，人们不断提高窑炉的烧造温度，原材料方面也越来越讲究，泥料淘得更加匀细，土脉变得更加细润，再挂上一层釉子，使得青瓷越来越有"类玉"的美感。从唐五代的越窑青瓷到宋代的五大名窑，瓷器烧造技艺在追求"类玉"效果的实践中不断精进。

茶圣陆羽当年评论茶具，说"邢不如越"，认为北方邢窑的白瓷，不如南方越窑的青瓷。现代人觉得陆羽这个评价不够客观，不够科学，认为白瓷技术含量是很高的，要把铁成分除掉，怎么能说"邢不如越"呢？其实，技术的评价是一回事，美学的或文化的评价则又是一回事。陆羽秉持的标准，以我的解读，是中国人崇尚和追求的玉的品格。他说邢瓷类雪、越瓷类冰，彼此在于"雪"和"冰"的区别，而权衡这两者的价值尺度正是"玉"的尺度。邢窑白瓷类雪像银，越窑青瓷如冰似玉，如此而言，"邢不如越"也。

宋瓷在中国陶瓷史上一直享有崇高的地位，被认为是中国传统制瓷艺术的最高境界。这种评价背后，标准依然是"玉"。人们用现代技术检测分析宋瓷，发现其冰肌玉骨般的美质与釉中存在大量气泡有关。那许多没有透过釉表面的隐伏的细微气泡，造成釉质的失透状态和乳浊现象，使得瓷器的折光变得柔和沉稳，像玉的光泽那样莹润蕴藉。而为了这"哑光"效果，工匠却要攻克多少技术难关！

我认为，中国传统手工艺的核心价值，都可以从玉文化的角度进行发掘。

你看漆器，中国人在用大漆髹饰的时候，要一遍一遍地髹，一遍一遍地磨，直到呈现玉质般的光泽，既光亮，又不刺目，显出一派温润含蓄的美。《髹饰录》谈"黑髹"工艺时说，"揩光要黑玉，退光要乌木"，大漆之黑不像现代化学油漆那样死黑死黑，而像黑玉乌木那样黑得空灵透亮，包孕生机、透着玄意，有无限的底蕴令人寻味。丝绸也是这样，摸上去，它就像孩儿面，圆滑细润、折光柔和。只要把丝绸跟化纤或塑料一比，就不难发现中国丝绸的光芒如何美丽。中国人看重象牙、看重竹簧、看重黄杨木，道理也是一样的。

千百年来中国工匠都在玉文化的影响下，追求工艺美术各个门类的品格精神，并且始终自觉地把玉的品格作为衡量的基本尺度。

林：如今现代工业文明拉开了人与传统手工技艺的距离，很多技艺正在消逝。如何有效地保护"巧夺天工"的非物质文化遗产？

吕：保护非物质文化遗产，要有一个社会氛围，绝不是几个传承人的事情，而需要广泛的社会主体。文化不能丧失主体，丧失了主体，文化就真的成为遗产了。我本不赞成使用"遗产"这个概念，使用这个概念就好像我们的文化已经丧失主体了，其实这个主体依然存在，只是缺乏足够的文化认同。当前，文化保护的重要工作是增进文化认同，只有当人们深切地认识到传统手工技艺的价值，才有可能产生保护非物质文化遗产的自觉要求，形成人人参与、人人担当的良好局面。如果没有广泛的社会主体，文化保护便是一句空话。

保护传统手工技艺，一方面需要政府和社会支持，另一方面需要技艺传承人积极努力。两者缺一不可。

在现代化进程中，传统手工艺受大工业生产冲击很厉害。相对于产速、工廉、量大、划一的机器生产及产品，传统手工艺不具有以经济学尺度衡量的生产优势和商品优势，也不具有适应由工业制造主导的现代市场环境的竞争力。因为生产效率或效能方面的弱势，加上社会观念和生活方式的变化，传统手工艺已无法在物质生产领域与工业制造角逐竞争，以致需要特别地加以保护。为此国家正大力推动保护工作，通过提高传承人的社会地位，提供场所、经费等相关工作条件和社会舆论支持，积极扶持传统手工艺。

然而，保护传统手工艺不能坐等政府来救济，也不能只是做些表演性的展示。去年在农展馆举行的"中国非物质文化遗产传统技艺大展"，着重强调的一个理念就是"生产性方式保护"。王文章副部长在他主编的《非物质文化遗产概论》里，谈到了这样一种保护方式。所谓生产性方式保护，就是在不违背手工生产规律和自身运作方式、不扭曲其自然衍变趋势的前提下，将传统手工技艺导入当代社会生活和生产体系，使之在创造社会财富的生产活动中得到积极的保护。比如像云锦、缂丝、脱胎漆艺等传统技艺，必须生产啊，不生产，其技术形态就无以显示，技术水平便无法保持，技术蕴涵也会不断丧失。手工技艺以人为本，具有活态流变性，不能放在博物馆里或表演台上"保护"，而要针对社会需要去施展去发挥。

传统手工技艺是生产力。传承人要在生产性方式保护的理念下，守住核心技术和核心价值，积极开展切合社会需要的生产实践，努力制作和开发千变万化的产品，使传统手工艺融入社会现实、参与当代建设，和民众生活紧密地联系起来。传统技艺中有些原来是宫廷技艺。这种类型的技艺服务于宫廷，在不参与社会交换的封闭体系中运作，往往不惜工本，以至有极致的发挥。然而，在今日市场经济环境中，这类技艺会活得很艰难，现实已难容它不计工时、不惜工本地充分发挥了。这么好的技艺怎么在当代社会存续下去，有很多具体的问题需要探讨。对此，政府应该有针对性地加以扶持，为之提供类似宫廷造办的机会，比如特地向有关传承人定制工重材贵的国礼、重要场所的陈设品或国有博物馆的藏品。当然，更多情况下，还是需要手艺人或传承人作与时俱进的实践努力。工艺美术的生命力在于适应社会需要，大师们要不断地融入和创造，不能吃老本。拒绝融入，停止创造，就意味着死亡。

林：融入生活在中国传统审美观念中是很自然的事儿，而今，在手工技艺的保护和发展过程中，"融入生活"却成了问题？

吕：中国人融入式的审美方式原本在工艺美术上体现得很充分。中国人讲把玩，不像西方人讲静观，讲距离之美。中国人审美，强调介入，喜欢把玩，要把在手里玩味，通过目视体触、周顾环抚，充分地感受作品形、色、质的丰富性，全息地体味其知、情、意的深厚蕴涵，使审美主体和审美对象一体化。比如中国画的手卷形式，是拿在手里慢慢展开着欣赏的，讲求视线的流动性，富有时间感，观者仿佛沉浸于自然的流动过程。中国人把玩，强调掌握审美对象的全部信息，强调质地、触感、视觉，甚至要听声音，闻气味，即如人们评价景德镇瓷器"白如玉、明如镜、声如磬、薄如纸",是全方位的。中国传统工艺美术的形式追求,比如对打磨程度和圆润感的重视,都围绕和切合着中国人的把玩审美方式。

现在,强调融入生活,一定不能忽视这种特定的中国审美方式,不能只把工艺美术品作为静观的对象,而拉开它和老百姓的距离。当然,有些东西因为资源稀缺、材料昂贵、工艺考究,不是老百姓都能够收藏的。但这并不意味着大众无缘于工艺美术珍品,在博物馆的公共空间,在中国工艺美术馆这样的公共殿堂,人们依然可以通过审美欣赏而精神地拥有它们。不过今天应该让更多的工艺美术品进入大众家庭和人们的日常生活。"君子无故,玉不去身",以前即便像玉这样的尤物都和日常生活关系密切。通过工艺品所蕴含的人文价值,使人格情操在把玩中得到陶养,是工艺美术一直的传统。如果我们的传统手工艺不能通过切合时代要求的创造而融入社会,就说明它的生命力有问题了。现在出现的传承问题,原因不在技艺本身,而在对技艺的把握。或者抱残守缺、墨守成规、不思进取,或者以次充好、以假乱真、粗制滥造,都会严重影响传统手工艺的生命力。

林:利益的驱动必然带来负面影响,比如原材料的不当应用。

吕:这是一个非常重要的问题,也是亟待解决的问题。唯利是图的经济开发和发财致富的利欲诱惑,使乱采滥伐现象愈演愈烈,触目惊心。在新疆,珍贵的玉雕籽料遭到机械化手段的疯狂采掘,和田美玉濒临枯竭。在闽浙,雕刻叶蜡石也遭遇同样疯狂的机械化开采,青田和寿山石雕的资源迅速走向枯竭。湖北神农架原始森林的黄杨木已被砍尽伐绝,制作黄杨木雕的原料如今多要从国外进口。在广东、安徽,爆破取石的掠夺式开采,让端砚、歙砚等传统名砚的砚石资源岌岌可危。陶瓷生产的无度扩张、无序竞争致使原料过度开采,景德镇、宜兴等传统产地的高品质瓷土泥料已近告罄。广东潮州、梅州、肇庆、河源等地则以瓷土资源大肆招商引资,开采量逐年扩大,专家为此警示:珠江三角洲地区的陶瓷业将会"折寿"。

在追求发展的过程中,工艺美术界存在一种错误的认识,以为发展就是搞大规模的生产,搞批量化的生产,这导致原材料资源杀鸡取卵式的消耗。在长期的实践中,一定的传统手工艺与一定的天然原材料结成了休戚与共、唇齿相依的关系,以至传统手工艺的技艺特征与原材料的天然特性交融无间、不可剥离。天然原材料一旦枯竭,任何的代替品都无法逆转和挽救相关技艺的消亡。许多工艺美术原材料往往就是那一块地区的一小点东西,如今应该充分地认识它的稀缺性,要调动最好的手工艺人来加工创造,而不是任人使用。

工艺美术是尖端的手工艺，它要追求和强调的不是数量和廉价，不是薄利多销，而是工业生产无法比拟的文化艺术价值。和强调批量化、大众化和快速生产的大工业产品不同，工艺美术品应该突出艺术性及技艺的精湛性，应该通过匠心巧艺的充分投入和人文内涵的充分灌注，追求远远超过工业产品的文化附加值。对于稀缺的材料，我们现在利用得很不得当，在浪费，因为在文化附加值上用工不够，所以不能产生足够的利润。为和工业产品比拼低廉的价格而快速、草率地制作，实在得不偿失！这是一个普遍性问题。如果再不重视这个问题，我们的工艺美术事业，我们的传统手工技艺，将随天然原材料的枯竭而失去赖以生存发展的自然条件和物质基础，子孙后代更无法分享这些技艺和原料所带来的福祉。无度地、快速地消耗天然原材料有损代际公平，是透支未来。

因此，我们希望地方政府高度重视原材料问题，建议：根据《传统工艺美术保护条例》制订有关传统手工艺天然原材料保护的细则，力求把握全面、目标明确、要求具体、指标量化；制订有关传统手工艺天然原材料开采和利用的中长期规划，对工业生产和手工艺制作共同需要的资源加以合理的配置和统筹，以相应的政策措施控制和鼓励对天然原材料进行高文化附加值的利用，力求资源利用效益的最大化；针对传统手工艺特点提出产业发展方面的宏观指导原则，并调动市场经济手段，有效限制其生产规模和数量，节约资源，提高资源利用的技艺水平和单位产出价值；在传统手工艺领域形成有准入标准的作坊生产体制，并通过自下而上建立的行会来实施行业管理，让从业者为切身且长远的利益考虑而自觉保护生产资源；调动经济上的宏观调控手段，遏制和打击那些非生产性地买卖和囤积传统手工艺天然原材料以牟取暴利的恶性投机行为，同时制止和制裁用天然原材料进行的低价恶性竞争；限制天然原材料的出口总量，禁止个体户、外资或合资企业大量开采并以低价大量出口；不提倡不支持地方政府以开发天然原材料来发展地方经济的规划和措施。

有水准的工艺大师，会把稀缺的自然原料打造成完美、珍贵的艺术品，做到物尽其用。充分地利用有限的自然资源，把作品做好做精，最大限度地提高它的文化附加值，这是问题的关键。工艺美术的发展，不在于规模的大小和数量的多少，而根本地在于质量和品格，在于把文化性、艺术性和技艺的精湛性，强调、发挥到极致，达到最大限度的"巧夺天工"。

还有一种情况，就是中国人所讲的"化腐朽为神奇"。任何大自然的材料，都不是没有用的东西，一片树叶，一块石头，一根朽木，都可以变成一件艺术品。靠什么化腐朽为神奇，靠人工靠智慧，靠恰当地把材料的特质与巧妙的工艺结合起来，揭示或赋予这些看似无用之物以审美价值。这样的情况很多，如宜兴紫砂陶艺。与瓷作相比陶作对泥土的要求要低很多，但宜兴陶工精炼陶土、粗陶细作，靠匠心巧艺把紫砂壶造就成如此精致高雅的艺术品，使陶土的价值得到极大幅度的提升。还有北方的玉米秸，在手工艺人的手里，被编织成各种富有艺术性的生活用品，可谓化腐朽为神奇。今天，我们应该把工艺美术的这样一种传统智慧发扬光大，做到因地制宜、物尽其用。天下不是只有稀缺的材料才有珍贵的价值，也不是只有珍贵的材料才能制作艺术品，其实，自然造化的一切或日常生活中的一些废弃物材，都是可以产生非凡艺术价值的材料，都可以创造性地加以利用。这同样是"巧夺天工"的底蕴。工艺美术品进入大众家庭和人们的日常生活，在这方面有巨大的潜力可挖。

林：手工艺中的这种传统智慧，关乎人的审美情趣和生活品质。

吕：是的。前不久我们到捷克，感触很深。捷克的民众似乎个个都是艺术家，似乎每个人都在参与手工艺创造，身边的一小根铁丝、一小块木片、一小块石头、一小团泥巴，在他们的手上都变成了朴素而非凡的艺术品。那里有很多手工艺小店，每个店里卖的东西都不一样，每个作者的个性都留在作品上，大家自己做自己的，彼此不抄袭，没有重复，各具特色。他们的手工艺品材料都不贵重，但极富匠心和巧艺，美不胜收，让人感觉这个国家的国民生活很有情趣，充满艺术气息。这值得我们借鉴学习，我们有丰富的手工艺和民间艺术传统，闲置劳动力很多，市场也极其广阔，何尝不去作为。

前面我们从美学、艺术创造的角度谈了工艺美术的林林总总，其实还可从社会学角度来认识工艺美术的问题，依然有积极意义。

工艺美术是一种手工技艺，是大家都有可能掌握的。进行手工生产不像办工厂需要高资金的投入，只要肯下功夫、肯用心琢磨，谁都可以利用朴素的材料靠巧手兴业，比如给鹅卵石打个小眼，做个别致的小项链，这都是可以做的。"化腐朽为神奇"，每个人都可以靠自己的慧心和巧手来创造，不待他求地掌握自己的人生和命运，获得伸手乞讨所不具有的人格尊严。在此意义上，手工艺的发展有着巨大的社会价值。

今天，我们强调走新型工业化道路，其实，还应该大力提倡手工业道路，应该两条道路并举。手工业道路可以给我国广大的人口，尤其是乡村人口的生计找到一条可持续发展的出路，不至于大家都背井离乡地跑到城里去打工。各地方政府应该创造条件，鼓励和组织农村闲散劳动力进行手工生产，使他们能够在本乡本土谋生，避免背井离乡带来的各种社会问题。眼下青壮年都外出了，下一代子女的教育就出问题了。我们到乡村考察，看到大量的"空巢"现象，年轻的父母出外打工挣钱，家里老人管孩子，乡村建设缺乏生力军，显得很凋敝。教育上缺少父母的关爱，缺少社会素养的培育，势必影响孩子人格的健康成长，这会在不远的将来暴露出严重的社会问题。

集中在城市里的大工业，其生产过程是个体所不能把握的，不像手工生产有那么多的趣味。手工艺创作过程是审美的过程，它随时需要解决创造性的问题，这不仅肯定劳动者的自我价值而且促进其能力的发展。工业流水线上的劳动，单调、机械，人与人之间没有交流，自我价值何从体现，自我能力何以提高？工业的机械化生产是反人性的，所以像富士康那样的跳楼事件会不停地发生。因此从人的全面发展角度来说，手工艺生产也是有积极意义的。

还有，我们现在讲地方经济的协调发展，乡村如何发展？不能到处都办工厂吧，尤其像西部地区，我们的环境不能再破坏了，往下还是需要手工业。手工业是一种生态经济，利用当地的可再生资源，既发展生产又不污染破坏环境。更重要的一点是，手工产业本身可构成有观光价值的人文景观。手工艺因材施艺，每个地方的生产形态都不一样，这里的青田石雕，那里的岫岩玉雕，各种工艺制作过本身就是一种审美对象，可以形成巨大的人文旅游资源，促进旅游经济的发展。这同时也可以化解旅游对自然环境的破坏性影响，不至于大家都去跋山涉水。手工业的利益是系统性的，其介入会给社会带来广泛的福祉。

今天我们讲科学发展观，就是要拓展认识，不要在工业化一条路上走到黑。传统手工技艺是老百姓可以掌握的技艺，应该把技艺还给他们，让大家体验艺术创作的快乐，享受劳动创造的利益，同时也让心灵有所寄托。为此，也需要政府制定相关的政策，采取有效的鼓励措施。

林：是否可以认为传统手工艺的振兴发展是建设生态文明的一种途径？

吕：是的。除了生态技术学方面的关系外，这还涉及更深层次的劳动审美问题。现在常谈改善工人的劳动状态，但措施不过是把厂房搞得更漂亮一点，温度调得再适宜一点，而没有关注到劳动内部或者劳动本身。比如工人在流水线上，其工作状态就是对人性的剥夺，就是马克思所说的人的异化。这种劳动很单调，工人就像机器上的一个零件，人性和个性不可能在劳动中发挥出来。工业生产方式拒绝人性和个性，因为人性和个性因素的介入会带来无穷的不确定性，瓦解标准化，从而造成生产成本的大幅度增加，这是违背资本的增值意志的。所以，想真正地改善工人的劳动状态，就需要从劳动审美的根本上来考虑。

对手工生产而言，劳动的空间和时间就是劳动者人格展开的空间和时间。自主的工作使劳动者丰富的身心因素得到充分的表现，产品也因此具有形、色、质的独一无二性。这切实地带给劳动者以自由感和成就感，让他在自己创造的物品上领略实现自我、观照自我的喜悦。

劳动终究是为了人生，是为了人的全面发展。劳动对美的创造和劳动中对美的体验，是劳动者的义务也是劳动者的权益。以人为本的社会实践不应该把审美从劳动中剥离，而需要把审美还给劳动。而真正能够让工人在劳动过程中获得审美体验的就是手工劳动。因为手工劳动充分地肯定劳动者的自我价值、自我个性，充分地尊重劳动者的主体性和审美权益，我们有必要高度重视传统工艺美术，并在追求劳动审美的意义上把它作为改善劳动者生存状态的现实途径加以强调。

随着和谐社会建设的推进和深化，劳动审美问题会越来越受到关注。集约化的大工业生产模式已经暴露出大量的问题。集约化造成人口过分集中，引起生产力向城市的单向流动，使得社会人才资源不均衡也不公平地配置。优秀人才涌往城市，乡村地区人才缺失，两极分化越来越明显。20世纪以前的中国，人才是均匀分布的，大量的精英生活在乡村，使得社会发展比较均衡。今天，集约化所造成的单向性人才流动，严重地阻碍着社会均衡与和谐发展。

中国是一个真正的大国，国土这样辽阔，人口如此众多，不是单靠建设几个大城市就可以改变社会整体面貌、改善国民生存状态的。现在我国区域之间的发展很不协调，东部富裕，中西部相对落后，还有东北老工业基地转型的后续问题没有解决。要想根本地改变这种局面，就需要调整生产方式，就一定要从生产方式这个基础层面来改变过度集约化这样一种大工业生产模式的影响，遏制人才或社会生产力的单向流动。如何把生产力还给广大民众？怎样的生产力可以还给广大民众？答案自然是手工生产和手工生产力。在这个意义上，手工艺已经不是单纯的物质生产力，而是一种文化生产力。它的内涵是丰满的，有生态价值、社会学价值、政治学价值，还有美学价值。

今天，这种生产力所创造的不只是经济价值，更有超越经济学尺度的文化附加值，由此也可以大大地提升手工艺品的经济价值，带来远远超过批量化工业产品单价的巨大经济利益。眼下，国人往往认为手工的东西不值钱，这是价值观上的问题，亟待调整。在欧洲，手工艺品卖价都很高，老百姓都深为认同，知道手工制作的比机器制造的更有价值。中国的发展需要调整价值观，需要全社会尊重手工，尊重手工劳动价值。

林： 我们应为拥有"巧夺天工"的工艺美术技艺而自豪。

吕： 我们的每一项手工技艺都可以讲出很多很多的故事，带出很多的人文历史底蕴。面对年轻一代，可以通过工艺美术这个载体，传播人文历史信息，展现中国人的价值观、世界观。

今天谈传统工艺美术发展，不仅仅是发展一个行业的问题，还涉及文化建设以至生态文明建设的宏观发展战略问题。对它的认识和把握，关系着当代文化建设的价值取向，也关系着一定的文明发展观。我们应该在科学发展观的取向上高度重视传统工艺美术"巧夺天工"的思想和实践，将蕴含其中的体现中华文化精神的核心价值揭示出来，包括因材施艺、因地制宜的工造作风，巧而得体、精而合宜的人文讲究，独运匠心、宛若天成的艺术表现，等等。传统工艺美术这些无法被现代生产力形式所取代、无法被现代价值观所抹杀的卓越文化价值，应该得到充分的揭示和高扬，让广大的国民通过对传统工艺美术这种表现形式的价值认同，增强对中华文化的自信与自觉。

2010 年初，《美术观察》展开"中国美术观"问题的讨论。我在《建树中国美术观》一文中谈道，"中国美术观"是立足中国文化立场的关于美术的认识或看法，因为局限于西方艺术形态学的立场，工艺美术这一中华民族传统美术形态没有在现行美术观念和实践体系中得到应有的重视，甚至被整体地"规避"在特化的美术领域之外。现在我们需要从自身的文化立场上，重新审视这个问题，表达我们自己的美术认识。这也是摆在理论界面前的一个课题。

我第一次去欧洲的时候，感觉很强烈，欧洲学者谈到其文化根源时，总把古希腊精神神圣化，始终保持高度的文化自信，毫不怀疑其文化价值。我们有五千年不曾中断的文明历史，但在我们的学者身上却难以看到这种文化自信。崇洋的"文化认同"，深刻地影响了晚清以来中国社会各领域的价值取向。100多年来，否定自身文化价值或者文化不自信问题一直影响着我们的发展，就像有一道精神的紧箍咒。这紧箍咒不是别人强加的，而是我们自己给自己套上的。中国要想真正崛起，就必须有文化上的自信，从学者到国民都要有这种自信。文化自信不是妄自尊大、目空一切，而是基于深切价值认知和认同以至尊崇、热爱自身文化的悠然情怀。倘若中华文化的所有传统表现形式都要作为遗产来保护的话，那该多么悲哀！而缺乏文化自信，这种文化又何尝能够保护得住！

想来，我们需要很好地思考社会主义文化和中华文化或民族文化的关系问题。社会主义文化和中华文化应该是一体的，两者不能割裂，更不能将中华文化对象化。我们应该且必须生活在文化的统一和统一的文化之中。面向未来，我们应该从保护非物质文化遗产、复兴中华文化、建设和谐文化的视角，重视传统工艺美术"巧夺天工"的手工创造技艺，同时更以加快转变发展方式、实施可持续发展战略和建设生态文明的前瞻眼光，发挥手工艺在推动经济、社会和文化全面协调发展方面的独特作用。

2010 年 7 月

我深深地爱着话剧，爱着大连话剧团。舞台是我最痴迷、最动心的地方，戏剧是我生命旅程中永远的召唤。

——于伟

活跃在大连话剧舞台上30余年的国家一级演员于伟，成功地塑造过众多个性鲜明的角色，书写了中国话剧史上的经典，也赢得了中国话剧金狮奖、文化部中国话剧节优秀表演奖、东北话剧节表演奖、辽宁省戏剧玫瑰奖、辽宁省文化艺术文华奖等荣誉。在话剧艺术之路上，无论艰辛与苦涩，于伟始终坚守前行。

于伟：坚守和探索在话剧艺术的舞台上

林琳（以下简称林）： 从《雷雨》中的四凤、《谭彦》中的贾丽娜、《三月桃花水》中的桃花到《一诺千金》中的周海燕等，您塑造的众多个性鲜明的角色，书写了中国话剧史上的经典，广受各界赞誉。在您看来，演好一个角色的关键是什么？

于伟（国家一级演员、大连话剧团团长，以下简称于）： 首要是理解人物的含义。演员的中心任务是将人物具体、形象、生动地表现在舞台行为之中，围绕这个目的，演员要把握这个人物的剧情或者矛盾的展开中自身的行动是如何进展的，在这些进展中形成了怎样的自身的性格线索，在性格线索延伸过程中的不同片段或阶段上又应当触发怎样的情感。

演员最怕人家说的一句话就是"演糊涂戏"，这个"糊涂"发生在以下两个层面。一是演员没有弄清人物的基本行动、性格和情感等脉络，人物的表现是盲目的，因此出现表演不准确、不恰当、不清晰等情况。二是演员将上述东西弄懂了，但仅仅是从戏剧情节、人物关系和性格特征的方面掌握了角色，却没有再进一步，从角色所蕴含的本质意义去理解角色。这时，所谓技巧就只能停留在人物应当做什么和怎样做什么，而不能表达人物为什么这么做。前一种"糊涂"，是职业演员一般都可以意识到的和想方设法处理好的。而后一种"糊

235

涂"，却是许多人，包括许多以表演为职业的人较少顾及或根本没有意识到的。

人物为什么这样做，其实不仅包括人物在戏剧行动中性格、情境、关系等具体的根据，还应当包括所有这些因素背后隐含的意义。也就是说，在比较成功的戏剧作品当中，人物不仅是一种性格，而且表达着一定的含义；戏剧演出的最终目的，不是停留在交付一个这样或那样的性格，而是让观众在这样或那样的性格中体会、感受，发现有价值的生活意义。

回顾那些优秀的戏剧和表演，就会发现一个共同的事实：人物性格的不同和表演方法的差异，掩盖不了角色最终给予人们的深邃的思想含义。莎士比亚和劳伦斯的"哈姆雷特"，最终的结果是忧郁王子所显现的人文思想的崛起和人文主义者的延宕，是社会在强大的旧势力面前的艰难前行。老舍和于是之的"程疯子"最终的象征是旧社会清醒人的"疯"和新社会"疯"人的清醒，是同一个人物在两种状态的对比、反差中显示出来的历史的变迁。反之，那些平庸的戏剧和平庸的表演，则只能停留于人物行为的直观现象，竭力的描绘和激动的表演并不能给予观众超乎人物行为的人生、社会、思想、艺术的召唤和迪思。

林：也就是说，是否能够理解和发掘人物所蕴含的或可能蕴含的深层精神内涵，决定着演员能否准确、有效地塑造出打动人心的舞台形象。在具体的舞台创作过程中，您是如何做到这一点的？

于：我有幸三次扮演了《雷雨》中的四凤。第一次登台扮演四凤是大连艺校的毕业作品演出。那时我从年龄、形体、心态等方面都更为接近角色。但是，真正的心灵上的接近，却是我已经超过了角色实际年龄许多的时候。第一次扮演四凤，我所凭借的主要是"同龄人"所拥有的近似的体验——纯情的平民少女对爱情的执着、沉溺和对失去爱情的羞愧、绝望。1995 年，在吕明导演的大连话剧团排演的第四版《雷雨》中，我再次饰演四凤时更多地感受到少女所拥有的人的纯洁在那个象征冷酷、虚伪的社会的"家"中的被摧残、被毁灭。如果说第一次我是将四凤当成一个独立的"我"来演，那么，第二次我则把她与繁漪联系起来，将这两个爱情上对立的人物，理解为一个人物在共同命运中的两个阶段。这版《雷雨》反响很好，还受邀到日本北九州参与文化交流活动，就在其中一场演出中，第三幕下来后，我用尽了所有的力气，第四幕的角色有些力不从心。这个经历使我明白，演员不仅需要用心，也需要在用心体验之外，知道劲儿怎么使，合理地分配整部戏的力量，这个尺度把握不好，很可能心里想要表达的没有力量支撑，不能通过形体和动作表现出来。

林：凭借这版《雷雨》四凤一角的精彩演绎，您获得了当年的辽宁省戏剧玫瑰奖，15 年后在高杰导演的大连话剧团排演的第五版《雷雨》中，您饰演的四凤再次赢得赞誉，并收获了市场的成功。您认为塑造经典角色对一个演员意味着什么？

于： 演员要有经典的历练，塑造经典角色的力量在成长的道路上至关重要，所以我坚持认为，表演专业的人才培养上，不能缺少表演经典的课程训练。在许多情况下，即使演员对于人物含义的理解较为肤浅，甚至没有什么真正的理解，而作品本身凝聚的鲜明、强烈的意义，也会在一定程度上通过人物的行为渗透出来。当然，有了较为深刻的理解，就会更为准确、有力地展现出作品的含义，或者在这个基础上创造出新的意义。能够遇上名著，是演员的福分，但是演员在自己的艺术道路上遇到更多的，并不是名著。在日常的创作中，尤其是在新剧目的创作中，一般没有前人的经验和权威的评析为借鉴。演员的工作除了掌握导演的意图外，更多的是凭借自己对于角色的理解和把握。这时，理解人物的含义，就成为一个体味形象、发掘形象的过程，这个过程往往是曲折的、渐进的和不断持续的，有时，这种过程甚至是最终没有完成的。

林： 为您摘得第四届中国话剧金狮奖和文化部中国话剧节优秀表演奖的《三月桃花水》的桃花就属于这类角色，请您谈谈她的塑造过程和经验。

于： 从大连的新人新剧目展演、东北话剧节沈阳演出、国庆 50 年晋京献礼演出、中日韩三国戏剧节韩国演出到中国话剧节沈阳演出，《三月桃花水》从 1999 年一直演到 2002 年。这部大连话剧团原创优秀剧目由单联全编剧，讲述了一个有关乡下女孩觉醒的故事，剧中只有四个角色，说的是山沟里的女孩桃花被卖给船工天龙做媳妇，之后她的内心世界在一天一夜里发生了翻天覆地的变化。从第一次走出大山看到大海的兴奋、幸福，到船长向自己示爱时的波澜起伏，最后在老船工的点拨下归于平静，领悟到自己不应该依附于别人，而应该走自己的路。怎样既真实又有所创新地演好这个农村女孩，对我来讲是一次挑战。

桃花来自偏远、贫困的山里，她所经历的是生活的艰辛和环境的闭塞，在"农村姑娘形象"当中，她属于单纯、勤劳、具有韧性的类型，同时有着与一般农村姑娘不尽相同的个性，她富于理想色彩和自我意识。她单纯，却在心灵中涌动着超越现实生活环境的强烈愿望；她勤劳，向往着更为美好、幸福的未来生活；她有韧性，能够在发现新的生活追求的时候果断地调整人生坐标。这是我最初创造这个角色时的基本把握。1999 年刚刚排演完成的《三月桃花水》参加大连新人新剧目展演时，桃花一角就使我获得了优秀表演奖，随后在当年的东北三省话剧节上获得了表演银奖。

受到业界认可后，大连话剧团应文化部邀请携该剧晋京向国庆 50 年献礼演出。为此，剧团再次调整和修改了《三月桃花水》，也给了我一次调整创作、完善舞台塑造的机会。之前的创作过程中，我注意了桃花人物个性中个人的一面，并着力体现她单纯和美好的一面。但是这个形象还有另一种意义有待发掘——这种个性形成的社会背景和意义。桃花之所以带着理想走出大山、走向大海，是基于改革开放的社会大环境。而她追求生活的幸福和最后独立意识的觉醒，实际上是社会生活的进步所导致的人的进步的一种体现。因此，我在表演中开始调整刻意体现"单纯"的方法，注意强化桃花由单纯走向相对成熟的心理过程。这种微调收到了较好的效果，我饰演的桃花荣获中国话剧金狮奖。

2002 年，中国话剧新剧目展演《三月桃花水》又有了一次演出机会。这次演出，我为自己明确了一个最重要的任务，就是进一步强化桃花在自我觉醒这个层面上的形象意义，并于真实、可信这种我所追求的最高表演境界中，将这种意义表达出来。在第四场桃花得知"借钱娶妻"的真相之后，我将人物单纯和善良逐步发展为痛苦、犹疑、抉择、走向新的觉醒的脉络。在第五场，桃花的性格脉络终于升华为一种人生"宣言"——面对所有于桃花曾经"有恩有义"的人。桃花的大段道白表达了这个人物最后的选择和新的追求。以前，我在表述这段道白时，总有不十分自信、投入的感觉。这次，我终于寻找到了桃花真实、深刻的心理依据，即"一个人只有是独立的，才能是真正幸福的和充满希望的"，并获得了文化部颁发的优秀表演奖。

在创作人物形象的过程中，我认识到所谓的"功夫在诗外"。我不认为自己在剧目的创作中"技巧"发生着反复无常的变化。我意识到，所有的技巧之类，其实都是在展现演员对人物的感受和理解的手段，技巧不是表演的本质，表演的本质是通过技巧来展示人物的思想和艺术的含义。

林：有人认为演员只要准确、形象、生动地表演了人物本身应有的形态，人物的含义就自然表现了出来，您认为呢？

于：我认为仅仅这样其实不够。演员在塑造人物时，要把握性格的特征、语言、形体、表情的方式、与其他人物的关系、在具体情境中的感受和反应，以及所有"具象"的行为综合起来体现人物的人生态度，其实都需要一颗灵魂，那就是演员在怎样的程度上，以怎样的角度和方式理解着人物形象所提示的最高意义——那种观众看了不但悦目、而且赏心的意义。有的时候，怎样理解人物的含义，关系到对于人物行为、性格的基本解释。比如阿 Q，可笑和憎恶，或是"哀其不幸，怒其不争"，其实正是源自对于这个人物的社会含义的不同理解。就好像对于《大雷雨》中的卡捷琳娜，认为她是堕落的灵魂和肉体，还是

"黑暗王国的一线光明"，直接决定着对于这个人物的贬损或褒扬的基本态度。理解人物的含义，不仅依赖着演员的创作态度，更依赖着演员的文化素质和知识状况。我想，表演真正进入敏锐理解和精确表现人物含义的状态，才是最高的境界。而这个境界的抵达，需要的是以文化和知识为背景的理解力。"艺术家最后拼的是文化。"

林：大连话剧团建团 70 年之际，原创大戏《一诺千金》首次登上话剧圣殿——北京人民艺术剧院首都剧场，开创了大连话剧团的历史，您塑造的女主角周海燕又一次惊艳了话剧舞台。仅仅两年这部戏在全国巡演 70 余场，引起各地强烈反响，收获了十余个奖项，获得业内外普遍赞誉，被公认为是一部立得住、传得下去的好戏。在这部立意高远、略带悲情的正剧中，您如何做到了将人物演活，使观众感到戏剧所表达的人物和故事是"真的"？

于：每次面对角色，对我来说都是一次从零开始，我会把每一次排演当成不断深化的认识、探索过程，每次都是全新的艺术创作。塑造角色需要用自己的心灵体会角色的心灵，再三推敲琢磨，寻找自己与角色的心理距离和外形差异，在不断缩小消除这些距离和差异的同时，找到精准地演绎角色的方法。只有从内心和精神的里面去体验人物，才会有传神和感人至深的人物形象，才能与剧中的人物合而为一，激发自我、感动观众。

《一诺千金》讲述了一位信守承诺的女医生的坎坷人生。由于周海燕这个人物跨度达 40 年，戏份多且没有原型参照，所以极具挑战性。为了演好这部剧，把剧中角色丰满地树立起来，创作团队经历了漫长的打磨过程。创作之初，全部主创人员，实地来到大连一个地处偏僻、经济欠发达的海岛上体验生活。正是在那里我找到了塑造人物形象的鲜活的种子。海岛上，我结识了一位赤脚医生于秀莲。她也是当地唯一的白衣天使，数十年如一日地奔波各处，行医治病。于秀莲给我讲了很多真实的故事，时常一边落泪，一边洋溢出幸福的笑容。就在我们一行到来之前，于秀莲刚刚失去了至亲的爱人，在她的身上，我真切而深刻地体会到一名乡村医生生活的艰辛。排演戏中大段的内心独白时，我总会联想到于秀莲，并一度因为入戏太深，连续几日缓不过神儿来。

剧中周海燕出于对他者、对生命的同情与关心，选择了牺牲式的承诺、不求回报的付出和接纳一切的宽恕，体现出无私悲悯的大爱。这种悲悯之爱，超越了对爱的对象的欲求、渴望与期待，化作一种彻底的奉献，同时带来了内心的安宁、踏实、富足、快乐。这是一个"真实"的周海燕真诚地传递给观众的。记得河南濮阳的一场演出后，按捺不住激动心情的观众竟拥上台抱住我潸然泪下，还有一位年逾半百的文化工作者在国家艺术基金资助项目的评价表中写道：

"在当下缺失诚信的时代，这部戏的出现激动人心，可以说是一部直击心灵的好戏。"对一个话剧演员来说，这就是最好的肯定和力量，无论再辛酸、再苦涩，只要看到热情的观众，心中就会充满幸福和力量。

林：这也是您一直坚守在话剧舞台上的力量？从 20 世纪 90 年代起，也是您从事话剧事业之初，中国话剧艺术走向了长时间的低迷，很多话剧演员转入了影视行业，您是否也有过彷徨？是什么使您坚守在话剧的舞台上？

于：当看到曾经的同事活跃在影视屏幕上发红发紫、名利双收时，我的心中有过失落和惆怅，但我深深地爱着话剧，爱着大连话剧团，舞台是我最痴迷、最动心的地方，戏剧是我生命旅程中永远的召唤。

林：您的戏剧生涯是从什么时候开始的？

于：进入戏剧的世界对我是一次偶然，或许也是命中注定。我生长在大连，小时候，因一次偶然的机会，我的照片被来大连取景拍摄的长春电影制片厂的负责人带了回去，放入了演员备选档案。没想到 1987 年版红楼梦选人时，长影演员剧团的李颉老师发现了我的照片，专程到大连找到我，试镜后决定带我去北京。那时候，我对拍戏和舞台毫无概念，甚至一场话剧演出也没看过，更没受过什么专业训练，试镜的那场《宝钗扑蝶》除了扮相，根本算不上是专业表演。17 岁那年我来到圆明园红楼梦剧组，与演员们一起上红学课、形体课、书法课等，受传统文化的熏陶。然而，不到一年，在父母传统的教育观念下，我离开剧组考取了大连艺术学校。

20 世纪七八十年代，大连艺校是培养专业人才的一面旗帜，全国各省市都派人前来取经，专题片《花儿朵朵》中的"舞台新苗"们，拍摄的就是大连艺校的首批学员。那时，艺校的学员是从全省中小学中层层选拔、精挑细选出来的，目的是培养出类拔萃的专业人才。因为期待高，老师们对学员的要求格外严格，尤其是从中央戏剧学院专为培养新一代人才而来的，包括吴坚、方伟、高兰、黄子龙等艺术前辈，不仅晚自习和我们一起，礼拜天也要上课。中戏的老师不让一年级学员去拍戏，坚持一定要受到很好的基础教育后才能拍戏，所以我再没有回到红楼梦剧组，尽管中央电视台专门派人来协调，也没能例外。

艺校像一个大家庭，老师和我们同吃同住。早上起来，我们跟着老师练晨功，跑步到劳动公园的小山上，每个人找一棵树，一字一句地练台词。从小品到戏剧片段，老师们言传身教细致入微。课外，老师们还把我们这一届的学员们全班带到北京与中戏表演系 85 班交流，带我们到军营、海岛、农村等地体验生活，这种尽心尽力教书育人的真诚，我永生难忘。

林：毕业后您被分配到了大连话剧团？那时的话剧团是怎样的？

于：是的。临毕业的半年，我第一次与大连话剧团的前辈们有了接触。毕业班演出安排的是大戏《雷雨》，我扮演四凤。大连话剧团派了所有演过《雷雨》的老师进行指导。几个月的时间里，我们每天穿着剧团的老戏服进排练场，前辈们则每天在台上围着我们转，悉心指导。我忘不了当初进团时，感受到的大连话剧团前辈们对艺术的精心与激情，音响、灯光、舞美等，每一个细节的工作都用心做到极致。所以，我一直坚持苛刻地要求自己，严格地要求团队，坚持认为一个正规、专业的剧团，决不能持有任何侥幸、随意的机会主义，而是要严谨地对待业务、打造精品，即使取得了成绩也必须警惕和摒弃自负、傲慢的心理。

林：2011 年您被任命为大连话剧团副团长，2017 年元月接任大连话剧团团长。在带领大连话剧团走向振兴的道路上，您有哪些期许？

于：从有了行政职务开始，我的身上又有了新的担子，承担了大连话剧团的部分管理责任，带队到全国各地巡演。不当家不知柴米油盐贵，不在其位不谋其政，只有承担了一定的行政工作，才深刻体会到管理好一个剧团并让剧团走上正规的发展道路是一项多么复杂而又烦琐的工作，尤其是当话剧艺术在摸索寻找新的出路的时候，甚为艰难。

近几年，大连话剧团创排储备了众多艺术精品剧目，不但斩获了各大奖项，还得到了民众和市场的广泛认可，社会影响力与日俱增。对于未来的发展走向，我希望大连话剧团能在摸索前行的道路上独树一帜，凭借先进的艺术思维，自创新路，创作出无愧于时代的优秀作品。也许这段路还需要历经很长的阵痛时期，但是在全团上下的共同努力和坚守下，在一批批富有朝气的年轻人的成长中，大连话剧艺术的明天必定是前途无量的，大连话剧团的明天必定是道路开阔的。

2017 年 3 月

后　记

2007年，博士毕业的我顺利入职中国艺术研究院，被分在中华文化画报社工作。没能进研究部门专做学问对我多少是件憾事。然而，正是在这"情非所愿"的十年，我不仅结缘习琴，游历了祖国大江南北，更可贵的是有幸走访了30余位矢志不渝地耕耘在中国文化艺术事业中的老一辈学人。

何兹全（1911—2011）、郑孝燮（1916—2017）、郭汉城（1917—2021）、刘厚生（1921—2019）、杨辛（1922—）、谢辰生（1923—2022）、王克芬（1927—2018）、傅庚辰（1935—）、叶廷芳（1936—2021）……他们的名字镌刻在百年中国文化史中。他们走过中华民族最艰难的时代，舍生忘死为中华民族之崛起读书、奋斗，满腔热血为中华文化之复兴鞠躬尽瘁。

出入"周公馆"，冒炮火排演抗战戏剧；卖报纸、画漫画投身抗日救亡运动；国家满目疮痍之际整理《中国甲午以后流入日本之文物目录》，新中国成立后起草《中华人民共和国文物保护法》；为平遥古城申遗、保存德胜门箭楼等历史文化遗产屡次拍案而起；为人民创作音乐《映山红》《红星歌》《雷锋，我们的战友》《小松树，快长大》《地道战》《毛主席的话儿记心上》……与他们的交往、记录他们的思想和故事，就是在涤荡自己的心灵、沐浴精神的甘露。

如今，重温30余万字的文稿，我依然会为他们跌宕起伏的人生步履、坚定不移的信仰追求潸然泪下。而与他们的声望相比，他们的现实生活又何其简单质朴，待人接物又何其虚怀若谷。走进红砖楼，推开吱嘎作响的旧木门，看到目光如炬、矍铄睿智又温善谦和的长者仿佛遇见了隔世的亲人。他们娓娓道来文化艺术之路的体悟，倾囊相授文化艺术事业之经验。

先生们治学严谨，打出来的稿子要逐字逐句反复校改。对年逾九旬的他们来说，看稿子是很吃力的事。所以，送去的稿件往往等上几日或个把周再取回、修整，有时一份成稿要来回磨合数次。逢要加增的内容，他们还会费神手写。每接过沉甸甸的手稿，我的心总会漾起股股暖流。

刘厚生手稿   2017 年 8 月 18 日，在刘厚生先生家中合影

最开心的时刻莫过于得到先生们的肯定。一次，在把稿子拿给谢辰生先生时，他认真审阅后严肃地对我说："好些人来采访、写关于我的文章，不给我看就直接发表。没过目的稿子我一个都不认。你的稿子写得不错，我认可。"与郭汉城先生结缘是通过梅兰芳纪念馆刘祯馆长引荐。郭老是戏曲研究的泰斗，关于他的文章不胜枚举，我仅记了一则他与昆曲表演艺术家石小梅的小文《台前忘年　诗里知音》。稿子发表后，先生送了我一套"前海戏曲研究丛书"和一幅字。几年后，我意外地接到郭老弟子的电话，被邀参加恭王府举办的《郭汉城文集》（十卷本）新书发布会。那天，103 岁的郭老精神很好，高朋满座，席间无名小辈怕是只我一个了。我满心感激与欢喜。

2017 年，我调入院研究室（2020 年并入文化发展战略研究中心），此后除偶尔受《中国文艺评论》等杂志委托做学术访谈外，再没做人物文章了。30 余万字的文稿静静地躺在电脑里，而书中记述的人物一位又一位仙逝。我们这一代享用的文化艺术成果由老一辈专家学者毕生奋斗而来，而我们又将交付未来什么？

2019 年 10 月 16 日，《郭汉城文集》（十卷本）新书发布会前
与郭汉城先生合影

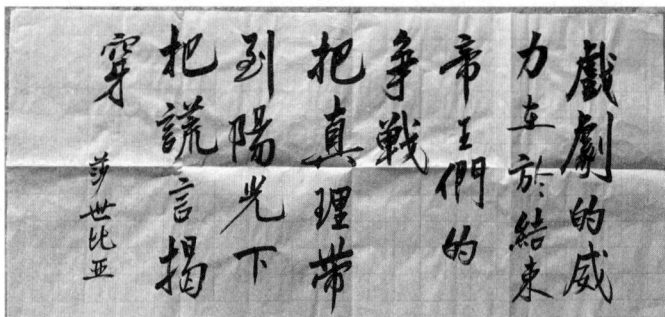

郭汉城书法

无巧不成书。2023 年春，我幸得宗学法师鼓励，又逢人民日报出版社学术文库的机缘，将文稿结集出版。希望此书在呈现我国文化艺术领域专家学者的人生历程、学术风采及理性思考的同时，为中国人文艺术史留下活态学术资料，使更广泛的公众共享文化艺术成果。

感恩所有。

林琳

2023 年 4 月 25 日于恬斋